FIT FÜR DIE BERGE

SUSANNE KRAFT

vom Blog BERGHASEN

SUSANNE KRAFT

vom Blog BERGHASEN

FIT FÜR DIE BERGE

DAS TRAININGSPROGRAMM, MIT DEM DU JEDEN GIPFEL ERKLIMMST

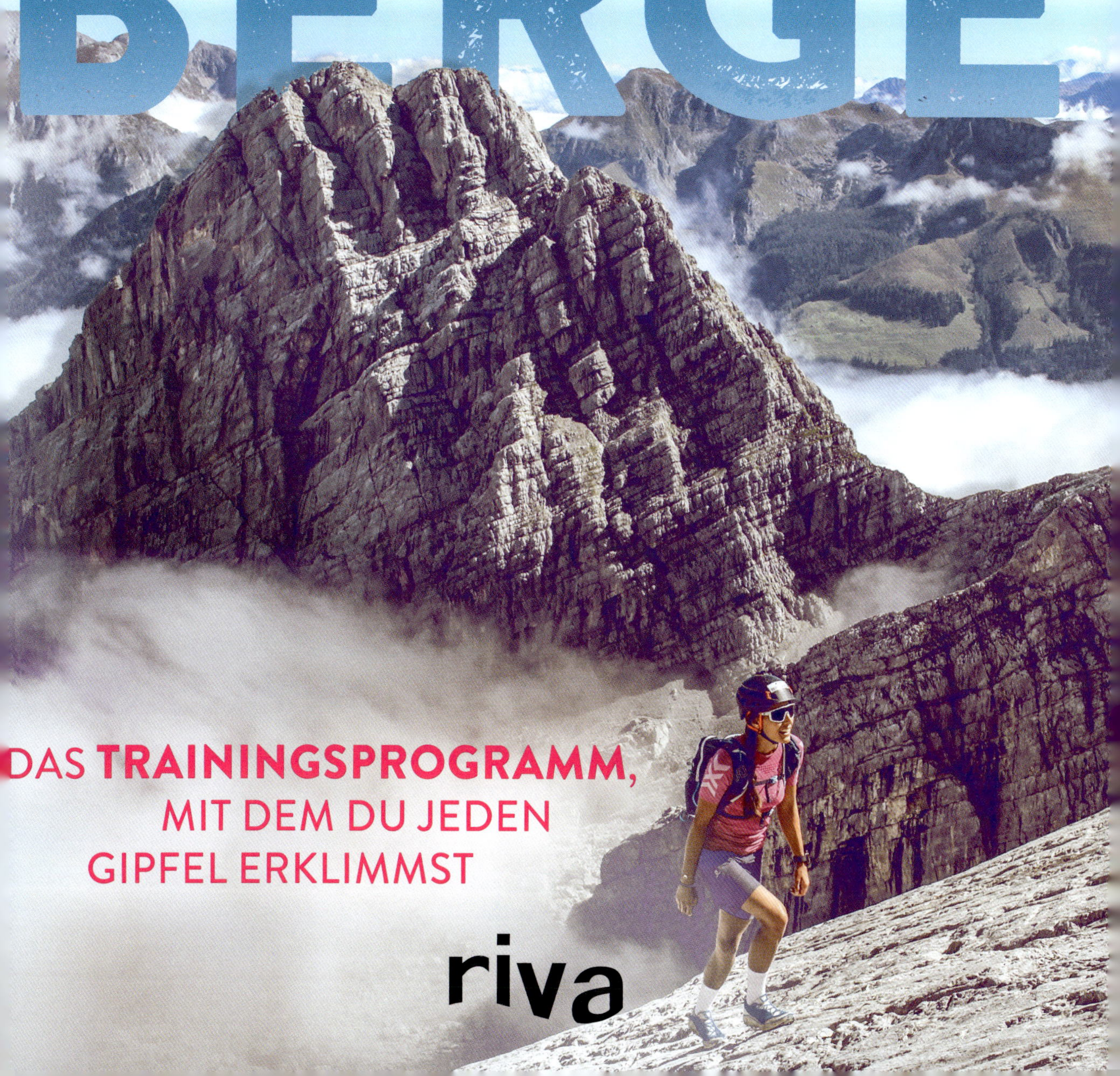

riva

INHALT

FIT FÜR DIE BERGE

Die Berge sind Inspirationsquelle, Naherholungsgebiet, Orte der Sinngebung und des Abschaltens, körperliche und mentale Herausforderungen oder einfach Plätze, an denen man über sich selbst hinauswachsen kann. Kaum eine Betätigung vereint Naturgenuss und Sport besser als das Wandern. Ganz gleich, welches Ausgangsniveau du hast oder mit welcher Intention du in die Berge gehst – du findest garantiert die passende Tour für dich. Dies dürfte viele Menschen überzeugen, denn Wandern zählt etwa in Österreich gemeinsam mit Radfahren zu den beliebtesten Sportarten.[1]

Für eine Studie wurden in Tirol an unterschiedlichen Destinationen 849 Personen (55 Prozent männlich, 45 Prozent weiblich) befragt, warum sie Wandern und ihre Freizeit in den Bergen verbringen.[2] Die Tiroler Studie identifizierte gesundheitliche und soziale Aspekte, Entschleunigung sowie das Naturerlebnis als Hauptmotive, sich in den Bergen zu bewegen. Ähnlich sehen die Motive in Skandinavien aus. Dort ist die Förderung der physischen und mentalen Gesundheit das Hauptmotiv, wandern zu gehen.[3]

Bemerkenswert ist auch, dass es immer mehr junge Menschen in die Berge zieht. 40 Prozent der Befragten in der Tiroler Studie waren unter 40 Jahre alt, das Alter der Teilnehmer an der norwegischen Studie betrug im Schnitt 43 Jahre. Diese Daten zeigen, wie beliebt Wandern und Bergsteigen auch bei den jüngeren Generationen sind. Ein Großteil davon ist auf mittellangen Wanderungen (zwei bis fünf Stunden) und auf rot markierten, anspruchsvollen Bergwegen unterwegs.[4] Diese und weitere Informationen, meine Arbeit als Trainerin und Sporttherapeutin und meine persönliche Erfahrung im Bergsport waren Inspiration und Grundlage für mein Buch.

Dieses Buch richtet sich an alle, die lernen wollen, wie man sinnvoll fürs Wandern und Bergsteigen trainiert und welche präventiven Maßnahmen es gegen klassische Wanderbeschwerden gibt. Ziel ist es, dir einen Leitfaden an die Hand zu geben, damit du den Bergsport über viele Jahre gesund und leistungsfähig genießen kannst. Eine Bergtour ist eine enorme physische Herausforderung, wie du gleich im ersten Teil dieses Buches erfahren wirst. Es lohnt sich, ja es ist fast unabdingbar, sich körperlich auf das Wandern vorzubereiten. Nicht nur, damit die Touren per se leichter fallen und du dir größere Ziele vornehmen kannst – auch, um Verletzungen und Überlastungen vorzubeugen! Es existieren unzählige Publikationen zur Tourenplanung, Ausrüstung, Orientierung im Gelände und zur Seil- und Bewegungstechnik in den Bergen. Einen deutlichen Mangel gibt es an Literatur zur körperlichen Vorbereitung auf Bergtouren und zur Prävention damit einhergehender Beschwerden. Dieses Buch soll diese Lücke füllen. Es macht dich *fit für die Berge* – sowohl theoretisch als auch praktisch!

Deine Susanne Kraft, M. Sc.

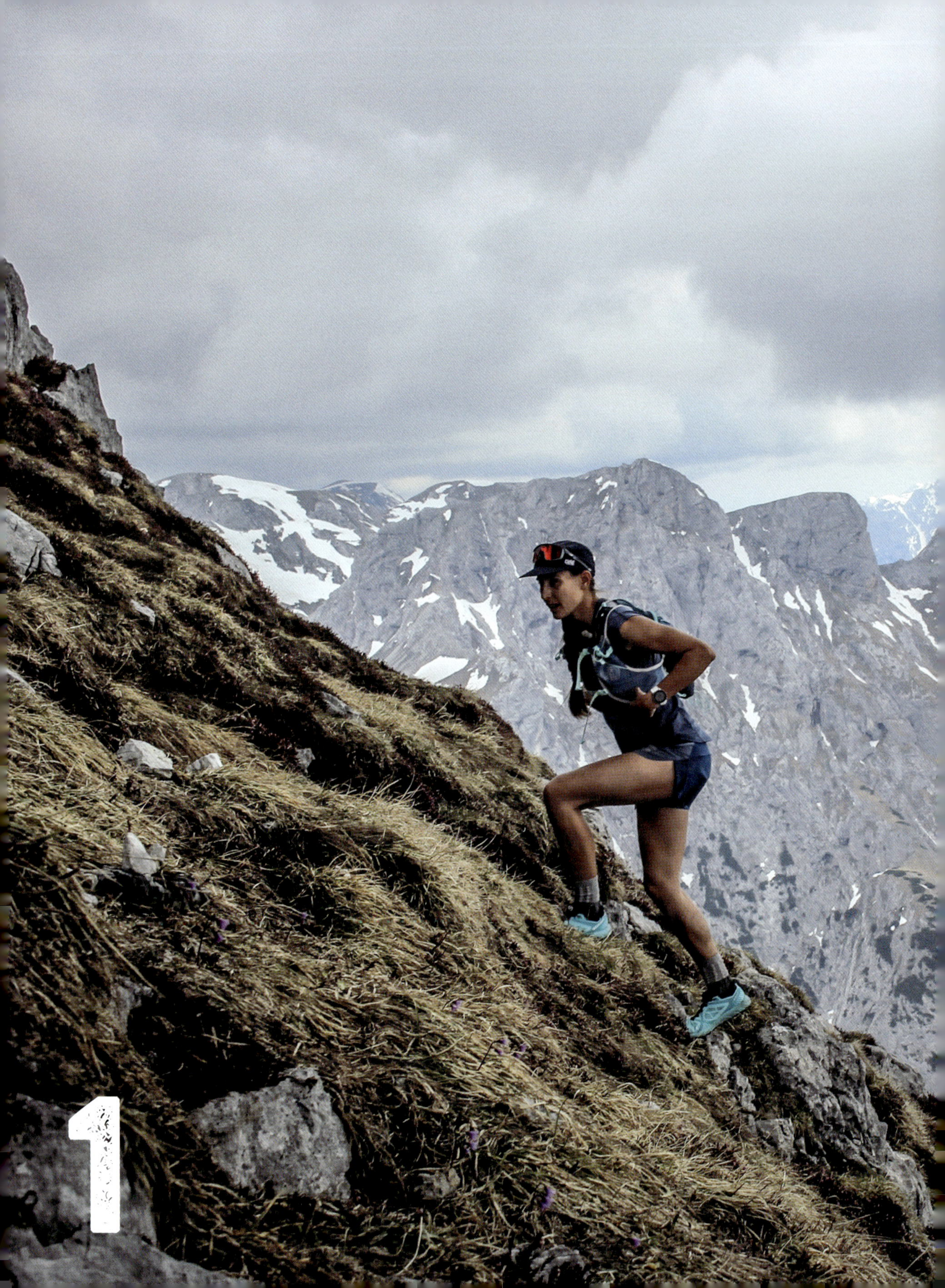

1

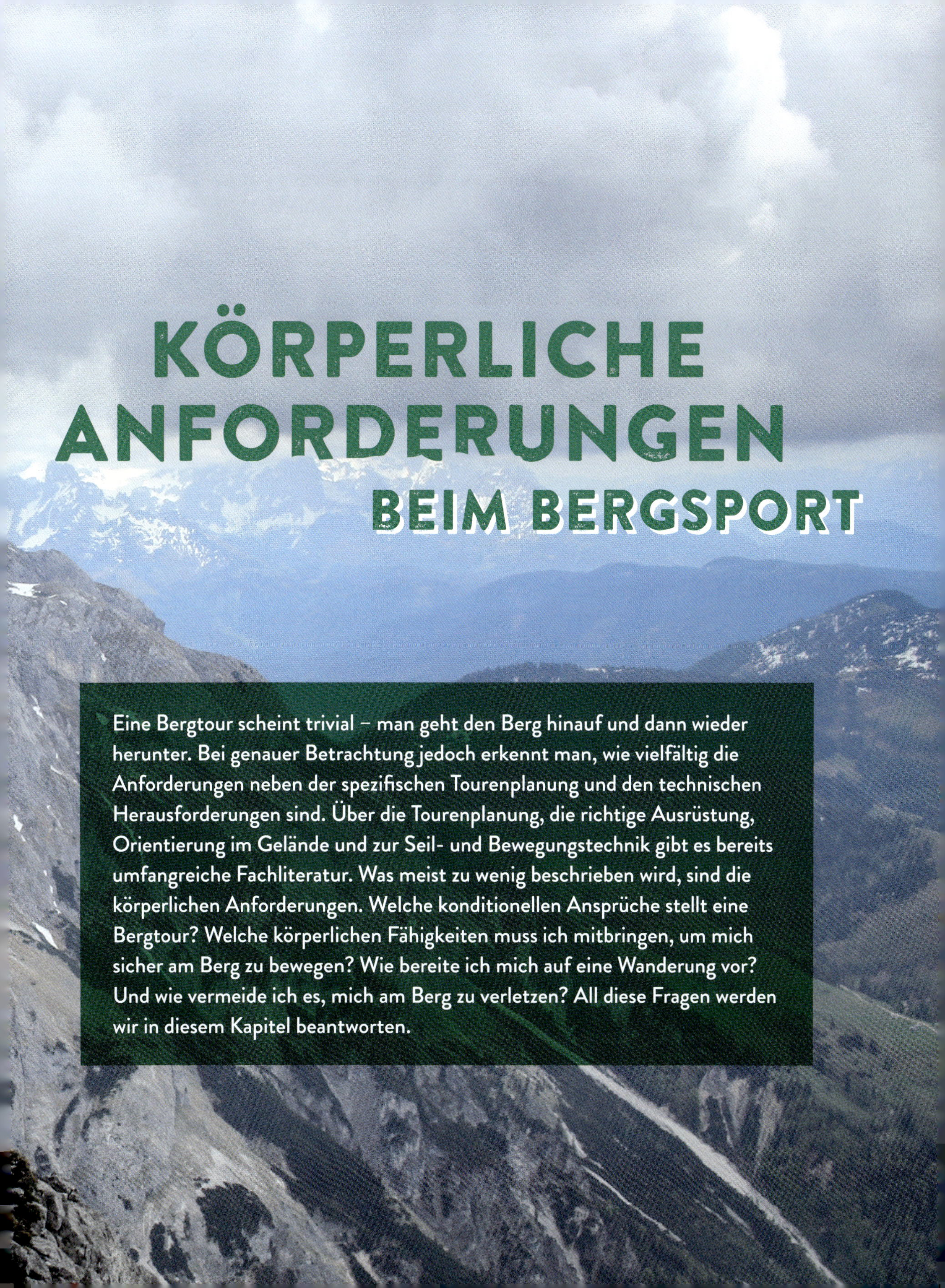

KÖRPERLICHE ANFORDERUNGEN BEIM BERGSPORT

Eine Bergtour scheint trivial – man geht den Berg hinauf und dann wieder herunter. Bei genauer Betrachtung jedoch erkennt man, wie vielfältig die Anforderungen neben der spezifischen Tourenplanung und den technischen Herausforderungen sind. Über die Tourenplanung, die richtige Ausrüstung, Orientierung im Gelände und zur Seil- und Bewegungstechnik gibt es bereits umfangreiche Fachliteratur. Was meist zu wenig beschrieben wird, sind die körperlichen Anforderungen. Welche konditionellen Ansprüche stellt eine Bergtour? Welche körperlichen Fähigkeiten muss ich mitbringen, um mich sicher am Berg zu bewegen? Wie bereite ich mich auf eine Wanderung vor? Und wie vermeide ich es, mich am Berg zu verletzen? All diese Fragen werden wir in diesem Kapitel beantworten.

DEN BERG MEISTERN: MIT AUSDAUER, KRAFT UND GLEICHGEWICHT

Bei einer Tour durch die Berge mangelt es oft nicht nur an Wissen und Technik – häufig wird einfach die physische Leistungsgrenze erreicht. Viele gefährliche Situationen können wir also vermeiden, wenn wir uns körperlich gezielt auf anspruchsvolle Touren vorbereiten. Eine gute Ausdauerleistungsfähigkeit, ein hohes Kraftniveau sowie eine gute Gleichgewichts- und Stabilisierungsfähigkeit sorgen nicht nur dafür, dass du beim Bergsteigen mehr Spaß hast. Sie beugen auch präventiv Verletzungen und Stürzen vor und steigern dein konditionelles Niveau. Beim Bergsport besonders beansprucht sind neben dem Herz-Kreislauf-System die Muskulatur sowie die Gelenke und der Stützapparat. Statistiken aus Österreich, der Schweiz und Deutschland zeigen, dass es sich lohnt, vor der nächsten Wandersaison ein vorbereitendes Training in Angriff zu nehmen, um die Bergtour sicher starten zu können und das Ziel fit und gesund zu erreichen.

Das Österreichische Kuratorium für Alpine Sicherheit veröffentlicht in jeder Saison eine alpine Unfallstatistik. Im Sommer 2020 gab es in Österreichs Bergen 2527 verletzte Bergsportler und 122 Alpintote. Zusätzlich wurden 1213 Personen, die einen Notruf absetzten, unverletzt geborgen. Die Hälfte der verunfallten Sportler waren Wanderer. Bei den tödlichen Unfällen war das Herz-Kreislauf-Versagen mit 34 Prozent die häufigste Todesursache. Bei den unverletzt geborgenen Personen mussten 16 Prozent aufgrund von Erschöpfung einen Notruf absetzen. Stürze, Stolpern oder Ausrutschen waren für 75`Prozent der Verletzungen ursächlich.[5]

Sehr ähnlich sehen die Zahlen in der Schweiz aus. Dort gab es 2021 3680 verunfallte Personen. Die meisten alpinen Notfälle ereigneten sich auch in der Schweiz beim Bergwandern (1525 Personen).[6] Stürze und Abstürze waren dabei die Hauptursachen der Notfallsituationen. Der Schweizer Alpen-Club führt Herz-Kreislauf-Beschwerden nicht als separate Ursache an. Wir können aber annehmen, dass viele Stürze erst aufgrund von körperlicher Erschöpfung passieren.

Der Deutsche Alpenverein (DAV) veröffentlicht ebenfalls jedes Jahr eine Bergunfallstatistik ihrer Mitglieder.[7] Auch in der vom DAV veröffentlichten Statistik für 2021 fallen die meisten Unfälle, Notfälle und Todesfälle auf das Wandern zurück. Von insgesamt 669 gemeldeten Un- und Notfällen mit 32 Toten ereigneten sich 310 Vorfälle beim Wandern – 17 davon endeten tödlich. Damit handelt es sich bei knapp jeder zweiten Meldung um einen Wanderunfall! Das ist nicht verwunderlich, schließlich ist das Wandern die am häufigsten ausgeübte Sportart, wie aus einer regelmäßigen Mitgliederbefragung im DAV-Magazin *Panorama* hervorgeht. Die häufigste Unfallursache beim Wandern ist übrigens der Sturz: 2021 war dies bei 60 Prozent aller Unfallmeldungen der Fall.

Fit durch Ausdauertraining

Jede Trainingseinheit ist ein Reiz, der den Körper zu Adaptionen veranlasst. Regelmäßig durchgeführt führt Ausdauertraining zu diesen Anpassungen:

- Ökonomisierung des Fett- und Kohlenhydratstoffwechsels
- Erhöhung des Schlagvolumens des Herzens
- Kräftigung der Atemmuskulatur
- Vergrößerung des Lungenvolumens
- Erhöhung des Blutvolumens
- Vermehrung der roten Blutkörperchen (dadurch mehr Kapazität für O2-Transport)
- Verbesserte Durchblutung der Muskeln (Neubildung von Kapillaren)
- Vergrößerung bestehender Kapillaren
- Vermehrung der Mitochondrien im Muskel (Mitochondrien sind bohnenförmige Zellorganellen, die Nährstoffe in den Zellkraftstoff Adenosintriphosphat (ATP) umwandeln)
- Vermehrung von oxidativen Enzymen
- Vergrößerung der Energiespeicher im Muskel
- Reduktion von Stresshormonen
- Steigert die psychische Gesundheit

DAS HERZ-KREISLAUF-SYSTEM: UNSER MOTOR FÜR LANGE ANSTIEGE

Unser Herz-Kreislauf-System besteht aus Herz, Lunge und Gefäßsystem. Diese Organe arbeiten zusammen, um die Zellen mit Sauerstoff (O_2) zu versorgen. Bei sportlichen Belastungen sind dies vor allem die Muskelzellen. Sauerstoff wird über die Lunge ins Blut aufgenommen und durch die Pumpleistung des Herzens im Körper verteilt. In den Kapillaren – den kleinsten Blutgefäßen – wird der Sauerstoff an die Muskelzellen abgegeben und im Gegenzug Kohlendioxid ins Blut aufgenommen. Über die Lunge wird das Kohlendioxid wieder abgeatmet. Je besser diese Prozesse funktionieren, umso trainierter ist das Herz-Kreislauf-System. Das Großartige: Mit Sport und gezieltem Training können wir jedes Element des Herz-Kreislauf-Systems leistungsfähiger machen.

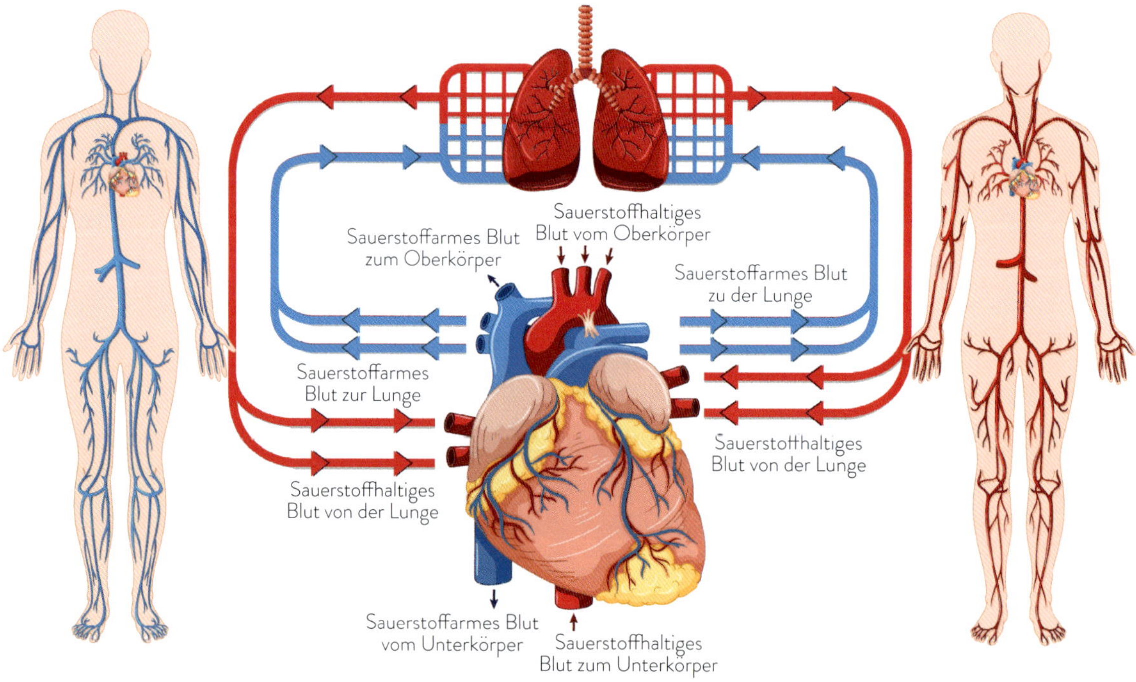

Herz, Lunge und Gefäßsystem versorgen die Zellen mit Sauerstoff.

Das Bergaufgehen erfordert weitaus mehr Energie und eine bessere aerobe Leistungsfähigkeit als das Gehen im Flachen. Beträgt die Sauerstoffaufnahme beim Gehen in der Ebene mit 3 Stundenkilometern etwa 10 Milliliter pro Minute pro Kilogramm, so steigt sie während des Bergaufgehens bei einer Steigung von 15 Prozent bei gleicher Geschwindigkeit auf etwa 25 Milliliter pro Minute pro Kilogramm an. Die Leistungsfähigkeit beim Bergaufgehen wird im Vergleich zum Gehen in der Ebene also viel schneller durch die individuelle Ausdauerleistungsfähigkeit limitiert und subjektiv sowie objektiv anstrengender.[8, 9]

Wie lange brauche ich für eine Wanderung?

Beim Wandern und Bergsteigen müssen wir oft über Stunden eine gleichmäßige Bewegung aufrechterhalten. Wenn möglich, soll das ohne Leistungseinbruch geschehen, sodass wir die Tour nicht abbrechen müssen und sie möglichst energiegeladen beenden können.

Die alpinen Vereine haben eine **Formel zur Berechnung der Gehzeiten** entwickelt. Diese ist auch Basis für die Zeitangeben auf den Wegweisern von Wanderwegen. Für die Berechnung der Gehzeit spielen zwei Werte eine Rolle: **Höhenmeter** und **Strecke**. Beide Faktoren müssen sowohl für den Auf- als auch für den Abstieg berücksichtigt werden.

Berechnung von Gehzeiten auf Wanderwegen nach dem Österreichischen Alpenverein	
Aufstieg	300 Höhenmeter pro Stunde
Abstiega	500 Höhenmeter pro Stunde
Horizontale Distanz	4 Kilometer pro Stunde

Der Alpenverein berechnet beide Werte (Gehzeit für Höhendifferenz und für Horizontalentfernung) zuerst separat. Dann wird der kleinere Wert halbiert und zum größeren Wert addiert. Die Gehzeit wird also wie folgt ermittelt:

1. Zeit für Horizontal- und Vertikalentfernung berechnen
2. Den kleineren der beiden Werte halbieren
3. Den halbierten Wert zum größeren Wert addieren

Beispiel: Es sind 1200 Höhenmeter und 8 Kilometer Entfernung bis zum Gipfel (Aufstieg). Bei 1200`Höhenmetern im Aufstieg kommt man auf circa 4 Stunden Gehzeit, die 8 Kilometer Horizontalentfernung ergeben nochmals 2 Stunden. Der kleinere Wert (2 Stunden) wird halbiert, und zum größeren Wert addiert. Also 4 Stunden + 1 Stunde = 5 Stunden Aufstiegszeit.[10]

Du siehst, der Alpenverein ist bei seinen Zeitangaben eher defensiv und alle, die viel in den Bergen unterwegs sind, wissen: Meist ist man flotter, als die Zeitangaben vermuten lassen. Wer viel und oft am Berg unterwegs ist, kann anstatt dieser Durchschnittswerte auf seine persönlichen Erfahrungswerte zurückgreifen. Die tatsächliche Gehzeit schwankt aber immer je nach Tempo des Bergsteigers und Widrigkeiten im Gelände – und ist damit abhängig von weiteren Faktoren wie Alter, Kondition, Gelände, Wetter und Höhenlage.

Ich rechne deshalb damit, dass Durchschnittsbergsteiger etwa 400 Höhenmeter pro Stunde im Aufstieg und 600 Höhenmeter pro Stunde im Abstieg schaffen. Für eine **mittellange Bergtour mit 1000 Höhenmetern** benötigt eine durchschnittlich fitte Person im Aufstieg also etwa 2,5 Stunden.

Wie hoch darf es sein?

Wenn du gerade erst mit dem Wandern und Bergsteigen beginnst, findest du im fünften Kapitel (ab Seite 147) deinen ersten Trainingsplan, um 400 Höhenmeter pro Stunde locker bewältigen zu können. Hast du ambitioniertere Ziele wie eine Bergtour mit 1500 Höhenmetern oder eine Mehrtageswanderung, dann wirst du bei den Aufbauplänen fündig.

Und weil die Tour bekanntlich nicht am Gipfel, sondern im Tal endet, kannst du für den Abstieg nochmals 1,5 Stunden rechnen. Je nach Steigung und Schwierigkeit des Geländes und Länge der Route bist du für 1000 Höhenmeter in Summe etwa 4 Stunden (ohne Pausen) unterwegs. 4 Stunden in Bewegung zu sein, das ist eine lange Zeit. Überleg mal, wann du dich sonst so lange bewegst.

Du siehst: Am Berg sind es vor allem **lang andauernde, niederintensive Ausdauerbelastungen** mit hohen Anforderungen an den Fettstoffwechsel, die das Herz-Kreislauf-System fordern. Was du tun kannst, um den Gipfel frisch und munter und nicht keuchend zu erreichen, zeige ich dir im dritten Kapitel (Seite`50). Am Berg kommt noch hinzu, dass die Kraft eine wichtige Komponente des Auf- und Abstiegs ist und die Muskulatur deshalb eine enorme Rolle spielt.

DIE MUSKULATUR – KRAFTVOLL ÜBER STOCK UND STEIN

Muskeln sind über Sehnen mit den Knochen verbunden. Zieht sich der Muskel zusammen, wird die Kraft über die Sehne auf den Knochen übertragen und Bewegung entsteht. Es gibt lange Muskeln, die mehrere Gelenke überspannen – wie den Quadrizeps, den vierköpfigen Oberschenkelmuskel –, aber auch kleine Muskeln, die nur lokal fungieren. Muskeln sind allerdings nicht nur dafür zuständig, Bewegungen auszuführen, sondern erfüllen auch Halte- und Stützarbeiten. Erst so wird zum Beispiel ein aufrechter Gang ermöglicht.

Beim Wandern und Bergsteigen benötigst du eine kräftige Bein-, Gesäß- und Fußmuskulatur. Aber auch einen starken Rumpf solltest du mitbringen! Denn das Tragen eines (schweren) Rucksacks erfordert eine kontinuierliche Stabilisierung des Oberkörpers, während dich die Beine über Stock und Stein hieven. Krafttraining steigert deine Muskelkraft und kann so deine Leistungsfähigkeit beim Bergsteigen verbessern. Gleichzeitig ist eine kräftige Muskulatur der wichtigste Schutz vor Verletzungen und Überlastungen durch intensive Ausdauerbelastungen.

Krafttraining schützt die Sehnen

Sehnen bestehen aus dicken, ineinander verdrehten Kollagenfasern. Sie sind weniger elastisch als die Muskulatur. So können sie die Muskelkräfte effizient übertragen. Sehnen sind allerdings anfällig für Verletzungen und Überlastungen. Krafttraining hilft diesen vorzubeugen. Es stärkt nämlich nicht nur den Muskel, sondern macht auch die mit ihm verbundene Sehne widerstandsfähiger! So konnte man in Studien zeigen, dass durch Krafttraining die kollagenen Strukturen der Sehne zunehmen und die Zugfestigkeit der Sehne steigt. Ein 14-wöchiges intensives Kraftprogramm beispielsweise führte zu einer Zunahme der Patellasehnensteifigkeit um 65 Prozent![11, 12]

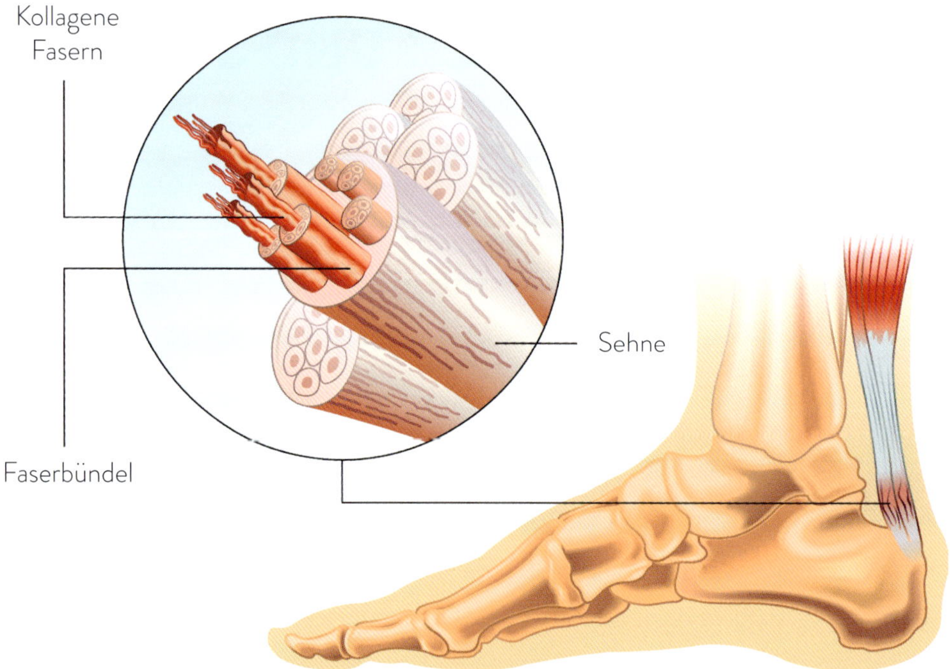

Sehnen bestehen aus kollagenen Fasern, hier gezeigt am Beispiel einer Achillessehne. Auch Sehnen passen sich an Trainingsbelastungen an und werden durch Reize widerstandsfähiger. Sehnenbeschwerden wie die in der Abbildung gezeigte Achillessehnen-Tendinopathie kannst du mit gezieltem Training vermeiden.

Im Ausdauersport wurde Krafttraining lange vernachlässigt oder sogar als kontraproduktiv angesehen. Mittlerweile wissen wir, dass auch bei niedrigintensiven Dauerbelastungen wie beim Wandern eine gewisse Grundkraft wichtig ist. Diese Grundkraft in Kombination mit einer besseren Widerstandsfähigkeit der Strukturen (vor allem Sehnen, Bänder und Knorpel) ermöglicht es uns erst, die hohen Umfänge beim Bergsteigen langfristig zu tolerieren.

Beim Bergsteigen müssen wir unser Gewicht plus Ausrüstung über mehrere Stunden einbeinig überwinden. Wir müssen unseren Körper über Absätze und Felsstufen hieven, leichte Kletterpassagen bewältigen oder uns über Firnflanken hochkämpfen. Speziell **Oberschenkel-, Gesäß- und Wadenmuskulatur** benötigen genügend Kraft, damit uns bei steilen Anstiegen nicht der Saft ausgeht. Während die vordere Oberschenkelmuskulatur der wichtigste Strecker des Kniegelenks ist, ist das im Hüftgelenk die Gesäßmuskulatur. Beide Muskelgruppen sind beim Bergaufgehen unabdingbar. Denn dann ist bei jedem Schritt eine Bein- und Hüftstreckung nötig. Für einen kräftigen Fußabdruck aus dem Sprunggelenk sorgt die Wadenmuskulatur.

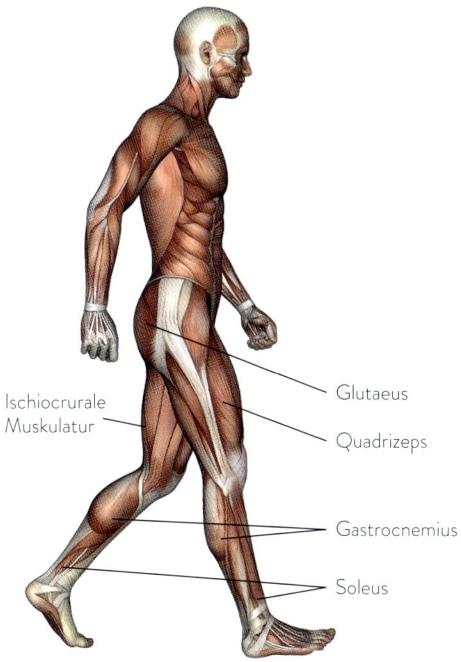

Aber nicht nur beim Bergaufgehen ist die Beinmuskulatur gefordert. Eine weitaus größere Belastung kommt beim **Bergabgehen** auf dich zu. Hier muss die Beinmuskulatur exzentrisch arbeiten – also jeden Schritt abbremsen. Der schmerzhafte Muskelkater nach der ersten Wanderung kommt genau davon. Eine starke Beinmuskulatur hilft dir außerdem, Stoßbelastungen abzufangen, und beugt Knieschmerzen beim Bergabgehen und Rückenschmerzen vor. Mehr erfährst du im nächsten Kapitel!

Besonders hohe Anforderungen stellt das Wandern an die Gesäß-, die`Oberschenkel-, die Waden- und die Rumpfmuskulatur.

Muskelkater

Du kennst das bestimmt: Nach der ersten längeren Wanderung der Saison quält dich die Tage danach ein übler Muskelkater. Grund dafür sind kleine Einrisse in den feinsten Eiweißstrukturen der Muskelfasern. Die Schmerzen verursachen aber nicht die feinen Einrisse in den Fasern selbst, sondern der danach einsetzende Entzündungs- und Heilungsprozess. Das erklärt auch, warum Muskelkater oft erst 24 bis 48 Stunden nach der Belastung auftritt.

Nicht vergessen dürfen wir die **Rumpfmuskulatur**. Sie besteht aus den **Bauch- und Rückenmuskeln**, die den Rumpf wie ein Korsett umspannen. Beim Wandern muss sie den Oberkörper über mehrere Stunden stabil halten und trägt entscheidend das Gewicht des Rucksacks mit. Die Rumpfmuskulatur ist deshalb so wichtig, weil sie das Bindeglied zwischen Ober- und Unterkörper darstellt und sämtliche Bewegungen koordiniert. Erst eine stabile Rumpfmuskulatur gewährleistet gezielte Bewegungen der Gliedmaßen und ermöglicht einen ökonomischen Bewegungsablauf. Ein ökonomischer Bewegungsablauf wiederum ist die Grundlage, um Bewegungen über lange Zeit ohne Leistungseinbruch aufrechterhalten zu können.

HOHE BELASTUNG FÜR DIE GELENKE

Ein Gelenk ist die Verbindung von zwei Knochen. Um die Reibung zwischen den Knochen zu reduzieren, ist das Gelenk meist mit einem hyalinen Knorpel überzogen. Dieser Knorpel ist mit dem Knochen eng verzahnt und hat eine glatte Oberfläche. Das stellt sicher, dass das Gelenk fast reibungsfrei gleiten kann. Wie dick der Knorpel ist, ist von Gelenk zu Gelenk unterschiedlich. Einen sehr dicken Knorpel finden wir mit 6 Millimetern hinter der Kniescheibe. Der Knorpel ist nicht durchblutet, sondern ernährt sich über die Gelenkflüssigkeit (Synovia).[13]

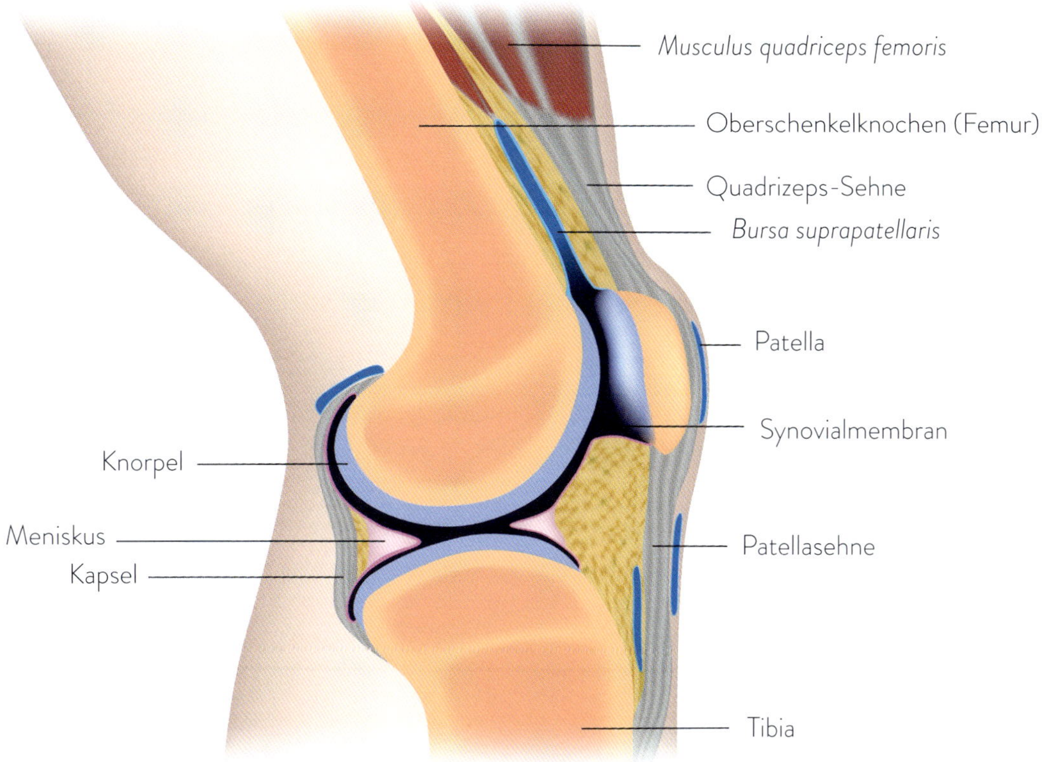

Beim Bergsteigen spielen das Kniegelenk und seine Bestandteile eine zentrale Rolle. Es verbindet den Femur und die Tibia, starke Bänder stabilisieren das Knie und zwei Menisken verteilen das Körpergewicht homogen auf die Gelenkflächen.

Beim Bergsteigen fast durchgehend bewegt werden das **Sprunggelenk, das Kniegelenk und das Hüftgelenk**. Auf diese drei Gelenke wirken beim Bergauf- und speziell beim Bergabgehen die größten Kräfte. Während beim Bergaufgehen vor allem Hüft- und Sprunggelenke mehr belastet werden als beim Gehen in der Ebene, sind es beim Bergabgehen vor allem die Kniegelenke, die besonders stark belastet werden. Hier können Gelenkkräfte entstehen, die bis zum Fünfeinhalbfachen des Körpergewichts betragen. Das sind bei einer 70 Kilogramm schweren Person fast 400 Kilogramm![14]

Dein Knorpel verträgt es

An Ärzte, Physiotherapeuten und an uns Sportwissenschaftler wird häufig die Frage gestellt, ob das Berggehen oder Laufen nicht schädlich für die Strukturen sei. Immerhin wirken dabei hohe Kräfte auf die Gelenke. Diese Besorgnis nahmen Wissenschaftler zum Anlass und untersuchten mittels einer Übersichtsarbeit, ob es durch einmaliges oder mehrmaliges Laufen pro Woche zu einer frühzeitigen Abnützung des Gelenkknorpels im Knie kommen kann. Sie schlossen insgesamt 43 Studien in ihre Arbeit ein, bei denen die Forschenden die betroffenen Knorpel nach den Laufeinheiten mittels Magnetresonanztomografie untersucht haben. Die Forscher kamen zu dem Ergebnis, dass selbst durch häufigeres Laufen keine neuen Knorpelschäden entstehen. Sie schließen daraus, dass der Knorpel die Laufbelastung gut tolerieren kann und sich gezieltes Training eher positiv auf die Anpassungen im Knorpelgewebe auswirkt, als ihm zu schaden.[15]

Eine gut ausgeprägte Beinmuskulatur kann einen Großteil der Kräfte beim Bergabgehen kompensieren. Hast du jedoch Defizite in deiner Muskelkraft, steigt dein Risiko für Verletzungen und Überlastungen wie frühzeitige Knorpelabnutzung oder Sehnenbeschwerden. Beim Bergsteigen äußert sich eine zu geringe Muskelkraft häufig direkt durch Knie- oder andere Gelenkschmerzen und kann in weiterer Folge die Entstehung von chronischen Beschwerden wie Arthrose begünstigen.

Die wichtigste Präventionsmaßnahme gegen Gelenkbeschwerden ist **regelmäßige Bewegung sowie Krafttraining**. Dabei solltest du auf Übungen achten, die besonders die Muskulatur trainieren, die das Sprung-, Knie- und Hüftgelenk umgibt. Die passenden Übungen findest du im vierten Kapitel im Abschnitt Beinkrafttraining (ab Seite 115)

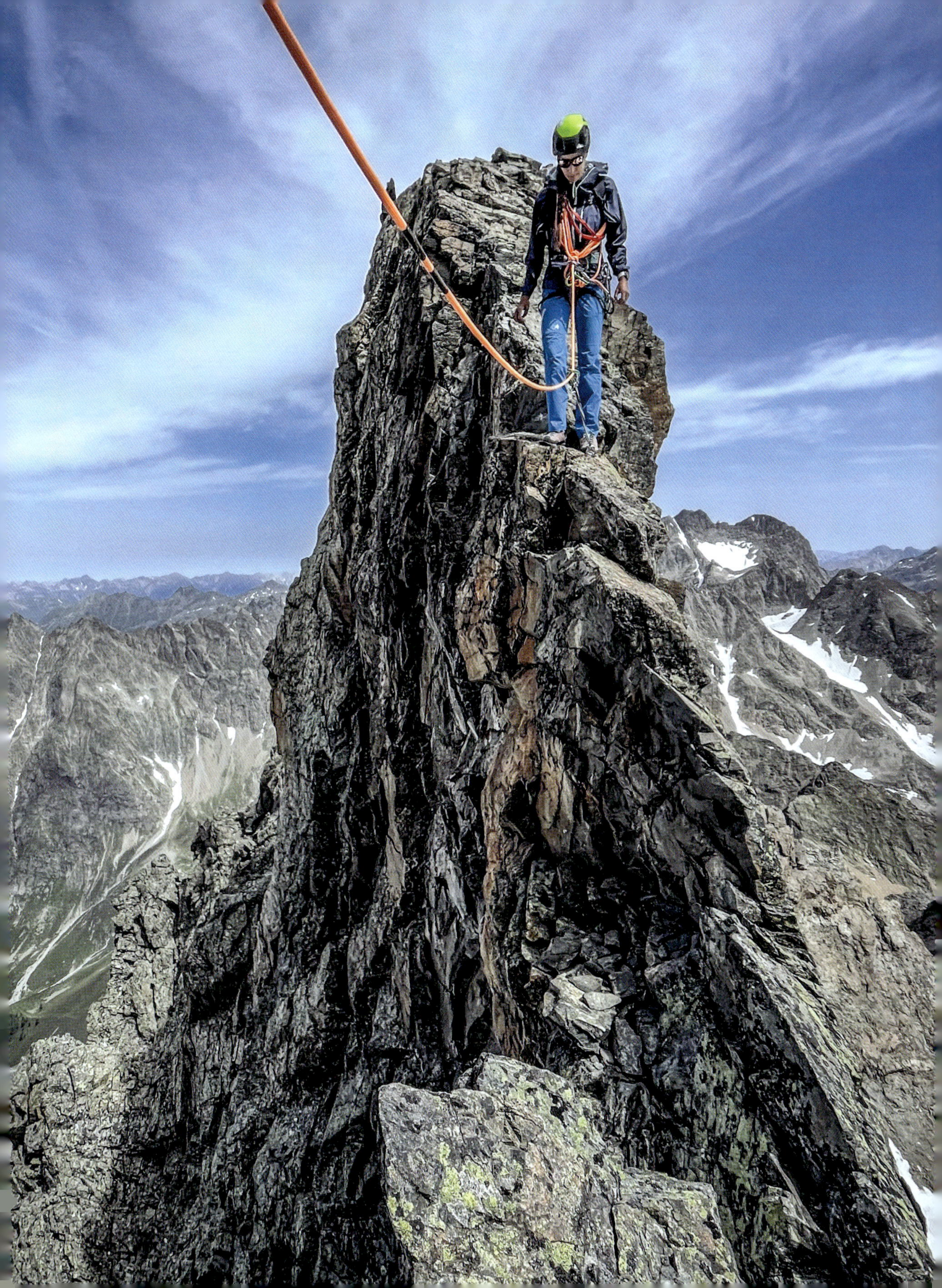

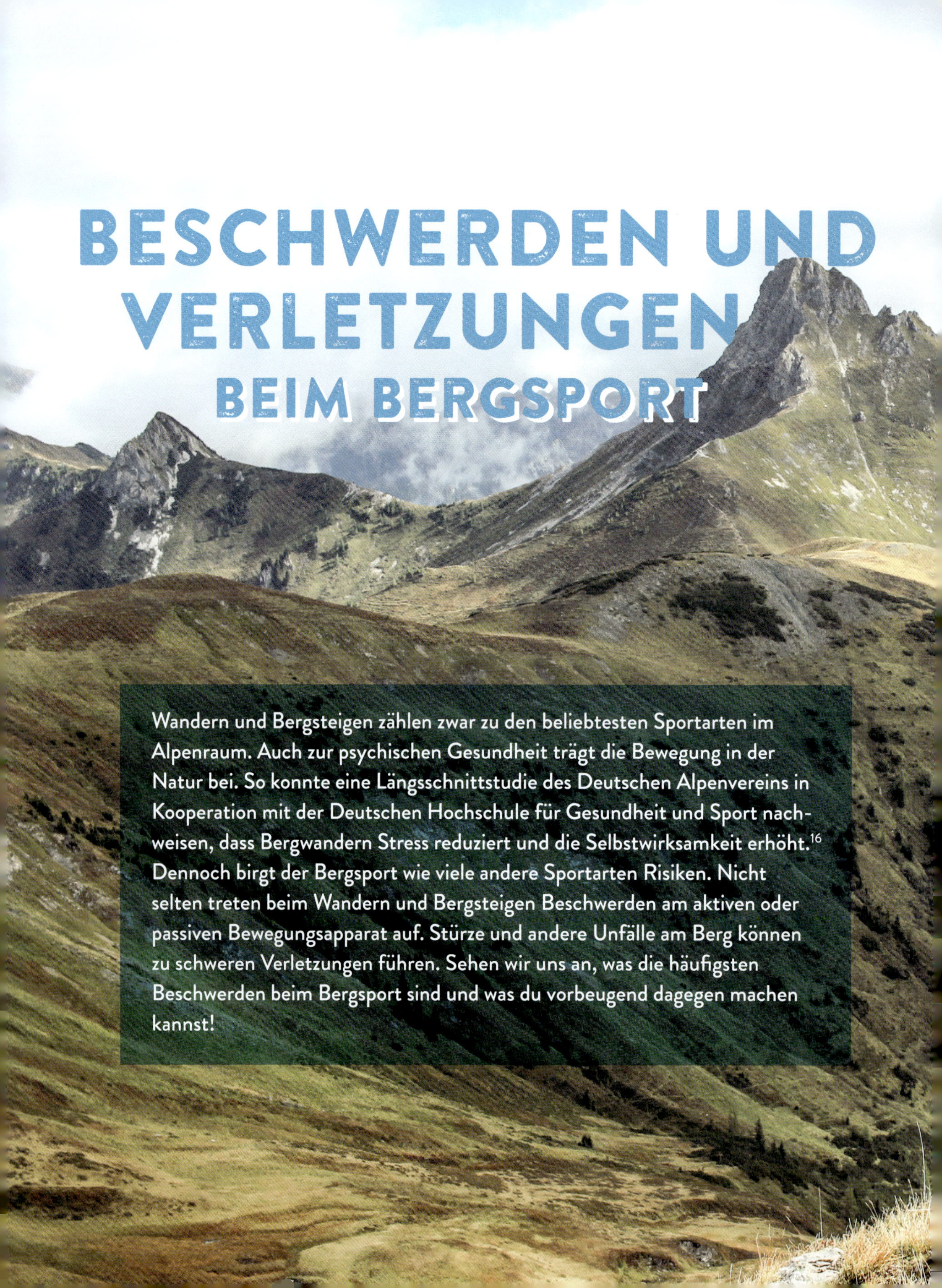

BESCHWERDEN UND VERLETZUNGEN
BEIM BERGSPORT

Wandern und Bergsteigen zählen zwar zu den beliebtesten Sportarten im Alpenraum. Auch zur psychischen Gesundheit trägt die Bewegung in der Natur bei. So konnte eine Längsschnittstudie des Deutschen Alpenvereins in Kooperation mit der Deutschen Hochschule für Gesundheit und Sport nachweisen, dass Bergwandern Stress reduziert und die Selbstwirksamkeit erhöht.[16] Dennoch birgt der Bergsport wie viele andere Sportarten Risiken. Nicht selten treten beim Wandern und Bergsteigen Beschwerden am aktiven oder passiven Bewegungsapparat auf. Stürze und andere Unfälle am Berg können zu schweren Verletzungen führen. Sehen wir uns an, was die häufigsten Beschwerden beim Bergsport sind und was du vorbeugend dagegen machen kannst!

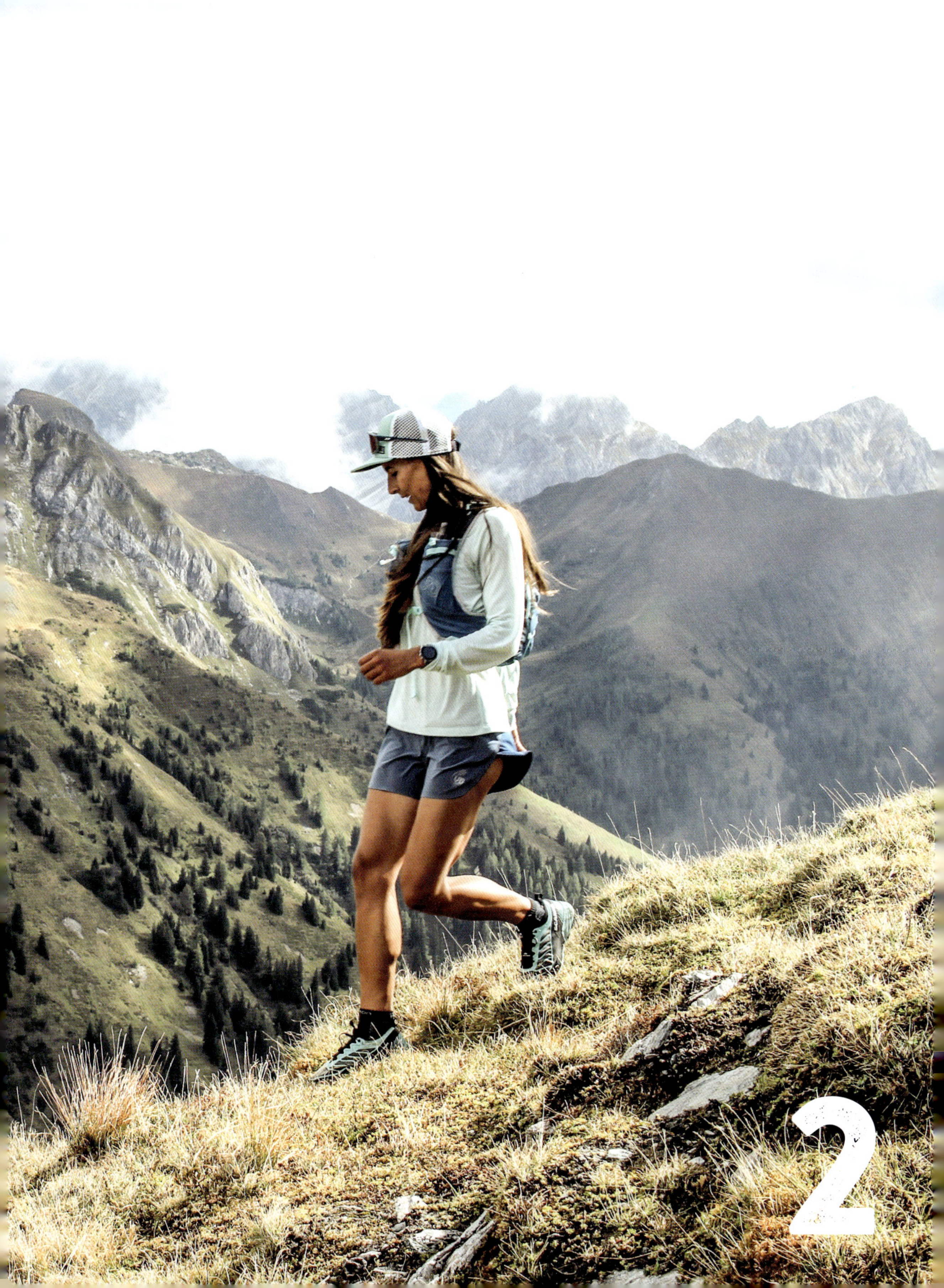

2

HÄUFIGE VERLETZUNGEN BEIM BERGSPORT

Zu den häufigsten **chronischen Beschwerden** beim Bergsteigen zählen Knie- und Rückenschmerzen. Forscher haben mittlerweile durch mehrere Studien herausgefunden, dass das Gehen auf Neigungen – also bergauf oder bergab – zu höheren Belastungen in den Gelenken der unteren Extremität führt als das Gehen in der Ebene. Je steiler das Gelände, umso höher sind auch die Gelenkbelastungen. Diese höheren Gelenkbelastungen können in weiterer Folge zu Schmerzen und Verletzungen im jeweiligen Gelenk führen. Das Kniegelenk ist dabei beim Bergsport am häufigsten betroffen.[17] Aber auch Rückenschmerzen durch das Tragen eines schweren Rucksacks oder einer schlechten Stabilisierungsfähigkeit des Rumpfes plagen viele Bergsportbegeisterte.

Die häufigsten **akuten Verletzungen beim Wandern** passieren durch Stürze, Stolpern oder Ausrutschen. Daneben sind Herz-Kreislauf-Notfälle und Erschöpfung zwei der Hauptunfallursachen. Eine mehrstündige Bergwanderung erfordert Kraft und Ausdauer. Es ist also wenig überraschend, dass sich beinahe zwei Drittel der Unfälle beim Abstieg ereignen,[18] wenn die Energiereserven möglicherweise schon aufgebraucht sind und die Konzentration nachlässt.

Stürzen beim Bergsteigen vorbeugen

Lukas Reimann identifizierte in seiner Studie[19] an der Universität Innsbruck diese **Faktoren für ein erhöhtes Sturz- und Unfallrisiko** beim Bergwandern:

- Übergewicht
- höheres Alter (> 53)
- schwerer Rucksack (> 4,5 Kilogramm)
- kardiovaskuläre Vorerkrankungen
- Sehschwäche

Personen mit einem höheren Body-Mass-Index (> 24) könnten aufgrund »mangelnder Erfahrung mit körperlicher Belastung sowie einer schlechteren neuromuskulären Kontrolle« ein höheres Verletzungsrisiko beim Wandern haben` –[20] ein Aspekt, den jeder von uns persönlich beeinflussen kann. Denn **Gewichtsreduktion** trägt nicht nur zu einem besseren Genuss beim Wandern bei, damit reduzierst du auch die Belastung auf deine Gelenke. Und das im Alltag sowie beim Sport.

Das Abspecken gilt auch für den **Rucksack**! Die Studie von Reimann zeigt, dass die verunfallten Personen im Schnitt häufiger einen Rucksack mit einem Gewicht von über 4,5 Kilogramm trugen. Beim Tragen von Zusatzlasten leidet die Stabilität deines Ganges. Zudem erfordert ein schwerer Rucksack speziell beim Bergaufgehen eine erhöhte Kraftproduktion und beim Bergabgehen ein verstärktes Abfedern der Belastungen. Das erfordert auf längere Sicht eine gute Kraftausdauer der Rumpf- und Beinmuskulatur. Gibt es hier Defizite, könnten aber Sturzunfälle die Folge sein.[21]

Sowohl Frauen als auch Männer haben mit zunehmendem Alter ein erhöhtes Sturzrisiko beim Bergwandern. In Reimanns Studie waren die Unfallopfer im Vergleich zu den Personen aus der Kontrollgruppe häufig älter als 52 (Frauen) beziehungsweise 53 Jahre (Männer). Mit fortschreitendem Alter steigt nicht nur das Risiko für Herz-Kreislauf-Erkrankungen, sondern es nehmen auch die neuromuskuläre Kontrolle und die Kraftfähigkeit ab. Aufgrund der hohen konditionellen Anforderungen beim Bergsteigen sollte man schon in jungen Jahren und im Speziellen im höheren Alter ein vorbereitendes **Ausdauer- und Krafttraining zur Risikoreduzierung für kardiovaskuläre Notfälle in den Bergen** durchführen. Die passenden Übungen und Trainingspläne findest du weiter hinten in diesem Buch!

Supinationstrauma: Verletzung des Sprunggelenks durch Umknicken

Das Sprunggelenk ist in etlichen Sportarten die am öftesten verletzte Körperregion.[22] Das scheint auch beim Wandern so zu sein: Sportwissenschaftler der Uni Innsbruck konnten das Sprunggelenk als die häufigste Verletzungslokalisation bei Bergstürzen ausmachen.[23] Zur Verletzung kommt es meist durch ein seitliches Umknicken im Sprunggelenk, dem Supinationstrauma. Hier beleuchten wir, warum Bergsportler ein höheres Risiko für ein Supinationstrauma haben, wie es am besten behandelt wird und wie du Verletzungen des Sprunggelenks vorbeugen kannst. Außerdem klären wir, warum Sporttherapie nach einem Supinationstrauma so wichtig ist und welche Übungen du machen kannst (ab Seite 97).

Was ist ein Supinationstrauma?

Das Sprunggelenk setzt sich aus dem oberen und dem unteren Sprunggelenk zusammen. Zahlreiche Bänder und Muskeln stabilisieren das Gelenk. Sein komplexer Aufbau macht das Sprunggelenk zwar sehr beweglich, aber auch verletzungsanfällig. Am häufigsten tritt bei Sportlern das Supinationstrauma auf.

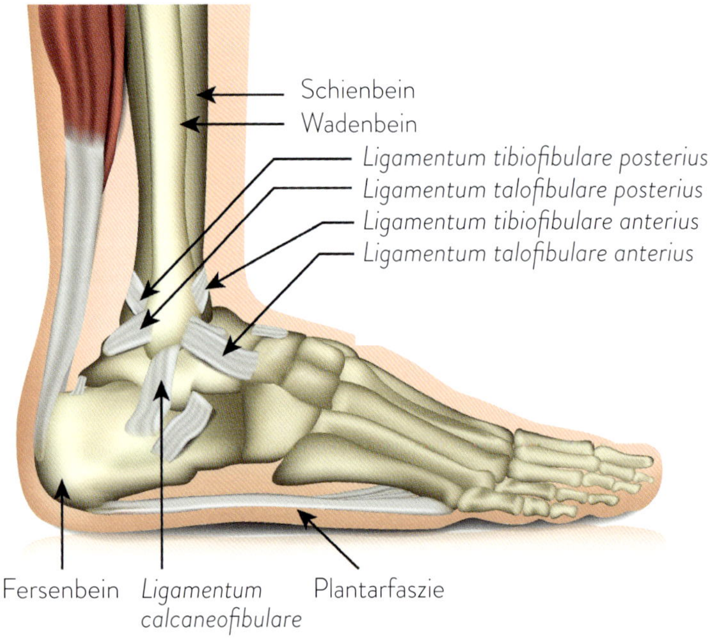

Das Sprunggelenk und der Fuß sind das Fundament eines jeden Schrittes, den du machst. Das komplexe System von Muskulatur und Bändern muss beim Wandern perfekt zusammenspielen!

Von einem Supinationstrauma spricht man, wenn eines oder mehrere Bänder des seitlichen Sprunggelenks reißen oder teilweise reißen. Verläuft die Verletzung glimpflich, kommt es lediglich zu einer Überdehnung der Kapseln und der Außenbänder. Dabei können einzelne Fasern dieser Bänder reißen und die Gelenkkapsel verletzt werden. Die Stabilität des Gelenkes ist hier noch nicht wesentlich beeinträchtigt, es kommt aber meist zu Schmerzen, Schwellung und dem typischen Bluterguss unterhalb des Außenknöchels.

Bei einem **schweren Supinationstrauma** reißen häufig ein oder mehrere der Außenbänder. In diesem Fall ist die Stabilität des oberen Sprunggelenkes nicht mehr gewährleistet. Die größte Problematik: Wer einmal umknickt, hat ein erhöhtes Risiko, dass dies wieder passiert. Die Folge kann eine chronische Instabilität des Sprunggelenks sein.[24] Deshalb ist es besonders wichtig, ein erneutes Umknicken zu vermeiden und mit gezielten Übungen vorzubeugen!

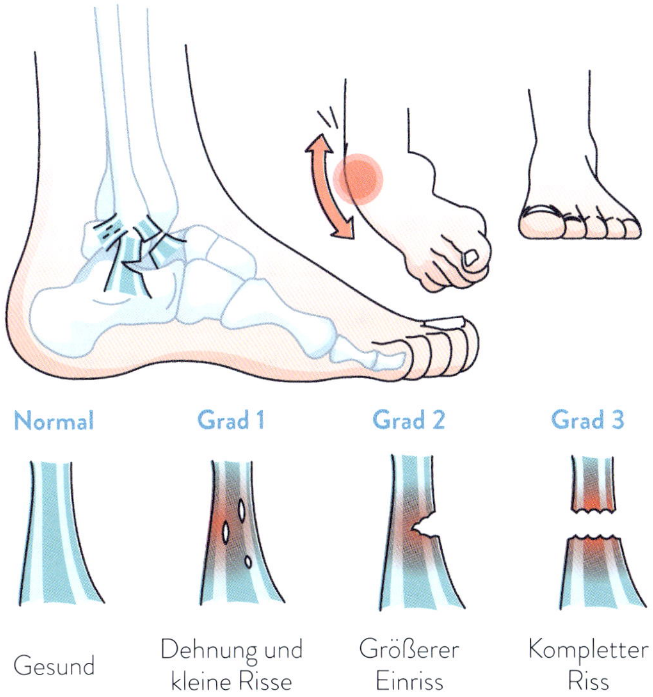

Das Sprunggelenk wird von zahlreichen Bändern stabilisiert. Dieser komplexe Aufbau macht das Sprunggelenk zwar sehr beweglich, aber auch verletzungsanfällig.

Wodurch wird das Supinationstrauma ausgelöst?

Ein Supinationstrauma tritt auf, wenn der Körperschwerpunkt nach einem Sprung oder Schritt nicht über dem Standfuß stabilisiert werden kann. Dann rollt das Sprunggelenk nach außen, während der Unterschenkel gleichzeitig nach innen kippt. Der seitliche Band-, Sehnen- und Kapselapparat wird dadurch stark überdehnt. An der Außenseite des Sprunggelenks liegen mehrere Bänder, die die Knochen des Fußes und Unterschenkels miteinander verbinden. Bei einem Supinationstrauma sind drei von diesen Bändern besonders oft von einer Überdehnung, einem Teilriss oder einer völligen Ruptur betroffen.[25] Je höher die Geschwindigkeit und dein Gewicht sind, umso schwerer fällt die Verletzung normalerweise aus. Diese Kennzeichen treten meist schon unmittelbar nach einem Supinationstrauma auf:

- starke Schmerzen beim Fußaufsatz oder beim Bewegen des Fußes
- Schwellung vor allem im äußeren Bereich
- Bluterguss (meist unterhalb des Knöchels)
- reduzierte Gleichgewichtsfähigkeit

Suche nach dem Unfall unbedingt ein Krankenhaus auf, um durch ein Röntgenbild abzuklären, ob knöcherne Strukturen verletzt sind.

Supinationstrauma vorbeugen: Das kannst du tun!

Mit Kraft- und sensomotorischen Übungen kannst du die Stabilität im Sprunggelenk verbessern. Damit beugst du Umknicken vor, stärkst die Muskeln, die das Sprunggelenk umgeben, und arbeitest gleichzeitig an einem effizienteren Fußabdruck, der deine Fuß- und Beinmuskulatur beim Laufen und Wandern weniger schnell ermüdet.

Wenn du eine Sportart betreibst, die ein erhöhtes Risiko fürs Umknicken birgt – so wie Trailrunning oder Bergsteigen –, empfehle ich, regelmäßig Übungen zur Verbesserung der Sprunggelenksstabilität in dein Training einzubauen.[26] Eine bessere Stabilität im Sprunggelenk erreicht man durch diese vier Maßnahmen:

1. **Die Muskeln stärken, die das Sprunggelenk umgeben:** Der *Musculus (M.) tibialis anterior*, der *M. triceps surae*, der *M. tibialis posterior* und der *M. peroneus longus* und *brevis* sind die wichtigsten Muskeln, die das Sprunggelenk überspannen und bewegen können. Neben der Funktion, das Sprunggelenk in verschiedene Richtungen zu bewegen, tragen sie auch zur funktionellen Stabilität des Gelenks bei. Das ist besonders wichtig, wenn deine Sportart hochdynamisch ist und etwa Bänder bereits vorverletzt oder schwach sind.
2. **Die Bänder des Sprunggelenks stärken:** Nicht nur Muskeln reagieren auf Training, auch Bänder können sich anpassen. Bänder reagieren besonders auf dynamische und exzentrische Zugbelastungen. Zahlreiche Studien zeigen, dass Bänder durch Training widerstandsfähiger werden und sich dies positiv auf die Leistungsfähigkeit und Verletzungshäufigkeit auswirkt.
3. **Die Beinachse stabilisieren:** Die Stellung der Beinachse hat direkten Einfluss auf die Stellung des Sprunggelenks. Ist deine Beinachse (gedachte Linie durch das Sprung-, Knie- und Hüftgelenk) stabil, kommt es nachweislich seltener zu Verletzungen in den Gelenken der unteren Extremität.
4. **Die Propriozeption im Sprunggelenk verbessern:** Unter Propriozeption versteht man die Tiefenwahrnehmung des Körpers. Wer weiß, wie die eigenen Gelenke und Gliedmaßen im Raum stehen, kann Bewegungen besser kontrollieren und koordinieren. Dies passiert unbewusst. Je besser deine Propriozeption geschult ist, umso besser kannst du dich an die Umgebung anpassen. Das ist zum Beispiel beim Wandern oder Trailrunning wichtig, wenn du dich auf unebenem Untergrund bewegst.

Regelmäßig üben

Zur Verbesserung der Sprunggelenksstabilität findest du am Ende dieses Buches einen spezifischen Trainingsplan (ab Seite 188), der über sechs Wochen hinweg geübt werden sollte. Ich empfehle, die Übungen bereits vor der Wandersaison regelmäßig durchzuführen. Im Sommer kannst du sie in längeren Abständen wiederholen.

Die Übungen können auch bei der Rehabilitation nach einer bestehenden Sprunggelenkverletzung helfen. Bitte sprich vorweg mit deinem Therapeuten ab, ob der richtige Zeitpunkt dafür schon gekommen ist. Die Übungen eignen sich keinesfalls zur Behandlung noch akuter Verletzungen!

Verbesserung der Sprunggelenksstabilität

Im Übungsteil findest du die wichtigsten Übungen:

- ▲ Einbeinige Stabilisierung (Seite 100)
- ▲ Stabilisierungssprünge (Seite 101)
- ▲ Sternschritte (Seite 103)
- ▲ Kräftigung des Tibialis anterior mit dem Theraband (Seite 105)
- ▲ Kräftigung des Peroneus mit Theraband (Seite 106)
- ▲ Kniebeuge mit Fersenheben (Seite 107)
- ▲ Einbeiniges Fersenheben (Seite 117)

Knieschmerzen beim Bergsteigen

Beinahe jeder Bergsteiger kennt ihn: den stechenden Schmerz hinter der Kniescheibe nach oder schon während einer längeren Wanderung. Eine Arbeitsgruppe am Fachbereich für Sport- und Bewegungswissenschaften der Universität Salzburg wollte in einer Studie zeigen, wann und warum das Kniegelenk beim Bergabgehen erhöhten Belastungen ausgesetzt ist. Dazu führten die Forscher im Vorfeld ein Interview unter 440 Bergsteigern durch, um zu klären, mit welchen Beschwerden Wanderer am häufigsten zu kämpfen haben.

Von den Befragten gaben 47 Prozent an, dass sie während oder nach der Bergtour Beschwerden am Bewegungsapparat haben. Muskelkater und akute Verletzungen blieben hier unberücksichtigt. Bei nahezu allen Personen treten die Schmerzen beim Abwärtsgehen auf und dann zu 90 Prozent im Knie. Mit dem Alter nimmt die Häufigkeit der Beschwerden zu. Fast drei Viertel der über 60-Jährigen klagen während oder nach Bergtouren über Beschwerden.[27]

Die Ergebnisse der Befragung motivierten die Forschenden, näher zu ergründen, wodurch diese Beschwerden entstehen und welche Möglichkeiten es gibt, sie zu reduzieren oder sogar zu verhindern. Klar ist, dass das Bergwandern und das Abwärtsgehen im Speziellen zu einer erhöhten Beanspruchung der Strukturen in den Gelenken der unteren Extremitäten führen. Die Beschwerden, die beim Berggehen auftreten, können mit diesen erhöhten Beanspruchungen in Verbindung gebracht werden. Die Wissenschaftler interessierte, ab welchem Gefälle die Belastungen auf die Strukturen stark zunehmen. Dazu konstruierten die Forscher eine in der Neigung verstellbare Rampe, über welche die Gangdaten von 22 Studienteilnehmern aufgenommen wurden.

Beim Abwärtsgehen sind in Position des Kniegelenks sehr große Veränderungen in Abhängigkeit der Neigung zu beobachten. Damit wir nicht umfallen, müssen wir mit zunehmendem Gefälle die Beine verstärkt beugen. Weil der Oberkörper aufrecht gehalten werden muss, passiert diese Beugung hauptsächlich durch ein starkes Ausweichen des Kniegelenks nach vorn. Die Hüfte und das Sprunggelenk können aus anatomischen Gründen nicht ausweichen. Der Abstand des Kniegelenks zur gedachten Linie zwischen Hüft- und Sprunggelenk wird umso größer, je steiler das Gelände ist. Dadurch steigt schlussendlich auch die Belastung im Kniegelenk an.

Die Ergebnisse der Studie: Beim Bergabgehen über ein Gefälle von 24 Grad kann das Siebenfache unseres Körpergewichts auf die Strukturen in unserem Knie wirken. Bei einer 70 Kilogramm schweren Person sind das fast 500 Kilogramm. Bei jedem Schritt, oft über Stunden.[28]

Das Gute: Einen Großteil dieser Belastung können wir mit unserer Muskulatur abfangen. Das Schlechte: Die Muskulatur ist beim Bergabgehen meist schon vom Bergaufgehen ermüdet und kann diese Funktion häufig nicht mehr ausreichend erfüllen. Besonders, weil die Muskulatur beim Bergabgehen ab einer Neigung von 24 Grad über die gesamte Stützphase rein exzentrisch, also bremsend, arbeiten muss – eine Form der Belastung, die unsere Muskulatur, hier speziell die Kniestrecker, besonders fordert. Der Großteil der Energie des Fußaufsatzes wird dabei im ersten Drittel der Stützphase absorbiert, in dem wir bei jedem Schritt die dynamischen Kräfte des Körpers abfangen.

Die Probleme beim Bergabgehen treten hauptsächlich im Bereich der Kniescheibe (Patella) sowie der Patellasehne auf. Die Studie der Uni Salzburg liefert dafür drei Gründe:

- Die Patellasehnenkraft nimmt mit der Stärke des Gefälles zu.
- Die Quadrizepszugkräfte steigen mit der Neigung.
- Die patellofemorale Kompressionskraft nimmt mit dem Gefälle extrem stark zu.

Die **patellofemorale Kompressionskraft** ist die Kraft, mit der die Kniescheibe gegen den Oberschenkelknochen gepresst wird. Das hängt natürlich damit zusammen, wie stark und wie lange die vordere Oberschenkelmuskulatur (Quadrizeps) an der Patellasehne zieht. Je stärker das Kniegelenk unter Belastung gebeugt ist, umso höher ist auch die patellofemorale Kompressionskraft.

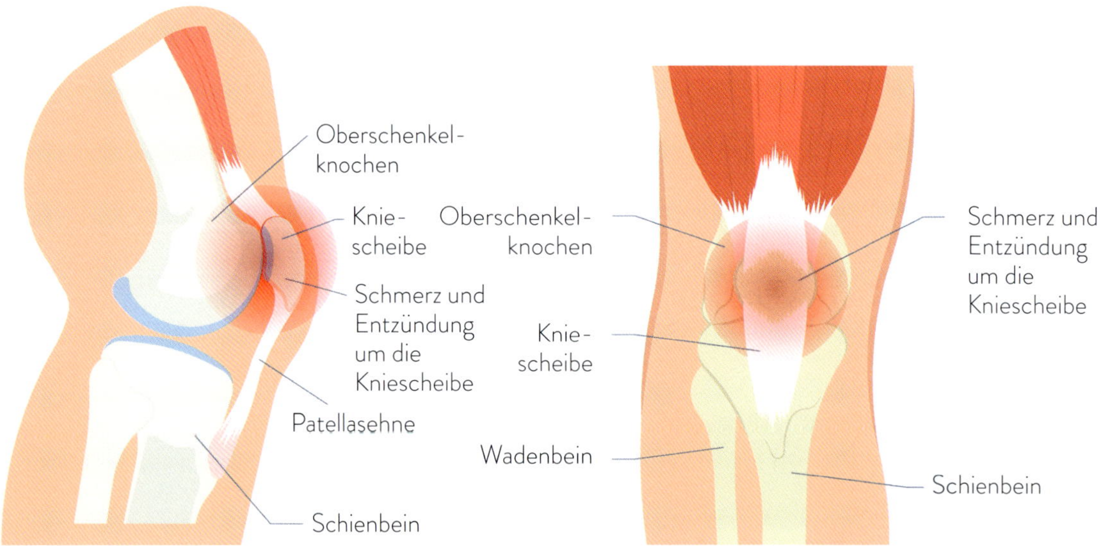

Meldet sich nach langen Abstiegen das Knie, kann es sich um einen patellofemoralen Schmerz handeln.

Wanderer klagen nach langen Abstiegen häufig über Druckschmerz im Bereich der Kniescheibe und der Patellasehne. Eine hohe patellofemorale Kompressionskraft kann Ursache dieser Schmerzen sein. In der Therapie sprechen wir dann von **vorderem Knieschmerz beziehungsweise patellofemoralem Schmerz**. Treten häufig Knieschmerzen beim Bergabgehen auf, sollte man steile Abstiege unbedingt meiden und überlegen, wie man diese Belastungen reduzieren kann.

Die Strukturen im Kniegelenk werden beim Abwärtsgehen zwei- bis viermal so stark beansprucht wie beim Bergaufgehen. Das führen wir einerseits auf die höheren Kräfte, andererseits durch die wesentlich längere Zeitdauer, in der diese Kräfte während der Stützphase beim Abstieg wirken, zurück. Der Großteil der Energieabsorption muss vom Kniegelenk geleistet werden, da Sprung- und Hüftgelenk beim Abwärtsgehen hierfür nur begrenzt eingesetzt werden können.[29]

Das Fazit der Studie: Ja, Bergabgehen rückt unseren Knien ordentlich zu Leibe. Je stärker das Gefälle, umso mehr muss unser Kniegelenk nach vorn ausweichen und umso höher sind die Belastungen auf Strukturen wie die Kniescheibe und die Patellasehne.

SO SCHONST DU DEINE KNIE BEIM BERGABGEHEN

Aber den Knien zuliebe den Bergen fernbleiben? Keinesfalls! Du hast verschiedene Möglichkeiten, die Belastung auf das Knie beim Bergabgehen zu reduzieren. Welche die einfachsten und effektivsten sind, zeige ich dir im Folgenden!

Wir können zwischen präventiven und akuten Maßnahmen unterscheiden. **Präventive Maßnahmen** wie Krafttraining, Dehnen oder zyklisches Ausdauertraining am Rad führst du im Idealfall regelmäßig und speziell vor der Wandersaison durch. **Akute Maßnahmen** wie das Verwenden von Stöcken oder kleine Schritte kannst du auch direkt während der Tour berücksichtigen.

Trainiere die Kraft deiner Bein- und Hüftmuskulatur

Krafttraining wurde von Ausdauersportlern lange vernachlässigt. Mittlerweile wissen wir, dass auch für niederintensive Dauerbelastungen eine gewisse Grundkraft nötig ist. Beim Bergaufwandern müssen wir unser Körpergewicht plus Equipment ständig einbeinig überwinden und unseren Körper über Wurzeln, Felsstufen oder Tritte hieven. Am Gipfel angekommen, sind viele Wanderer oft schon vom Aufstieg erschöpft. Mit dem Abstieg steht unserer Muskulatur aber das Anstrengendste noch bevor. Dann nämlich muss sie stark bremsend (exzentrisch) arbeiten – eine Form der Belastung, die für den Muskel zu den anspruchsvollsten zählt.

Unsere Muskulatur kann einen Großteil der zuvor beschriebenen Belastungen beim Bergabgehen abfangen und so die Gelenkbelastungen reduzieren. Ist sie aber schon vom Bergaufgehen ermüdet, kommt sie dieser Funktion nicht mehr ausreichend nach. Dadurch treten beim Bergabgehen höhere Kniegelenkskräfte auf, die zu Schmerzen führen können.

Wer eine höhere Grundkraft und eine größere Muskelmasse besitzt, hat auch für den Abstieg genügend Kraftreserven und kann so Knieschmerzen gezielt entgegenwirken. Du kannst hierbei auf klassisches oder exzentrisches Krafttraining setzen. Auch Radfahren ist eine super Möglichkeit, um deine Beinkraft schonend zu stärken.

Die **Kräftigung der Oberschenkel- und Hüftmuskulatur** zählt zu den effektivsten Maßnahmen, um patellofemoralen Knieschmerzen vorzubeugen. Patellofemoraler Schmerz bezeichnet Schmerzen an oder hinter der Patella (Kniescheibe). Häufig wird er durch langes Sitzen, Joggen, Springen und eben auch durch Abwärtsgehen ausgelöst.

Ich empfehle, mindestens acht Wochen vor der Wandersaison zweimal wöchentlich ein Krafttraining durchzuführen. Am besten machst du gleich ein Ganzkörpertraining, dann bist du auch fürs Tragen eines Rucksacks gerüstet! Zur Kräftigung der Beinmuskulatur eignen sich jene Übungen, die im Praxisteil beschrieben sind. Besonders hervorzuheben sind diese:

- Ausfallschritt (Seite`115)
- Abduktion (Seite`102)
- Kniebeugen (Seite`116)
- Aufsteiger (Seite`118)
- Absteiger (Seite`121)
- Romanian Deadlift (Seite`134)
- Einbeiniges Hüftheben (Seite`120)
- Einbeiniges Fersenheben (Seite`117)

Zur Vorbeugung von Knieschmerzen beim Wandern findest du ganz hinten in diesem Buch einen spezifischen 6-Wochen-Plan (ab Seite 194). Starte damit frühzeitig vor der Wandersaison und hänge danach am besten gleich einen der anderen Vorbereitungspläne an.

Zyklisches Ausdauertraining

Weil auch der **Knorpel im Kniegelenk** nicht durchblutet ist, muss er auf anderem Weg mit Nährstoffen versorgt werden. Um das Knorpelgewebe optimal zu versorgen, ist eine dosierte Be- und Entlastung des Knorpels nötig. Der Knorpel braucht also Bewegung, um sich zu ernähren!

Ideal für die Versorgung des Knorpels sind zyklische Bewegungen ohne kurze Belastungsspitzen. Dafür eignen sich Sportarten wie Radfahren, Skitourengehen, Gehen oder Schwimmen. Das Ausdauertraining führst du am besten mehrmals pro Woche (zwei- bis dreimal auch kürzere Einheiten) über das gesamte Jahr hin durch. Dann nämlich bereitest du deine Strukturen auf lange Bergtouren am Wochenende vor. Nicht ideal: Von Montag bis Freitag nichts tun und am Wochenende mehrere Stunden über Stock und Stein laufen. Dies führt unweigerlich zu Überlastungen. Wie du dein Ausdauertraining sinnvoll gestaltest, zeige ich dir im Praxisteil des Buches!

Dehne die Oberschenkel- und Wadenmuskulatur

Eine verkürzte Muskulatur ist meist nicht der primäre Auslöser von Knieschmerzen, kann diese aber zusätzlich verstärken. Vor allem eine Verkürzung der Hamstrings, der Waden, des Quadrizeps und des Iliotibialbandes kann die Kräfte im Kniegelenk und den Anpressdruck der Kniescheibe erhöhen.

Hier kannst du gegensteuern, indem du regelmäßig deine vordere und hintere Oberschenkel- und Wadenmuskulatur dehnst und die Oberschenkelaußenseite (*Tractus iliotibialis)* mit einer Faszienrolle ausrollst oder massieren lässt. Kommen wir nun zu den akuten Maßnahmen, die du direkt während der Bergtour berücksichtigen kannst.

Meide sehr steiles Gelände

Die Belastungen im Knie steigen beim Bergabgehen überproportional mit dem Gefälle an. Rufen wir uns nochmals die Ergebnisse der Studie der Universität Salzburg in Erinnerung: Die Leistung im Kniegelenk ist beim Bergabgehen bei einer Neigung von 24 Grad viermal so hoch wie beim Bergaufgehen und achtmal so hoch wie beim Gehen auf der Geraden.[30] Wer unter chronischen Knieproblemen leidet, sollte seine Touren so aussuchen, dass er beim Bergabgehen flachere Wege nutzen kann. Forststraßen zum Beispiel bieten häufig diese Möglichkeit. Meide auch steile Abkürzungen, sondern bleibe auf Wegen, die möglichst flach durch das Gelände ziehen.

Mache kurze Schritte

Je längere Schritte wir machen, umso höher ist die Geschwindigkeit, mit der wir unterwegs sind. Dadurch nimmt die Stoßbelastung beim Fußaufsatz zu und infolgedessen auch die Belastung im Kniegelenk. Machen wir kleinere Schritte, muss das Knie nach vorn weniger stark ausweichen. Die Belastungsmomente im Knie können wir so relativ gering halten.

Kurze Schritte zu machen, ist eine effektive und sehr einfache Maßnahme, um die Belastung im Knie zu reduzieren. Denn sie steht jederzeit und in fast jedem Gelände zur Verfügung! Im Zweifelsfall machen wir also mehrere kurze Schritte statt wenige lange, um unsere Knie zu schonen. Das dürfte alle beruhigen, die auch abwärts gern schnell unterwegs sind.

Verbessere deine Gehtechnik

Wie bereits angesprochen, können wir mit kurzen Schritten die Härte des Impacts beim Fußaufsatz reduzieren. Eine weitere Möglichkeit, die Belastung beim Auftreten zu verringern, ist die Art, wie wir unseren Fuß aufsetzen. Ideal wäre, wenn wir den Boden als Erstes mit dem Fußballen berühren. Strecke dein Sprunggelenk, setze zuerst den Vorfuß auf und senke die Ferse dann federnd ab. So überlässt du die Energieabsorption des Aufpralls nicht nur dem Kniegelenk und den umliegenden Muskeln, sondern du setzt auch das Sprunggelenk und die Wadenmuskulatur ein.

Flacher Fußaufsatz: Nutze kleine Stufen im Gelände

Studienergebnisse zeigen, dass beim Gehen über Treppen wesentlich geringere Belastungen im Kniegelenk auftreten, als beim Gehen auf schiefen Ebenen.[31] Der flache Fußaufsatz auf der Stufe macht hier den Unterschied. Diese Erkenntnis kannst du dir auch beim Abwärtsgehen am Berg zunutze machen. Wie? Indem du den Untergrund nach natürlichen Stufen absuchst. Diese findest du in Form von kleinen Absätzen, Steinen und Wurzeln auf jedem Steig oder Pfad. Die geringere Belastung auf der Treppe erklärt sich dadurch, dass wir das Knie dort relativ zentral unter dem Körper halten können. Damit verhindern wir ebenfalls, dass das Knie zu stark nach vorn ausweicht und sich die Belastung im Kniegelenk dadurch vergrößert.

Unterstütze mit Stöcken

Dürfen wir Studienergebnissen glauben, können wir mit Tourenstöcken die Spitzenbelastungen beim Bergabgehen um 25 bis 30 Prozent reduzieren, ohne speziell auf den Einsatz der Stöcke zu achten. Setzen wir die Stöcke gezielt und technisch sauber ein, ist sogar eine Reduktion der Belastung um die Hälfte möglich![32] Am Berg beobachten wir zwar viele Wanderer, die auf die Unterstützung von Stöcken schwören – leider setzen sie nur die wenigsten korrekt ein. Der häufigste Fehler: Mit Stöcken tendieren wir dazu, unsere Schritte zu verlängern. Wie zuvor erwähnt, sind aber kurze Schritte eine der wichtigsten Komponenten einer guten Technik beim Abwärtsgehen. Wer Stöcke verwendet, sollte sie dazu einsetzen, Gewicht abzufangen, ohne gleichzeitig die Schritte zu verlängern.

Die Belastungsminderung beim Abstieg wird primär durch die Kräfte bestimmt, die auf die Stöcke übertragen werden. Willst du Knie und Wirbelsäule entlasten, müssen deine Arme einen Teil der Arbeit der Beinmuskeln übernehmen. Stütze dich beim Bergabgehen mit leichter Vorlage des Oberkörpers aktiv mit den Armen auf den Stöcken ab. Wer seine Stöcke nur mitschleift, wird keine Belastungsreduktion hervorrufen. An einem Muskelkater im Trizeps an der Rückseite des Oberarms wirst du zumindest am Anfang merken, ob du's richtig gemacht hast.

Verwende die richtigen Schuhe

Klassische Bergschuhe haben meist eine harte Sohle und schränken durch ihren hohen Schaft die Beweglichkeit im Sprunggelenk ein. Dadurch bleibt dir nichts anderes übrig, als mit der Ferse aufzusetzen. Ein Fersenaufsatz mit Bergschuh ist doppelt kontraproduktiv: Erstens fehlt die Dämpfung aus dem Vorfuß und dem Sprunggelenk und zweitens absorbiert die harte Sohle des Bergschuhs nur wenig Energie. Leichte Wanderschuhe haben einige Vorteile:

- besseres Gefühl für den Untergrund
- aktive Stabilisierung des Sprunggelenks
- mehr Beweglichkeit im Sprunggelenk
- bessere Dämpfung
- Aufsatz am Vorfuß möglich

Ideal wäre ein Schuh, der die Streckung im Sprunggelenk und somit einen Aufsatz mit dem Zehenballen zulässt und gleichzeitig eine nicht allzu harte Sohle hat. Auf gewöhnlichen Wanderungen ist ein steifer Bergschuh so gut wie nie notwendig. Sofern du keine Steigeisen befestigen oder auf Eis und Schnee gehen musst, kannst du auf leichtere Schuhmodelle zurückgreifen.

Möglicherweise gehörst du zu den Bergbegeisterten, die Bergstiefel verwenden, weil es immer so gemacht wurde. Oder sie geben dir ein sicheres, stabiles Gefühl im Sprunggelenk und du bist überzeugt davon, nur so ein Umknicken vermeiden zu können. Bedenke: **Ein hoher Schuh stabilisiert nur passiv**.

Verwendest du einen solchen über Jahre, nimmst du nicht nur eine erhöhte Gelenkbelastung in Kauf. Es leidet wahrscheinlich auch deine aktive Stabilisierungsfähigkeit des Sprunggelenks darunter. Es ist so: Beim Wandern musst du dich ständig auf einen veränderten Untergrund einstellen und Unebenheiten ausgleichen. Leichte Wanderschuhe geben dir ein besseres Gefühl für den Untergrund und fordern dich heraus, dein Sprunggelenk aktiv zu stabilisieren, weil du dich nicht rein auf den passiven Halt von hohen Bergschuhen verlässt. Wechsle auf einfachen Touren doch mal zu leichten Wanderschuhen. Du wirst sehen, dass du dich agiler und sicherer am Berg bewegen kannst. Gleichzeitig verbesserst du bei jeder Wanderung die aktive Stabilisierung deines Sprunggelenks.

Verwende steife Bergschuhe nur dann, wenn es unbedingt nötig ist, und greife für technisch einfache Wanderungen auf Zustiegsschuhe, leichte Wanderschuhe oder Trailrunning-Schuhe zurück!

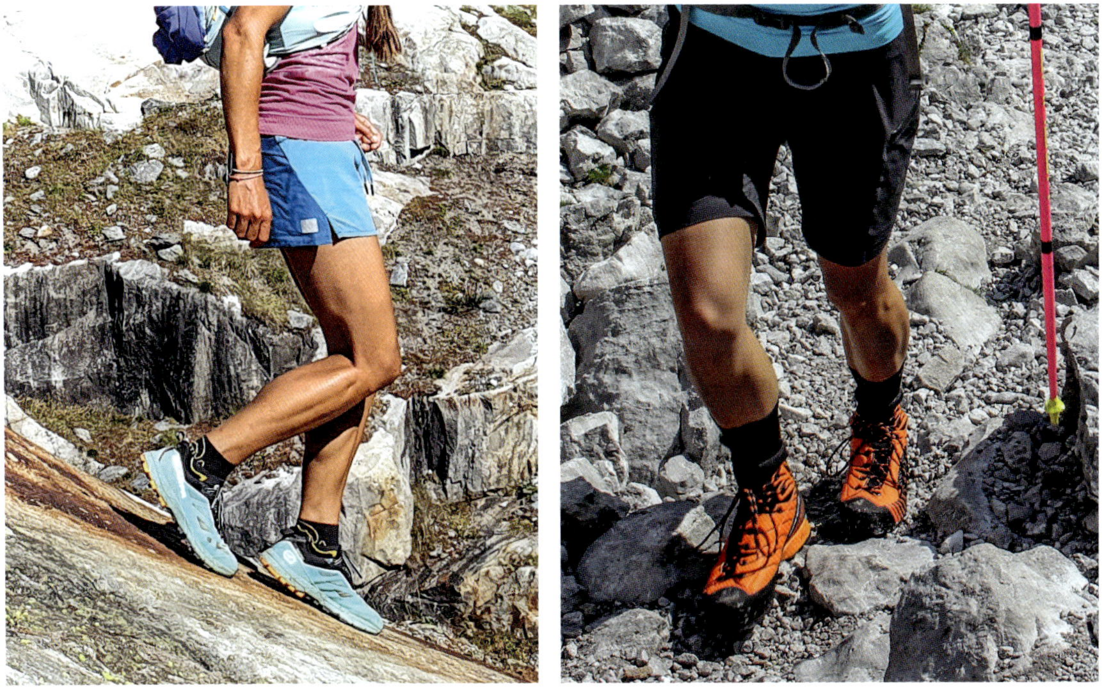

Es müssen nicht immer schwere Bergstiefel sein! Auch leichte Berg- oder Trailrunning-Schuhe (linkes Bild) sind für viele Touren geeignet.

RÜCKENSCHMERZEN BEIM WANDERN UND BERGSTEIGEN VORBEUGEN

Neben den Knien ist es beim Wandern und Bergsteigen häufig der Rücken, der Beschwerden bereitet. Treten Rückenschmerzen beim Wandern auf, wird bei den meisten Lesern dieses Buches mit großer Wahrscheinlichkeit der Lendenwirbelsäulenbereich betroffen sein. Damit bist du nicht allein.

Denn 85 bis 90 Prozent der Gesamtbevölkerung leiden im Leben einmal oder mehrmals unter Rückenschmerzen. Am häufigsten verbreitet ist dabei der Low Back Pain (Schmerz des unteren Rückens). In den meisten Fällen ist die Diagnose unspezifisch, da sich nicht genau bestimmen lässt, was konkret die Ursache der Schmerzen ist. Bei 23 Prozent der Patienten werden die Beschwerden nach erstmaligem Auftreten sogar chronisch. Rückenschmerzen als Volkskrankheit zu bezeichnen, ist also absolut treffend, denn weltweit gesehen zählen sie zu den zehn häufigsten Beschwerdebildern.

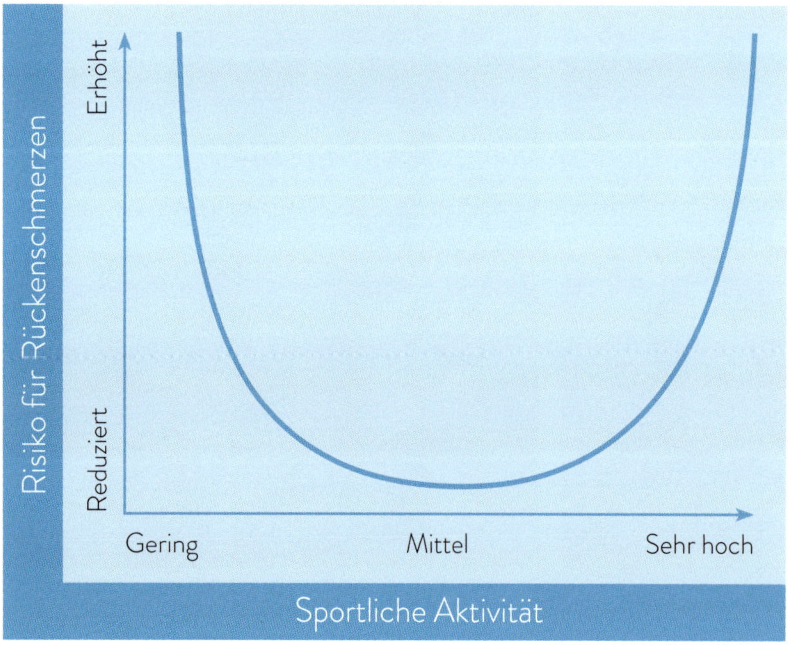

Eine geringe und eine sehr hohe sportliche Aktivität erhöhen das Risiko für Rückenbeschwerden. Ein gutes Mittelmaß dagegen scheint unserem Rücken gutzutun!

Bei Sportlern treten Rückenschmerzen fast gleich häufig oder etwas seltener auf als bei der Normalbevölkerung. Mittlerweile ist aber gesichert, dass der Zusammenhang zwischen körperlicher Aktivität beziehungsweise Sport und Rückenschmerzen als U-förmig angesehen werden kann. Das heißt, dass sowohl Bewegungsmangel als auch extrem hohe sportliche Belastung (Wettkampfsport) zu einer Erhöhung des Rückenschmerzrisikos führen kann. Ein mittleres Maß an Bewegung hingegen schützt vor Rückenschmerzen beziehungsweise kann dabei helfen, sie zu reduzieren.[33]

Woher aber kommen die Rückenschmerzen während der sportlichen Belastung? Ganz häufig gibt es dafür mehrere Gründe, weshalb Ärzte und Therapeuten **strukturelle und funktionelle Faktoren** unterscheiden. Leidest du häufiger und auch im Alltag unter Rückenschmerzen, solltest du unbedingt abklären lassen, ob keine strukturellen Ursachen – etwa an den Bandscheiben – vorliegen. Ist das ausgeschlossen, sind die Ursachen deiner Rückenschmerzen mit großer Wahrscheinlichkeit funktioneller Natur.

Das bedeutet, dass muskuläre Defizite und/oder Fehlhaltungen deine Rückenschmerzen erklären können. Häufig sind es Spitzenbelastungen bei gleichzeitig unzureichend ausgeprägter Rumpfstabilität, die zu Rückenschmerzen führen.[34] Im Bergsport können solche Spitzenbelastungen etwa das Tragen eines schweren Rucksacks über längere Zeit, Stoßbelastungen beim Bergabgehen oder Stolperer sein. Ist deine Rumpfstabilisierung schlecht und deine Rumpfmuskulatur zu schwach, kannst du diese Belastungen nicht ausreichend kompensieren.

Schwache Rückenmuskeln erhöhen Risiko für Beschwerden

Wissenschaftler haben herausgefunden, dass bei Rückenschmerzpatienten häufig eine reduzierte Maximalkraft der Rückenextensoren vorliegt. Die Rückenextensoren sind jene Muskeln, die den Oberkörper aufrichten und den Rücken strecken. Der *Musculus erector spinae* ist einer der bekanntesten Rückenmuskeln und dir vielleicht ein Begriff. Grob besteht er aus drei Anteilen und zieht vom Kreuzbein über die Dornfortsätze der Wirbelsäule und den Rippen bis zum Hinterkopf.[35]

In den vergangenen Jahren hat in der Medizin und in der Therapie ein enormer Paradigmenwechsel stattgefunden, was die Diagnose und Behandlung von Rückenschmerzen betrifft. Mittlerweile besteht weitgehend ein Konsens darüber, dass die aktive Stabilisierung des Rumpfes bei wiederholten (hochintensiven) Belastungen eine enorme Rolle spielt. Unter *aktiver Stabilisierung* verstehen Therapeuten und Sportwissenschaftlerinnen wie ich eine ausreichende Kraft und ein ideales Zusammenspiel deiner Muskulatur während der Bewegung. Arbeiten die einzelnen Muskeln nicht richtig zusammen und sind zusätzlich zu schwach, kann das zu Beschwerden am Bewegungsapparat führen.

Den Rücken entlasten

Beuge Rückenschmerzen frühzeitig vor! Die passenden Übungen findest du im Praxisteil. Sieh dir im vierten Kapitel (ab Seite 80) speziell die Stabilisierungsübungen, die Rumpfkraftübungen und die Mobilisierungsübungen an! Ich empfehle dir, die Übungen vor der Wandersaison mindestens zweimal pro Woche durchzuführen. Hast du im Sommer weniger Zeit, versuche die Übungen trotzdem einmal wöchentlich erhaltend zu machen.

Besonders auf Mehrtageswanderungen oder Hochtouren kommt man um einen schwereren Rucksack kaum herum. Natürlich kannst du versuchen, das Gewicht des Rucksacks möglichst gering zu halten, indem du leichte Ausrüstung verwendest und dich auf das wirklich Notwendige reduzierst. Je nach Länge und Art der Tour und den technischen Anforderungen wiegt der Rucksack bei einer Hochtour oder Etappenwanderung dennoch meist zwischen 6 und 12 Kilogramm. Deshalb ist es umso wichtiger, dich gut auf diese Belastungen vorzubereiten. Wie, das zeige ich dir auf den folgenden Seiten.

Mittels **EMG-Messung** können Wissenschaftler über Elektroden auf der Haut messen, wann und wie stark ein Muskel aktuell aktiv ist. So konnte man bereits in mehreren Studien nachweisen, dass die rumpfumgebende Muskulatur bei beschwerdefreien Personen und bei Personen mit Rückenschmerzen unterschiedlich aktiv ist. Die Muskulatur der Versuchspersonen mit Rückenschmerzen reagierte verspätet und weniger stark auf Reize von außen.[36]

Rückenschmerzen mit Stabilisierungsübungen und Krafttraining vorbeugen

Gehörst du zu den Sportlern, die bereit sind, Schmerzen oder andere Beschwerden bis zu einem gewissen Grad zu akzeptieren, um dein Hobby ausüben zu können? Das muss nicht sein! Gezielte Trainingsübungen und eine sinnvolle Vorbereitung ermöglichen in fast allen Fällen beschwerdefreie Touren in den Bergen.

Natürlich ist hier von dir die nötige Konsequenz gefragt. Um Rückenschmerzen langfristig in den Griff zu bekommen, solltest du dein Übungsprogramm über mehrere Wochen durchführen, besser noch länger. Idealerweise schaffst du es zweimal wöchentlich, die Kraft- und Stabilisierungsübungen durchzuführen. Im fünften Kapitel dieses Buches (ab Seite 147) findest du den passenden Trainingsplan, egal, welches Ausgangsniveau du hast!

Damit du besser verstehst, wie komplex die Stabilisierung der Wirbelsäule und des Rumpfes ist, möchte ich kurz aufzeigen, wovon die **Stabilität der Wirbelsäule** abhängt. Man geht davon aus, dass den aktiven, passiven und neuralen Strukturen eine entscheidende Rolle zukommt.

- Das **passive System** besteht aus den Wirbelkörpern, Bandscheiben, Bändern und Gelenkkapseln.
- Zum **aktiven System** zählen die Muskeln und Sehnen.
- Das **neurale System** besteht aus dem peripheren und dem zentralen Nervensystem.[37]

Diese drei Systeme sind funktionell untrennbar miteinander verbunden und tragen gemeinsam zur Stabilisierung der Wirbelsäule bei. Eine Fehlfunktion in einem der Systeme hat direkte Folgen auf die Stabilität der Wirbelsäule. Zur Vorbeugung, aber auch zur Behandlung von (un-)spezifischen Rückenschmerzen empfehle ich deshalb:

1. **Rumpfstabilisierungsübungen:** Sie sollen sowohl die statische als auch die dynamische Stabilität des Rumpfes trainieren.
2. **Sensomotorische Übungen:** Das können unterschiedlichste Koordinations- und Gleichgewichtsübungen sein.
3. **Krafttraining:** Dies ist am besten für den gesamten Körper geeignet, aber speziell für die Rumpfmuskulatur sowie die Hüftstrecker (besonders die Gesäßmuskulatur).

Die Übungen im Praxisteil decken alle drei Bereiche ab. Solltest du trotz vorbeugender Übungen weiterhin Rückenschmerzen haben, suche unbedingt einen Therapeuten deines Vertrauens auf und lasse die Ursachen individuell abklären. Die Verbesserung der aktiven Stabilisierung ist meiner Meinung nach die wichtigste Maßnahme, um Rückenschmerzen beim Bergsteigen vorzubeugen. Es gibt aber noch weitere Werkzeuge, den Rücken am Berg zu entlasten.

Finde den passenden Rucksack

Der richtige Rucksack trägt entscheidend dazu bei, dass du beim Bergsteigen ergonomisch und bequem unterwegs bist. Er soll zur Form deines Rumpfes passen und am besten probierst du ihn vor dem Kauf in einem Sportfachgeschäft aus. Vor der Tour befüllst du ihn nur mit den wirklich nötigen Gegenständen – denn jedes Gramm, das auf dir lastet, wirst du am Berg früher oder später spüren.

Der Rucksack überträgt das Gewicht über die Schultergurte auf die Schultern und von dort weiter über die Wirbelsäule und das Becken auf die Beine. Ein für dich biomechanisch optimaler Rucksack entlastet die Schultern und sitzt hauptsächlich auf den Beckenschaufeln. So kann die Last nach unten übertragen werden. Das geschieht bei Rucksäcken über die Hüftgurte: Sie müssen optimal am Beckenkamm anliegen – nur so funktioniert die Kraftübertragung auf das Becken und der Rücken und die Schultern werden entlastet.[38] Beim Kauf und beim Einstellen des Rucksackes kannst du darauf achten:

- Kaufe nur Qualitätsrucksäcke mit entsprechenden Einstellungsmöglichkeiten der Schulter- und Hüftgurte.
- Die Schulterträger, die Hüftgurte und das Rückenteil sollten zu deiner Anatomie passen. Achte auf die passende Länge und Breite.
- Die Hüftgurte stellst du so ein, dass ihre Mitte auf Höhe des Beckenkamms liegt, und ziehst sie gut an.
- Die Schulterträger ziehst du nicht allzu straff. Die Hauptlast sollte am Hüftgurt liegen. So stellst du auch sicher, dass dein Brustkorb nicht eingeengt und deine Atmung beeinträchtigt ist.

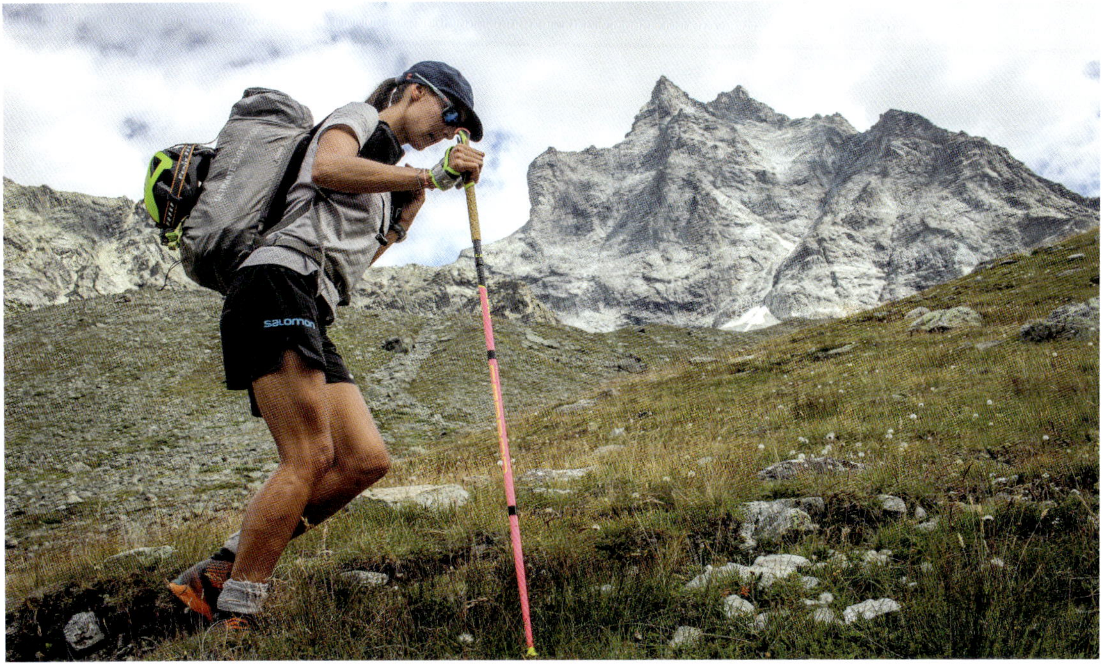

Bei deinem Rucksack solltest du auf die Qualität und die richtige Einstellung achten.

Packe deinen Rucksack richtig

Ein weiterer wichtiger Punkt, auf den du achten kannst, ist der Rucksackschwerpunkt. Der sollte dem körpereigenen Schwerpunkt möglichst nahe sein. Ein guter Rucksack ist so konstruiert, dass schwere Lasten nahe an den Rücken gepackt werden können. Packst du den Rucksack korrekt, werden nur etwa 30 Prozent der Last auf die Schultern übertragen und 70 Prozent über die Beckenschaufeln direkt an die Beine weitergegeben.[39] Bedenke beim Packen des Rucksacks Folgendes:

- Schwere Gegenstände sollen möglichst nah am Rücken platziert werden, leichte Ausrüstung kannst du auch weiter weg vom Körperschwerpunkt einpacken.
- Bei einfachen Touren kann der Schwerpunkt der Last in Schulterhöhe liegen. Wenn ich für eine Tour wenig Ausrüstung benötige, dann verwende ich gern Trailrunning-Rucksäcke. Sie sind wie Westen aufgebaut, die man eng um den Oberkörper trägt, und haben in der Regel ein Fassungsvermögen zwischen 5 und 15 Litern. Essen, Trinken, Wechselkleidung, eine Jacke und Erste-Hilfe-Ausrüstung finden dort locker Platz.

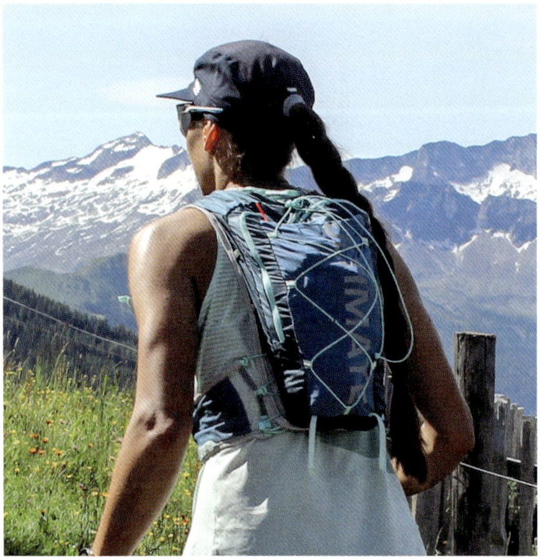

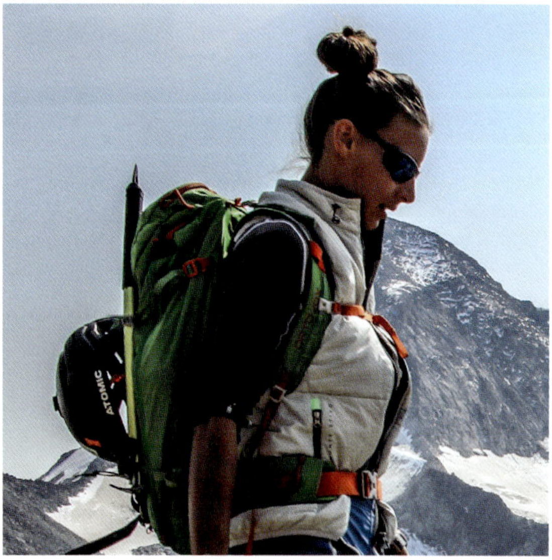

Je nach Tour ist ein leichter Trailrunning-Rucksack oder ein Hochtourenrucksack besser geeignet.

- Bist du auf schwierigen Touren in unebenem, vielseitigem Gelände unterwegs, empfiehlt es sich, die Last so zu verteilen, dass der Schwerpunkt etwas tiefer als Schulterhöhe liegt.
- Achte auf eine gleichmäßige Verteilung des Gewichts und nutze zum Beispiel die Seitentaschen, um die Last homogen auf beide Seiten aufzuteilen.

Mit gezieltem Stockeinsatz den Rücken entlasten

Das Tragesystem kann noch so ausgereift und der Rucksack noch so gut gepackt sein – sobald wir viel schleppen müssen und eine hohe Last am Rücken haben, verlagern wir unseren Schwerpunkt automatisch weiter nach hinten. Diese Rücklage müssen wir kompensieren, indem wir den Oberkörper stärker vorbeugen.

Durch die Veränderung des Hebels erhöht sich dadurch wiederum die Belastung auf den Rücken. Vor allem die Muskulatur im Lendenwirbelsäulenbereich muss bei Oberkörpervorlage mehr Kraft aufwenden, um die Wirbelsäule und den Rücken zu stabilisieren. Ist die Rumpfmuskulatur zu schwach und kommt diesem Stabilisierungsanspruch nicht nach, können bei langen Touren Schmerzen auftreten und sogar das Risiko für Abnutzungen und Überlastungen ansteigen.[40] Genau aus diesem Grund ist das zuvor erwähnte Kraft- und Stabilisierungstraining so wichtig.

Aber du hast noch eine weitere Möglichkeit, um den Rücken gerade zu halten: **Verwende Wanderstöcke.** Stöcke können, sofern sie richtig eingesetzt werden, einer zu starken Vorlage des Oberkörpers entgegenwirken. Außerdem übertragen sie einen Teil der Last von den Schultern über die Arme auf den Boden und entlasten damit den Rücken zusätzlich.[41]

Gleichzeitig können Stöcke der Beinmuskulatur eine gute Portion Arbeit abnehmen: Durch gezieltes Schieben aus den Armen können wir **bergauf für Vortrieb** sorgen. So muss nicht die Beinmuskulatur allein die gesamte Arbeit verrichten. Die nötige Kraft wird durch den Stockeinsatz von verschiedenen Muskelgruppen aufgebracht und so die Beinmuskulatur entlastet. Bei langen Anstiegen macht das einen enormen Unterschied! Der Körper wird gleichmäßiger beansprucht und einzelne, lokale Muskelgruppen wie die Beinmuskulatur ermüden weniger schnell.

Stöcke richtig einsetzen

Am Berg beobachte ich zwar viele Wanderer, die auf die Unterstützung von Stöcken schwören. Nicht alle jedoch beherrschen die korrekte Gehtechnik. Willst du dir den positiven Effekt von Stöcken zunutze machen, erlerne die richtige Gehtechnik. Bergauf schiebst du aktiv mit den Armen mit. Und wenn du im Abstieg eine Belastungsminderung erreichen möchtest, solltest du sie auf die Stöcke übertragen. Willst du Knie und Wirbelsäule entlasten, müssen deine Arme einen Teil der Arbeit der Beinmuskeln übernehmen. Stütze dich beim Bergabgehen mit leichter Vorlage des Oberkörpers aktiv mit den Armen auf den Stöcken ab. Wer seine Stöcke nur mitschleift, wird keine Belastungsreduktion hervorrufen. An einem Muskelkater im Trizeps an der Rückseite des Oberarms wirst du zumindest am Anfang merken, ob du's richtig gemacht hast.

Auch bergab profitierst du von Wanderstöcken. Bei korrekter Verwendung können sie die Gelenkbelastung reduzieren. Nebenbei bringen sie aber auch Vorteile für den Rücken mit sich. Beim Bergabgehen tendieren wir dazu, das Gewicht nach hinten zu verlagern. Verwendest du Stöcke, verhinderst du, dass der Oberkörper zu stark nach hinten kippt und damit in eine biomechanisch ungünstigere Position gerät. Wer den Schwerpunkt beim Gehen zu weit nach hinten bringt, riskiert nicht nur, im steilen Gelände wegzurutschen. In starker Rücklage ist auch das Abrollen des Fußes nicht mehr möglich. Trittst du mit der Ferse auf, wird der Schritt nicht über den Vorfuß und das Sprunggelenk gedämpft. Im Fersenbereich sind die meisten Wanderschuhe zusätzlich stabil und hart. Der Impact des Fußaufsatzes wird dadurch direkt in den Körper übertragen und kann bis in den Rücken vordringen.[42] Viele dieser Stöße über Stunden oder Tage können Schmerzen im Rücken verursachen. Verwende die Stöcke deshalb richtig – beuge dich beim Bergabgehen leicht nach vorn, stich mit den Stockspitzen vor deinen Füßen ein, verlagere dein Gewicht über die Arme und Hände auf die Stockgriffe und tritt danach mit dem Vorfuß am Boden auf. Stöcke ersetzen aber auf keinen Fall das Stabilisierungs- und Krafttraining, sondern sind nur eine zusätzliche Maßnahme!

Unterstützung durch den richtigen Schuh

Schuhe haben nicht nur Einfluss auf die Gelenkbelastung der unteren Extremität, sondern in weiterer Folge auch auf die Strukturbelastung im Rücken. Ein moderner Wanderschuh ist gut gedämpft und ermöglicht ein gutes Abrollen des Fußes. Er soll im Sprunggelenk nicht so steif sein, dass er das Strecken und Beugen verhindert. Versuche stets, mit dem Vorfuß aufzusetzen, und bedenke, dass nicht für jede Wanderung ein steifer, knöchelhoher Schuh nötig ist! Den Schuh wählst du immer passend für die jeweilige Tour aus.

Natürlich muss ein Schuh im Hochgebirge eine gewisse Steifigkeit und harte Kanten aufweisen, willst du ihn mit Steigeisen oder zum Klettern verwenden. Bist du abseits von Gletschern und Kletterpassagen unterwegs, reicht in den meisten Fällen ein leichter Wander- oder Trailrunning-Schuh!

AUSDAUERTRAINING
FÜR EIN LEISTUNGSFÄHIGES HERZ-KREISLAUF-SYSTEM

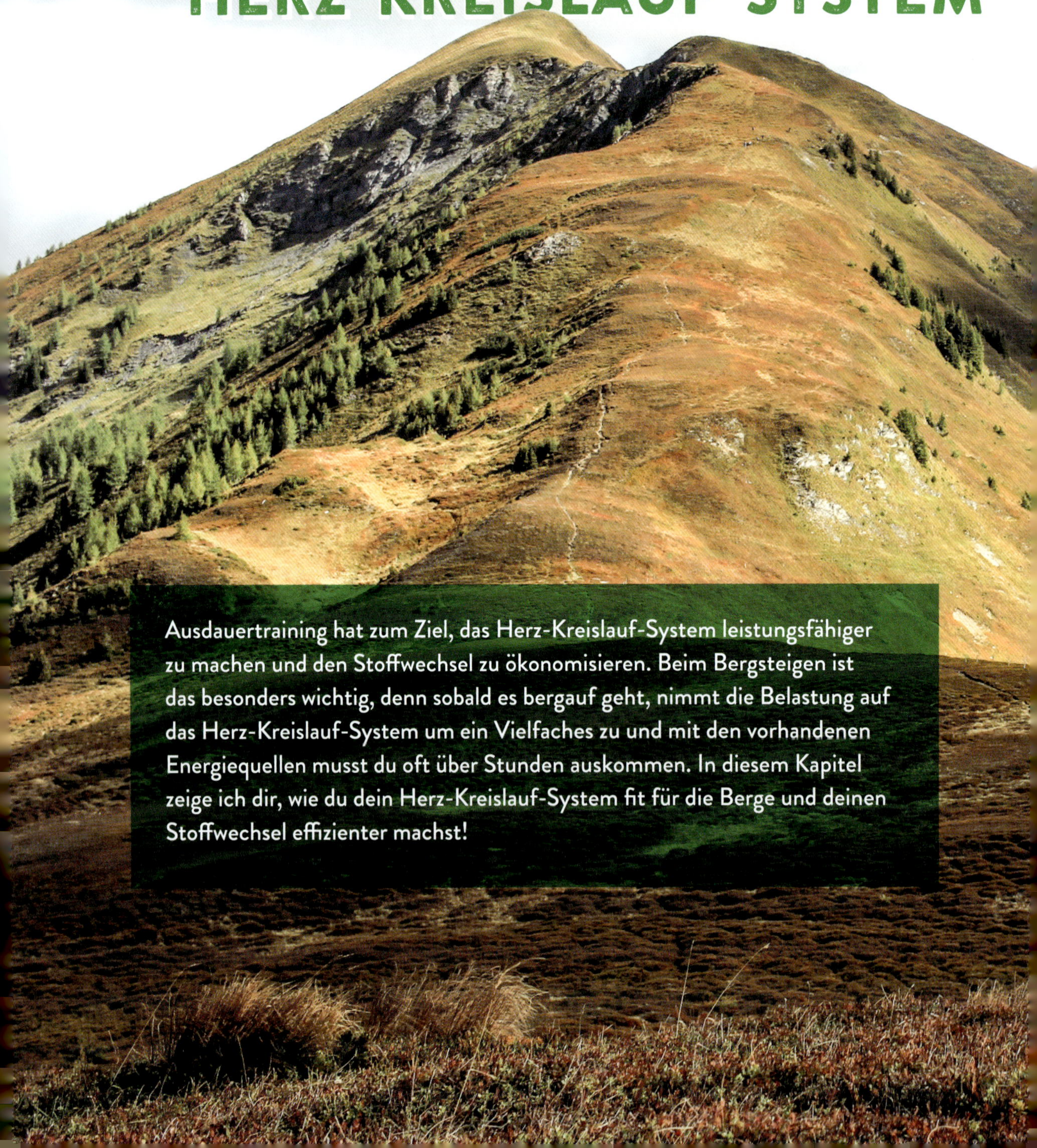

Ausdauertraining hat zum Ziel, das Herz-Kreislauf-System leistungsfähiger zu machen und den Stoffwechsel zu ökonomisieren. Beim Bergsteigen ist das besonders wichtig, denn sobald es bergauf geht, nimmt die Belastung auf das Herz-Kreislauf-System um ein Vielfaches zu und mit den vorhandenen Energiequellen musst du oft über Stunden auskommen. In diesem Kapitel zeige ich dir, wie du dein Herz-Kreislauf-System fit für die Berge und deinen Stoffwechsel effizienter machst!

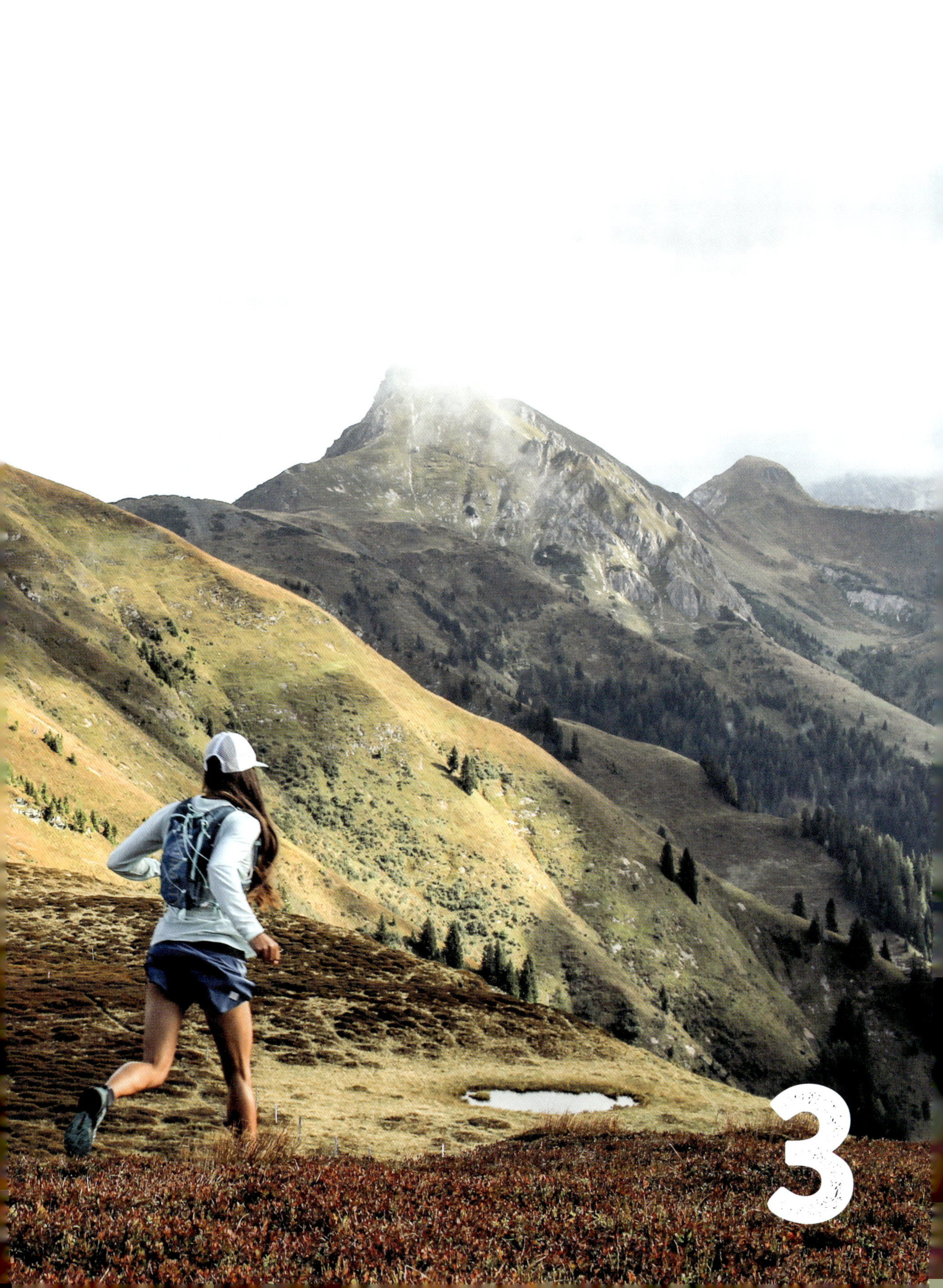

3

DEN HORIZONT ERWEITERN DURCH MEHR AUSDAUER

Dieses Buch zielt nicht darauf ab, einen Speed-Bergsteiger aus dir zu machen. Natürlich wirst du durch das Ausdauertraining am Berg schneller werden. Dadurch bist du automatisch sicherer unterwegs, weil der Zeitfaktor dafür häufig entscheidend ist. Auch für Herz-Kreislauf-Beschwerden wirst du weniger anfällig sein. Du hast bereits erfahren, dass Herz-Kreislauf-Versagen für einen Großteil der Rettungseinsätze in den Bergen verantwortlich ist. Wenn du regelmäßig trainierst und dich nicht nur theoretisch, sondern auch körperlich auf deine Touren vorbereitest, bist du mit großer Wahrscheinlichkeit nicht in dieser Statistik vertreten.

Wer gezielt trainiert, kann längere Touren bewältigen und so automatisch seinen Horizont in den Bergen erweitern. Wunschziele, die früher in weiter Ferne lagen, sind plötzlich realistisch. Vor allem aber wirst du deine Touren mehr genießen können. Das Bergaufgehen wird dir leichter fallen, du wirst dich agiler und leichtfüßiger fühlen und auch nach langen Bergtouren nicht stark ermüdet sein. Vor allem aber wirst du den Bergsport über viele Jahre gesund ausüben können!

Die wichtigsten Trainingselemente fürs Bergsteigen sind neben dem **Ausdauertraining** die **Rumpfstabilisierung**, das **Krafttraining für die Bein- und Rumpfmuskulatur** sowie **präventive Übungen** gegen Rückenschmerzen, Kniebeschwerden und Sprunggelenkverletzungen. Wie du das alles ganz einfach umsetzt, erfährst du hier.

Belastungen über einen längeren Zeitraum aufrechterhalten

Ein motivierter Bergsportler – nennen wir ihn Fritz Bergblitz – arbeitet fünf Tage die Woche und ist währenddessen sportlich inaktiv. Am Wochenende will er die verabsäumte Zeit in den Bergen nachholen und rückt regelmäßig zu Touren mit 1500 Höhenmetern und mehr aus. Ich denke, für viele Bergsportbegeisterte ist das eine gängige Routine. Aber so bitte nicht! In der Sportwissenschaft ist einmal keinmal. Unser Körper toleriert starke Belastungsschwankungen nur sehr bedingt. Hast du am Berg ambitionierte Ziele, solltest du regelmäßig trainieren und deine Einheiten homogen über die Woche verteilen. So stellst du sicher, dass du deinen Körper auch durch lange und fordernde Touren nicht überlastest.

Wandern ist ein klassischer Ausdauersport. Doch was ist Ausdauer eigentlich? Unter Ausdauer verstehen wir die Fähigkeit, eine Belastung über einen längeren Zeitraum ohne Leistungseinbruch aufrechtzuerhalten. Eine gute Ausdauer besitzt, wer eine Tour vom Start bis zum Endpunkt in gleichbleibendem Tempo gehen kann, ohne vor dem Gipfel einen Einbruch zu erleiden.

Zur **Verbesserung der Ausdauerleistungsfähigkeit** oder zu ihrem Erhalt ist regelmäßiges Training über mehrere Monate, ja sogar Jahre nötig. Und zwar mehrmals (ich empfehle **mindestens zwei Einheiten**) **wöchentlich**. Genau aus diesem Grund funktioniert das mit der einen Tour am Wochenende und dem Nichtstun an den übrigen sechs Tagen so schlecht. Wahrscheinlich schaffst du die Tour sogar. Aber besser wird deine Ausdauerleistung dadurch nicht. Versteh mich nicht falsch: Natürlich ist eine Wanderung am Wochenende besser, als gar keinen Sport zu treiben! Und jemand, der in seinem Leben noch nie Sport getrieben hat, wird sich auch durch eine Sporteinheit in der Woche verbessern.

Aber ich gehe davon aus, dass du dieses Buch gerade liest, weil du schon ein gewisses Grundniveau hast und deine sportliche Leistungsfähigkeit am Berg weiter verbessern möchtest. Der erste Schritt hin zu einer besseren Ausdauerleistungsfähigkeit ist regelmäßiges Training. Sehen wir uns an, wie du es sinnvoll und effizient gestaltest!

Ermittle deine aktuelle Leistungsfähigkeit und deine individuellen Trainingszonen

Um das Training zielgerichtet zu gestalten und zu steuern, braucht es Ausgangs- und Referenzwerte, nach denen man die einzelnen Einheiten ausrichten kann. Im Ausdauer-, aber auch im Krafttraining bricht man die Intensität einer Trainingseinheit oder Übung gern von den Maximalwerten herab.

Anweisungen wie diese hast du bestimmt schon mal gehört oder gelesen: Mach Kniebeugen bei 80`Prozent deiner Maximalkraft, absolviere einen Dauerlauf bei 70 Prozent deiner maximalen Herzfrequenz oder sprinte mit 95 Prozent deiner maximalen Geschwindigkeit.

Leitet man das Training von Maximalwerten ab, muss man natürlich vorweg die Maximalleistung austesten. Im Ausdauersport hat sich dafür der **Laktatstufentest** etabliert, ein **Instrument zur Leistungsdiagnostik**, der meist am Laufband oder am Fahrradergometer durchgeführt wird.

Ermittle deinen Ist-Status: Leistungsdiagnostik und Laktatstufentest

Einen Laktatstufentest kannst du in einem sportwissenschaftlichen Labor, bei Sportmedizinern oder in einem sportmedizinischen Institut machen lassen. Teste dich am besten in der Sportart, die du häufiger betreibst beziehungsweise in der du danach auch regelmäßig trainieren möchtest.

Während des Laktatstufentests wird die Laufgeschwindigkeit oder die Wattanzahl stufenweise erhöht, bis deine Leistungsgrenze erreicht ist. Die Stufen dauern für gewöhnlich wenige Minuten und bei jeder Stufe nimmt man dir einen kleinen Tropfen Blut aus dem Ohrläppchen ab, um den Laktatwert in deinem Blut zu bestimmen. Parallel wird auch deine Herzfrequenz gemessen. Am Ende des Tests erhältst du deine maximale Herzfrequenz, die maximale Leistung (Laufgeschwindigkeit oder Wattanzahl) sowie deinen maximalen Laktatwert. Die Leistung und der Verlauf deines Laktatspiegels und deiner Herzfrequenz werden zur Analyse anhand einer Kurve in Bezug gesetzt.

Aufgrund des Verlaufs der Laktat-Leistungskurve schließen Sportwissenschaftlerinnen wie ich darauf, wie es um deine Ausdauerleistungsfähigkeit bestellt ist. Steigt das Laktat in deinem Blut schnell an, deutet das auf einen schlecht trainierten Fettstoffwechsel und eine schlechte Laktatabbaufähigkeit hin – beides Indizien für eine unzureichende Ausdauerleistung.

Laktat entsteht im Stoffwechsel hauptsächlich dann, wenn Kohlenhydrate verstoffwechselt werden. Verbrennt dein Körper Fett, entsteht kein Laktat. Je mehr Fett dein Körper gerade verstoffwechselt, umso geringer ist also der Laktatspiegel im Blut und umso besser ist dein Fettstoffwechsel trainiert.

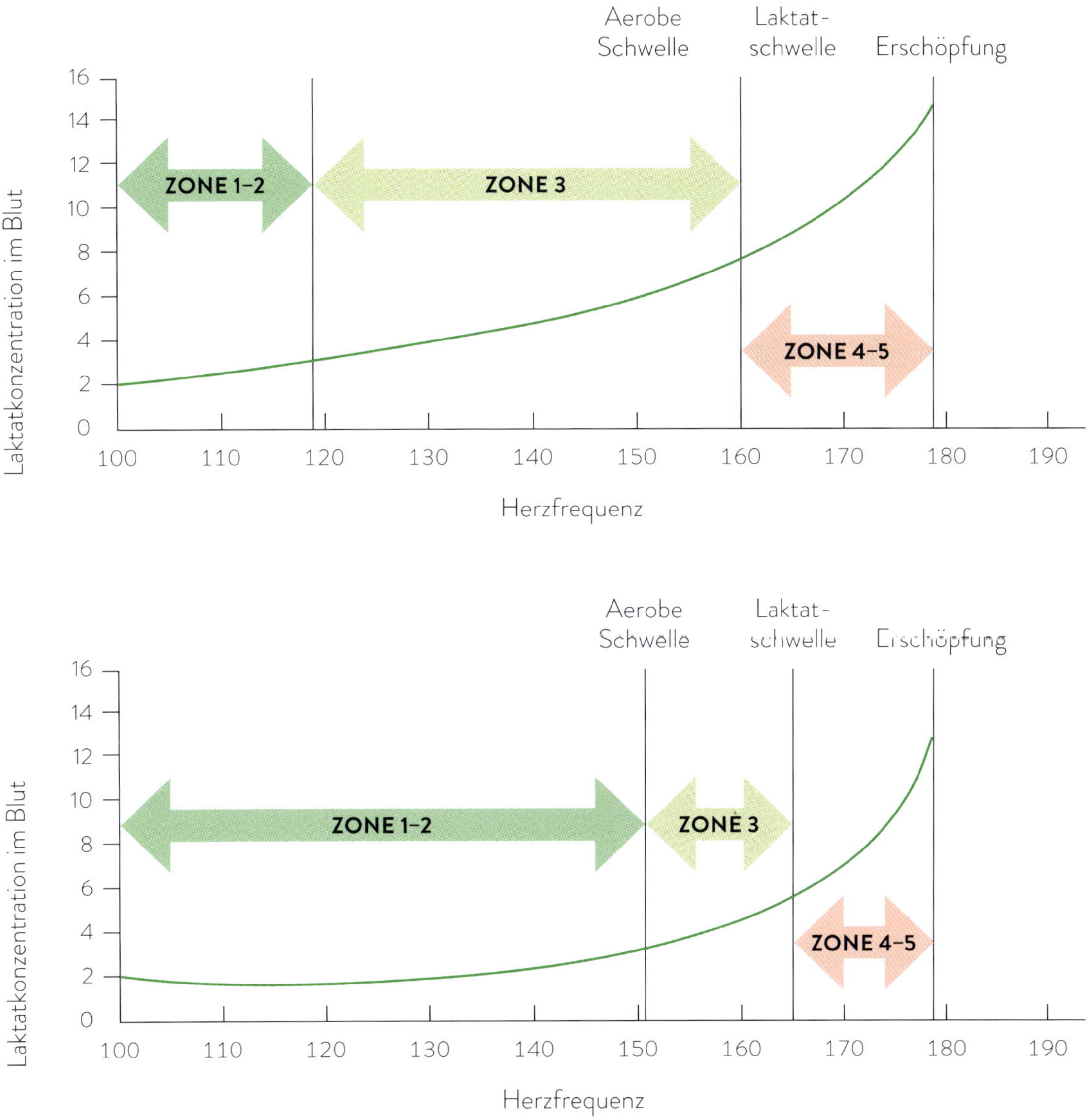

Ausdauertraining verbessert den Fettstoffwechsel. Während ein untrainiertes Herz-Kreislauf-System bei der Energiegewinnung früh auf Kohlenhydrate zurückgreifen muss (Abbildung oben), kann ein trainiertes Herz-Kreislauf-System auch bei höheren Intensitäten noch Fett verstoffwechseln. In der Analyse sehen wir bei Belastung eine geringere Laktatkonzentration im Blut. (Quelle: Uphill Athlete)

Laktatkonzentration im Blut

Laktat entsteht während der anaeroben Glykolyse, wenn der Körper Kohlenhydrate in der Abwesenheit von Sauerstoff verstoffwechselt. Die Laktatkonzentration kann man im Blut nachweisen. Sie ist deshalb ein gutes Kriterium, um rückzuschließen, welche Energiequelle der Körper gerade dominant verwendet. Laktat per se ist aber keinesfalls schlecht, wie lange behauptet wurde. Denn der Körper kann es wieder zur Energiegewinnung verwenden. Je besser du trainiert bist, umso besser funktioniert dieser Prozess und umso niedriger ist dein Laktatspiegel während der Belastung.

Anhand deiner Verlaufskurve bekommst du deine individuellen Trainingsbereiche und Trainingsempfehlungen mit nach Hause. Welche Trainingszonen es im Ausdauertraining gibt und welche für den Bergsport besonders relevant sind, erfährst du im Folgenden. Zuvor zeige ich dir aber noch, wie du deine Trainingszonen auch ohne Laktatstufentest ermitteln kannst. Denn mal ehrlich: Laufen oder Radeln bis zum Umfallen – darauf hast du vermutlich keine große Lust.

Ermittle die maximale Herzfrequenz und deine Trainingszonen mit dieser Formel

Wer sein Training nach dem Puls steuern möchte, muss zunächst den Maximalpuls ermitteln. Von diesem Maximalwert werden danach die einzelnen Intensitätsbereiche errechnet.

Ganz genau kannst du deinen Maximalpuls, wie gerade beschrieben, mittels eines Ausbelastungstests ermitteln. Weil der Maximalpuls im Laufe des Lebens sinkt – ja, dein Herz wird mit dem Alter auch etwas träge –, wurde zur Bestimmung des Maximalpulses auch eine Normformel ermittelt, die wie folgt lautet:

220 minus Lebensalter = maximale Herzfrequenz

Diese Formel basiert wie gesagt auf Normdaten und stimmt nicht für jeden ganz genau. Um zu Beginn des Trainings ein Gespür für die verschiedenen Pulsbereiche zu bekommen, reicht sie aber allemal! Und du musst dich fürs Erste nicht durch eine Leistungsdiagnostik quälen.

Der Ruhepuls als Indikator für die Ausdauer

Der Ruhepuls gibt an, wie oft pro Minute dein Herz in Ruhe schlägt. Du misst ihn direkt nach dem Aufwachen, wenn du noch im Bett liegst. Dein Ruhepuls ist ein Indikator für deine Ausdauerleistungsfähigkeit. Je niedriger der Ruhepuls eines gesunden Menschen ist, umso besser ist er trainiert.

Warum sinkt der Ruhepuls bei gut trainierten Ausdauerathleten? Der Herzmuskel ist, wie die anderen Muskeln unseres Körpers, in hohem Maße trainierbar. Jede Trainingseinheit führt zu einer Erhöhung des Herzschlags, das Herz muss häufiger pumpen und wird dadurch gekräftigt. Dies äußert sich vor allem in Form eines größeren Schlagvolumens. Weil dein Herz besser kontrahieren, aber auch mehr Blut in die Herzkammer aufnehmen kann, wirft es pro Schlag mehr Blut aus. Ein gut trainiertes Herz muss also pro Minute weniger häufig schlagen, um dieselbe Menge an Blut durch den Körper zu pumpen. Es arbeitet ökonomischer! Das bemerken wir sowohl in Ruhe, aber auch im Training selbst.

Die maximale Herzfrequenz

Der Maximalpuls oder die maximale Herzfrequenz (HFmax) gibt an, wie oft pro Minute dein Herz unter maximaler Anstrengung schlagen kann. Mit dem Alter nimmt die maximale Herzfrequenz ab. Das heißt, das Herz eines 80-Jährigen kann bei maximaler Belastung nicht mehr so häufig schlagen wie das einer 20-Jährigen. Aus diesem Grund kannst du deine HFmax auch grob errechnen, indem du dein aktuelles Alter von 220 abziehst. Die HFmax sagt nichts über die Leistungsfähigkeit und den Trainingszustand aus. Hier hat die Ruheherzfrequenz eine bessere Aussagekraft. Sie ist nämlich niedriger, je trainierter das Herz-Kreislauf-System ist.

Pulsbereiche im Ausdauertraining: Das 5-Zonen-Modell

Ausgehend von deinem Maximalpuls, errechnen wir zur Trainingssteuerung fünf Zonen. Sie dienen im weiteren Ausdauertraining zur Orientierung und legen die Intensität deiner Einheiten fest. Auch die Ergebnisse einer Leistungsdiagnostik werden in der Regel in Form dieses 5-Zonen-Modells dargestellt:

1. Kompensationsbereich (Recovery Zone)
2. Grundlagenausdauer 1 (GA1)
3. Grundlagenausdauer 2 (GA2)
4. Entwicklungsbereich (EB)
5. Spitzenbereich (SB)

Der Kompensationsbereich repräsentiert die niederintensivste Zone, der Spitzenbereich die höchste`– also jene, die nahe oder an deinem Maximalpuls liegt.

Zone	% der HFmax	Subjektives Belastungs-empfinden (RPE)	Dominante Art der Energie-bereitstellung	Dauer der Einheit	Meine Werte
Recovery Zone	< 60 % der HFmax	Sehr leicht	Aerob	Individuell	
GA1	60–75 % der HFmax	Leicht	Aerob	30 Minuten bis mehrere Stunden	
GA2	75–85 % der HFmax	Etwas schwer	Gemischt aerob-anaerob laktazid	20 Minuten bis 1,5 Stunden	
EB	85–95 % der HFmax	Schwer	Anaerob laktazid	Intensive Belastungen für wenige Minuten, mehrmals wiederholen	
SB	>95 % der HFmax	Sehr schwer	Anaerob alaktazid	Wenige Sekunden, mehrmals wiederholen	

Errechne dir am besten gleich deine geschätzte maximale Herzfrequenz und deinen Trainingspuls für die jeweilige Zone und trage deine Werte in die Tabelle oben ein.

Energiegewinn aus Fett oder aus Kohlenhydraten?

Die Herzfrequenz wird in Schlägen pro Minute angegeben. Den größten Einfluss auf deine aktuelle Herzfrequenz hat die Intensität der Bewegung. Genau deshalb nutzen wir den Puls für die Trainingssteuerung. Je intensiver eine Bewegung ist und je höher die Belastung auf das Herz-Kreislauf-System, umso höher ist auch die Herzfrequenz.

Über die Herzfrequenz können wir rückschließen, wie intensiv eine Belastung für unser Herz-Kreislauf-System ist und welcher Energiebereitstellungsprozess gerade dominiert. Ein niedriger Puls lässt darauf schließen, dass dein Körper gerade vorwiegend Energie aus Fett gewinnt, während ein hoher Puls auf eine Dominanz des Kohlenhydratstoffwechsels deutet.

Ausdauertraining nach Puls: Die Vorteile

Die Herzfrequenz eignet sich deshalb gut zur Trainingssteuerung, weil du sie unkompliziert mittels Pulsuhr oder Pulsgurt messen kannst. Es ist eine reliable und einfache Möglichkeit aufzuzeigen, wie stark das Herz-Kreislauf-System im Moment belastet wird, und ist so gut wie überall anwendbar. Egal, ob du auf einer Skitour unterwegs bist, eine Runde mit dem Rad drehst oder Intervalle beim Trailrunning machst.

Ausdauertraining nach Puls macht speziell dann Sinn, wenn eine Steuerung nach Tempo (Pace) oder Watt wenig aussagekräftig oder schwer umsetzbar ist. Das ist zum Beispiel beim Trailrunning im hügeligen Gelände, beim Wandern oder beim Skibergsteigen der Fall.

Zur Messung der Herzfrequenz verwendest du am besten eine GPS-Uhr und einen Pulsgurt, der die Herzfrequenz über Elektroden direkt am Brustkorb aufzeichnet. Die meisten modernen Sportuhren bieten mittlerweile auch die Möglichkeit, den Puls mittels Infrarotsensoren über das Handgelenk zu messen. Die Handgelenksmessung liefert allerdings häufig falsche Werte, weshalb sie nicht wirklich reliabel ist. Ich empfehle dir deshalb, besonders zu Beginn des Trainings einen Pulsgurt zu verwenden, damit du ein Gefühl für deine tatsächliche Herzfrequenz bekommst.

Ausdauertraining nach Puls: Die Nachteile

Der große Nachteil einer Trainingssteuerung nach Herzfrequenz ist, dass der Puls sehr sensibel auf äußere Bedingungen reagiert. Du bist aufgeregt oder gestresst? Der Puls steigt. Es ist heiß? Der Puls steigt. Du hast zu wenig getrunken? Der Puls steigt.

Es gibt Tage, an denen dein Puls schon zu Beginn des Trainings in die Höhe schießt, obwohl du dich noch in deinem Wohlfühltempo befindest. Hinterfrage immer, warum das so ist. Denn dann hilft dir deine Herzfrequenz wiederum, deinen Körper besser kennenzulernen. Diese Schwankungen des Pulses kann man umgehen, indem man die Intensität des Trainings beim Laufen im Flachen nach Pace oder beim Radfahren nach Watt richtet.

Um die Trainingssteuerung einfacher zu machen und die Intensität zu erfassen, wird das Spektrum deiner Herzfrequenz beim Ausdauertraining in die oben genannten Pulsbereiche beziehungsweise Intensitätszonen eingeteilt. Schau dir nun etwas genauer an, welche Rolle die fünf Zonen für deine Ausdauerleistung spielen!

Kompensationsbereich oder Recovery Zone

Wie der Name bereits verrät, dient ein Training in der Recovery Zone der Regeneration. Wir erwarten keinen Zuwachs in der Ausdauerleistungsfähigkeit, aber wir helfen unserer Muskulatur, unseren Strukturen und unserem Herz-Kreislauf-System, schneller zu regenerieren. Das macht vor allem nach harten oder langen Trainingseinheiten und Wettkämpfen Sinn.

Eine Einheit im Kompensationsbereich kann jede Art von leichter Aktivität sein. Zum Beispiel eine entspannende Yogaeinheit, eine lockere Radfahrt, ein Spaziergang oder einige Bahnen im Schwimmbecken. Am besten wählst du eine Sportart, die du sonst eher selten betreibst und die ein Ausgleich zu deinem Hauptsport darstellt. Dein Puls sollte dabei unter 60 Prozent deiner maximalen Herzfrequenz liegen.

Grundlagenausdauer 1 (GA1)

Sie bildet die **Basis deiner Ausdauerleistungsfähigkeit** und sollte den **Großteil des Trainings** einnehmen. Ziel des Grundlagentrainings ist die Optimierung des Fettstoffwechsels und der verschiedenen Organsysteme wie der Muskulatur oder des Herz-Kreislauf-Systems. Ohne eine gute Grundlagenausdauer 1 brauchst du gar nicht über intensivere Trainingseinheiten nachdenken. Fehlt dir diese Basis, wird sich deine Ausdauer langfristig niemals verbessern.

Regelmäßig durchgeführt, profitierst du in vielerlei Hinsicht vom GA1-Training: Du kannst weitere Distanzen und mehr Höhenmeter absolvieren, ohne dabei stark zu ermüden. Dadurch reduziert sich auch deine Regenerationszeit. Und deine Einheiten werden sich automatisch leichter anfühlen. Für dich bedeutet das: mehr Spaß und Genuss bei jeder deiner sportlichen Aktivitäten.

Vor allem aber wird dein Körper lernen, Fett effizient zu verstoffwechseln. Denn bei niedriger Intensität sind freie Fettsäuren die Energiequelle, die der Körper als Treibstoff für die Muskulatur heranzieht. Ein gut trainierter Fettstoffwechsel hat den Vorteil, dass die begrenzten Kohlenhydratspeicher geschont und nicht so schnell entleert werden.

Die Herzfrequenz beim Grundlagentraining sollte bei etwa 70 Prozent deiner maximalen Herzfrequenz liegen. Eine Einheit kann zwischen 30 Minuten und mehreren Stunden dauern. Während des Trainings solltest du das Gefühl haben, ewig weitermachen zu können. Und nach der Einheit solltest du dich nicht zu stark ermüdet, sondern eher erfrischt fühlen. Gehe 40 Minuten gemütlich joggen, unternimm eine Skitour und bewege dich für zwei Stunden an der frischen Luft oder radle in drei Stunden deine liebsten Pässe ab.

Grundlagenausdauer 2 (GA2)

Im GA2-Training bewegen wir uns an der berüchtigten anaeroben Schwelle. Davon hast du bestimmt schon gehört, oder? Der Körper gewinnt hier die Energie nicht mehr hauptsächlich aus Fett, sondern vermehrt auch aus Glukose und Glykogen (im Körper gespeicherte Kohlenhydrate). Bei der Energiegewinnung aus Kohlenhydraten fällt ab einer gewissen Intensität Laktat an. Der Laktatspiegel im Blut lässt also rückschließen, ob du gerade viele oder eher wenige Kohlenhydrate verbrennst.

Im Bereich der Grundlagenausdauer 2 kommt es nicht zur Anhäufung des Laktats, weil die Muskeln mindestens gleich viel Laktat wieder abbauen, wie sie produzieren. Genau das passiert an der anaeroben Schwelle.

Beim Training an der anaeroben Schwelle (Schwellentraining) lernt der Körper, besser mit dem Laktat umzugehen und es wieder zu verwerten. Das GA2-Training hilft dir, auch höhere Geschwindigkeiten beziehungsweise größere Anstrengungen über einen längeren Zeitraum durchzuhalten. Das Tempo sollte nicht quälerisch, aber flott sein und kann die Belastung bei einem Wettkampf simulieren.

Obwohl das GA2-Training einige Vorteile hat, sollte man es nur **sehr dosiert einsetzen**. Denn in diesem Bereich ist die Gefahr von Übertraining am größten. Die Einheit ist intensiv, aber nicht so intensiv, dass du danach das Gefühl hast, einen Tag Pause zu brauchen. Tatsächlich ist Schwellentraining für unseren Körper **dauerhaft extrem fordernd** und die Regenerationszeit um vieles länger als bei einer extensiven GA1-Einheit.

Viele Ausdauersportler trainieren jahrelang im GA2-Bereich, vernachlässigen die Basis ihrer Grundlagenausdauer und verschlechtern sich dadurch manchmal sogar. Auch eine Handvoll meiner Athleten hat diesen Fehler gemacht. Sie kamen zu mir, weil sie sich ausgebrannt fühlten und im Training stagnierten. Die Analyse ihrer letzten Trainingseinheiten zeigte: Sie hatten zu viel gemacht oder im schlimmsten Fall sogar nur GA2!

Mach nicht denselben Fehler und führe nicht mehr als eine, maximal zwei GA2-Einheiten pro Woche durch. Als Einsteiger ins Ausdauertraining kannst du überhaupt ganz auf GA2-Training verzichten. GA2-Einheiten dauern zwischen 20 Minuten und 1,5 Stunden und du bewegst dich bei etwa 80 Prozent deiner maximalen Herzfrequenz. Eine Einheit könnte zum Beispiel so aussehen:

- 40 Minuten Dauerlauf bei 80 Prozent deiner HFmax
- 3 × 10 Minuten bei 85 Prozent der HFmax mit 5 Minuten locker laufen dazwischen
- 3 × 20 Minuten bei 80 Prozent HFmax mit 10 Minuten locker laufen dazwischen
- 1 Kilometer laufen bei 85 Prozent, 1 Kilometer bei 70 Prozent HFmax im Wechsel

Entwicklungsbereich (EB)

Während wir Belastungen im GA2-Bereich gerade noch über längere Zeit durchhalten können und sich Laktatproduktion und -abbau die Waage halten, überschreiten wir im Entwicklungsbereich diese Schwelle. Die Intensität im Entwicklungsbereich verträgt unser Körper nur wenige Minuten. Bei Spitzenathleten rechnet man etwa mit einer Stunde.

Im Entwicklungsbereich trainieren wir deshalb nach der extensiven oder intensiven Intervallmethode – einem Wechsel aus harten Belastungsphasen, gefolgt von lockeren Erholungsphasen. Wie lange die Intervalle sind, hängt von deinem Ziel oder der Distanz deines Wettkampfs ab. Der Puls sollte zwischen 85 und 95 Prozent deiner maximalen Herzfrequenz liegen.

Trainingseinheiten im Entwicklungsbereich fühlen sich extrem fordernd an und wir generieren in kurzer Zeit viel Leistung. Das Herz-Kreislauf-System und die Muskulatur arbeiten auf Hochtouren. Wir lehren unseren Körper, Laktat zu produzieren und es sofort wieder dem Energiebereitstellungsprozess zuzuführen. Gleichzeitig sind Intervalleinheiten im Entwicklungsbereich die effektivste Methode, um das Schlagvolumen des Herzens und deine Sauerstoffaufnahme zu verbessern.

Die nötige Voraussetzung: Du verfügst bereits über eine solide Grundlagenausdauer, eine gute Technik und eine hohe Maximalkraft der beanspruchten Muskulatur. Denn nur dann ist garantiert, dass du die Intervalle mit bestmöglicher Qualität durchführen kannst. Sind diese Anforderungen erfüllt, darfst du dich auf extrem anstrengende Minuten einstellen und im Training an dein Leistungslimit gehen. Zum Beispiel mit diesen Protokollen:

- 10 bis 30 × 30 Sekunden Belastung bei 95 Prozent HFmax mit 30 Sekunden aktiver Pause
- 15 × 1 Minute Belastung bei 95 Prozent HFmax mit 1 Minute aktiver Pause
- 4 × 4 Minuten Intervalle bei einer Intensität von 90 Prozent der maximalen Herzfrequenz, nach jedem Intervall 3 Minuten aktive Pause bei 60 Prozent der maximalen Herzfrequenz
- 5 × 5 Minuten bei 90 Prozent HFmax mit 3 bis 4 Minuten aktiver Pause
- 3 × 8 Minuten bei 85 Prozent HFmax mit 4 Minuten aktiver Pause

Läufern empfehle ich, die Intervalle auf der Laufbahn durchzuführen. Das Tempo kannst du dann an den Rundenzeiten festmachen. Radsportler können sich Intervallprogramme super am Radergometer voreinstellen und sich vom System direkt die Wattzahl vorgeben lassen. Aber auch direkt am Berg kannst du super Intervalle trainieren. Suche dir dafür aber einen möglichst homogenen Anstieg.

Spitzenbereich (SB)

In dieser Zone trainieren wir bei maximaler Intensität für 8 bis 60 Sekunden. Nachdem die Herzfrequenz verzögert reagiert, ist sie kein gutes Kriterium, um die Intensität der Belastung im Spitzenbereich zu messen. Achte während der Einheit also nicht bloß auf die Herzfrequenz, sondern höre in deinen Körper hinein und konzentriere dich auf die Bewegungsqualität. Training im Spitzenbereich verbessert hauptsächlich die neuromuskuläre Ansteuerung. Dein Gehirn lernt, möglichst viele muskuläre Einheiten zu aktivieren. Deshalb ist diese Zone ein idealer Stimulus, um sportspezifische Bewegungen zu optimieren und die Technik zu verbessern. Fürs Wandern und Bergsteigen spielt der Spitzenbereich eine untergeordnete Rolle; er wird von Trainern und Sportwissenschaftlern in der spezifischen Wettkampfvorbereitung eingesetzt.

Training im Spitzenbereich kannst du im wettkampfspezifischen Ausdauertraining das gesamte Jahr über einstreuen. Zu Beginn der Trainingssaison könnten das zum Beispiel zehnsekündige Bergsprints sein, die du in eine längere Einheit einstreust. Im Laufe der Vorbereitung auf einen Wettkampf kannst du die Intervalle bis auf eine Minute verlängern. Anders als beim Training im Entwicklungsbereich geht es aber nicht darum, dein Herz-Kreislauf-System und deine Muskulatur völlig auszubelasten. Ziel im Spitzenbereich ist es, die Qualität deiner Bewegungen zu verbessern. Dafür sind lange Pausen zwischen den Wiederholungen nötig. Drei Minuten sind hier ein guter Richtwert. Du solltest den letzten Sprint in gleicher Qualität wie den ersten durchführen können. Nach der Trainingseinheit solltest du dich nicht stark ermüdet fühlen!

Bitte beachte: Während dieser kurzen, hochintensiven Belastungen setzen wir uns einer erhöhten Verletzungsgefahr aus. Es kann zu muskulären und strukturellen Verletzungen wie Muskelfaserrissen oder Sehnenverletzungen kommen. Wärme dich deshalb immer gut auf und arbeite in den Wochen vorher präventiv an deiner Maximalkraft und Explosivkraft! Den nur ein kräftiger Muskel und trainierte Strukturen können den Anforderungen beim Training im Spitzenbereich gerecht werden.

Beispieleinheit im Spitzenbereich – Bergsprints

1. **Aufwärmen (Warm-up)**
   - 20 Minuten einlaufen im GA1-Bereich mit drei Steigerungsläufen am Ende
   - 10 Minuten dynamisches Dehnen und Schwunggymnastik
   - 2 × 20 Sekunden Hopserlauf bergauf (sehr dynamisch) mit 1 Minute Bergabgehen dazwischen
   - 2 × 20 Sekunden Skippings bergauf mit 1 Minute Bergabgehen dazwischen
2. **Hauptteil**
   - 6–8 × 10 Sekunden Bergsprints all out mit möglichst dynamischen und langen Schritten mit je 2 Minuten Bergabgehen als Pause zwischen den Sprints
3. **Cool-down**: 20 Minuten locker auslaufen im GA1-Bereich

EMPFEHLUNGEN FÜRS AUSDAUERTRAINING

Nun kennst du die unterschiedlichen Trainingsintensitäten, die wir beim Ausdauertraining unterscheiden. Wie aber weißt du, in welcher der fünf Zonen du wann und wie lange trainieren sollst? Fürs Wandern und Bergsteigen ist – wie für alle anderen Ausdauersportarten – die Grundlagenausdauer 1 besonders relevant. Ist sie gut ausgebildet, kannst du lange Touren bewältigen, ohne schon vor dem Gipfel oder noch im Abstieg einen Leistungseinbruch zu erleiden. Ich zeige dir, wie du den Gipfel leichten Schrittes anstatt mit schweren Beinen erreichst. Du wirst am eigenen Körper erfahren, wie entspannt sich Wandern anfühlen kann. Du wirst dich nach deinen Touren energiegeladen fühlen und am Folgetag nicht platt auf der Couch liegen. Du wirst sicher und angemessen zügig am Berg unterwegs sein, weil du jetzt weißt, dass das Bergsteigen eine ernst zu nehmende sportliche Belastung ist, auf die man sich körperlich vorbereiten muss. Und du wirst deinen Bewegungsradius und deine Grenzen in den Bergen ganz neu abstecken müssen – denn dein Horizont wird sich in den kommenden Monaten schon bald stark weiten.

Baue das Fundament deiner Ausdauer

Beim Aufbau der Ausdauerleistungsfähigkeit verhält es sich wie beim Bau eines Hauses: Willst du ein stabiles und hohes Haus bauen, braucht es zunächst ein solides Fundament. Das Fundament einer guten Ausdauer ist die Grundlagenausdauer 1.

Regelmäßig durchgeführt, profitierst du in vielerlei Hinsicht vom **Grundlagentraining**: Du kannst längere Touren und mehr Höhenmeter absolvieren, ohne dabei stark zu ermüden. Dadurch reduziert sich auch deine Regenerationszeit. Und deine Touren werden sich automatisch leichter anfühlen. Für dich bedeutet das: mehr Spaß und Genuss bei jeder deiner sportlichen Aktivitäten. Die Elemente deiner Ausdauerleistung kannst du mit den Stockwerken eines Hauses vergleichen. Die unteren tragen die darüberliegenden. Erst wenn sie gut ausgebildet sind, kannst du ein Stockwerk höhersteigen. Das verlangt viel Geduld, denn leider gibt es keinen Lift, der uns den Weg verkürzt. Die einzige Option: regelmäßiges Training.

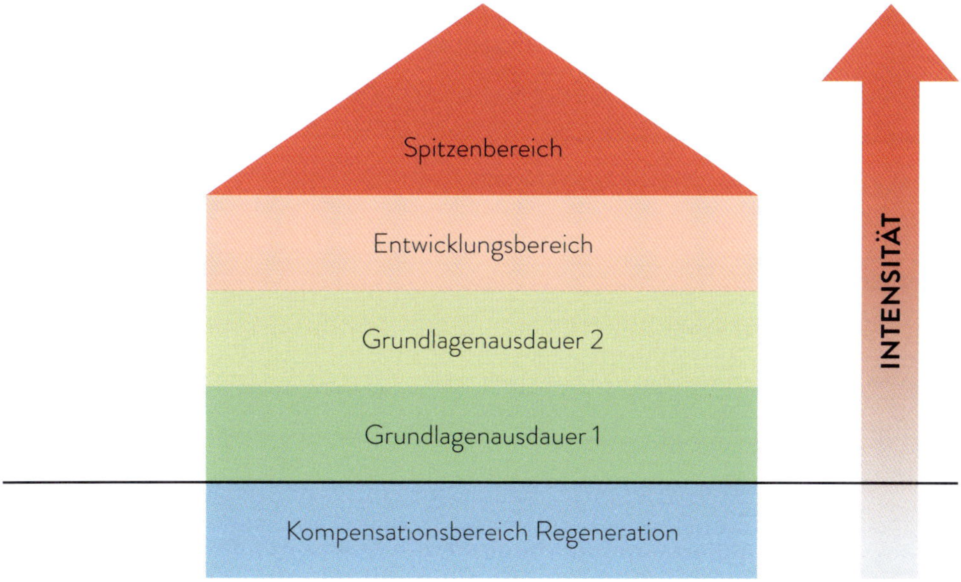

Die Basis deiner Ausdauerleistung ist die Grundlagenausdauer`1. Erst wenn sie gut ausgebildet ist, ist es sinnvoll, in den intensiveren Bereichen zu trainieren.

Je höher hinauf du in deinem Haus gelangst, umso mehr nimmt die Intensität deines Trainings zu. Das heißt aber nicht, dass du später immer in den obersten Stockwerken/Trainingszonen trainierst. Beim Wandern wirst du dich sowohl zu Beginn als auch in Zukunft die meiste Zeit im untersten Stockwerk aufhalten und deine Grundlagenausdauer 1 trainieren. Nur ab und zu steigst du in den Dachboden hinauf. Zum Beispiel, um dich gezielt auf einen Wettkampf oder einen besonders ambitionierten Gipfel vorzubereiten, oder einfach, um dein Tempo zu steigern oder dein Durchhaltevermögen zu verbessern.

Was bewirkt regelmäßiges Grundlagentraining?

Was also geschieht in deinem Körper, wenn du regelmäßig im Stockwerk der Grundlagenausdauer 1 trainierst? Die Veränderungen und Anpassungen passieren vorwiegend auf metabolischer Ebene und in deinem Herz-Kreislauf-System. Nach einigen Wochen regelmäßigem Training wird die Pumpleistung deines Herzens steigen, dein Atemvolumen wird sich vergrößern, du kannst mehr Sauerstoff im Blut transportieren und deine Muskulatur wird besser durchblutet.

Vor allem aber wird dein Körper lernen, **Fett effizient zu verstoffwechseln**. Denn bei niedriger Intensität sind es vor allem freie Fettsäuren, die der Körper als Energiequelle und Treibstoff für die Muskulatur heranzieht. Ein gut trainierter Fettstoffwechsel hat den Vorteil, dass die begrenzten Kohlenhydratspeicher geschont und nicht so schnell entleert werden.

Die **Kohlenhydratspeicher** in den Muskeln und der Leber reichen nur für Belastungen von einigen Minuten. Unsere Fettspeicher hingegen könnten uns über stundenlange Anstiege hinweghelfen. Das niederintensive Grundlagentraining hat zum Ziel, diese fast unbegrenzte Energiequelle effizienter nutzen zu lernen.

Du kennst das bestimmt: Voller Motivation startest du deine Tour. Die ersten Minuten hast du das Gefühl, den Berg förmlich hinaufrennen zu können. Du fühlst dich frisch und stapfst voller Elan Serpentine für Serpentine höher. Aber nach etwa einer Stunde passiert etwas in dir. Du bekommst schwerer Luft, du hast das Gefühl, etwas hat dir die Energie ausgesaugt, dein Tempo musst du zurückschrauben, du brauchst eine Pause oder Zucker – oder gleich beides. Du hast gerade am eigenen Leib erfahren, wie es ist, wenn die Kohlenhydratspeicher aufgebraucht sind. So fühlt sich eine mangelnde Grundlagenausdauerleistung an. Der Zucker ist aufgebraucht, aber dein Körper kann nicht effizient auf Fett zurückgreifen, um die gleiche Leistung aufrechtzuerhalten.

Wie trainiere ich die Grundlagenausdauer?

Was kannst du also tun, um den Gipfel lächelnd anstatt hechelnd zu erreichen? Hier macht ein Großteil der Hobbysportler schon den ersten Fehler: Die meisten trainieren zu intensiv. Mit dem Hintergedanken »Nur hartes Training ist wahres Training« versuchen wir, in möglichst kurzer Zeit möglichst viel aus uns herauszuholen. Ist das effektiv? Weit gefehlt! Diese Art des Trainings kostet viel Energie, du fühlst dich danach platt, regenerierst nur langsam und deine Ausdauer wird im schlimmsten Fall sogar schlechter. Denn anstatt deinen Fettstoffwechsel zu trainieren, entleerst du mit intensivem Training nur deine Kohlenhydratspeicher.

Das Schöne am Grundlagentraining: Es muss nicht anstrengend sein, um positiv zu wirken! »Lächeln statt Hecheln« lautet das Motto beim Grundlagentraining. Mach nicht den gleichen Fehler wie viele andere Bergsportbegeisterte und verausgabe dich beim Wandern und Training dafür zu stark. Trainiere so, dass du das Gefühl hast, ewig weitermachen zu können. Geh langsamer, sobald es bergauf zu anstrengend wird!

Wie erkennst du nun, ob du dich im Grundlagenbereich befindest? Wähle dein Tempo so, dass du dich noch mühelos unterhalten könntest. Du solltest etwas ins Schwitzen kommen, dein Puls steigt leicht an und deine Atemfrequenz erhöht sich. Während deiner Tour kannst du immer wieder versuchen, ein paar Atemzüge durch die Nase zu machen. Ist das mühelos möglich, bist du auf der sicheren Seite.

Willst du es genau wissen, dann trainiere nach Puls und verwende einen Herzfrequenzmonitor oder eine GPS-Uhr mit Pulsgurt. Die Herzfrequenz beim **Grundlagentraining** sollte bei etwa **70 Prozent deiner maximalen Herzfrequenz** liegen – so wie es bei den Trainingszonen dargestellt ist.

Wer viel in den Bergen unterwegs ist, weiß: Bergauf ist es nicht einfach, den Puls im empfohlenen niederintensiven Bereich bei 70 Prozent der HFmax zu halten. Sobald das Gelände stark ansteigt und du größere Stufen überwinden musst, beginnt auch der Puls in die Höhe zu schießen. Genau darum bieten sich auch andere Sportarten an, um die Grundlagenausdauer zu trainieren. Es muss nicht immer eine lange, steile Bergtour sein. Du hast weniger Zeit oder wohnst vielleicht nicht direkt in den Bergen? Kein Problem! Es tut auch **ein zügiger Spaziergang, eine kleine Radtour oder ein lockerer Lauf**! Im flachen Gelände oder am Rad(ergometer) kannst du den Puls besser kontrollieren und im GA1-Bereich halten. Langsam, aber kontinuierlich wirst du so dein Fundament betonieren.

Empfehlungen fürs GA1- und GA2-Training

Für das Grundlagenausdauertraining zählt vor allem eines: **Regelmäßigkeit**! Man kann sich den Aufbau der Ausdauerleistungsfähigkeit ungefähr so vorstellen: Jede Trainingseinheit stellt einen Tropfen Wasser dar, der in ein Gefäß fließt. Als Anfänger startest du mit einem leeren Gefäß. Trainierst du zwei Wochen lang konsequent, lässt das Training dann aber wieder wochenlang ausfallen, verdunsten die Trainingserfolge.

Hat dein Gefäß nach mehreren Monaten kontinuierlichem Training einen hohen Füllstand, fällt eine Woche Trainingspause nicht mehr so stark ins Gewicht. Wem die Motivation oder die verfügbare Zeit mal fehlt, der sollte lieber eine kürzere Einheit absolvieren, als das Training komplett ausfallen zu lassen. Denn mehrere kurze Einheiten sind immer noch günstiger als eine lange Einheit. Erinnere dich noch mal an unser Beispiel von Fritz Bergblitz, der immer nur am Wochenende eine lange Bergtour unternimmt, unter Kniebeschwerden leidet und am Montag in der Arbeit immer müde von seiner Wanderung ist. Effektiver würde Fritz seine Ausdauer trainieren, wenn er die lange Einheit am Wochenende etwas kürzt und stattdessen auch unter der Woche ein- bis zweimal Ausdauertraining im Grundlagenbereich macht.

Tipps für Anfänger

Drei von vier deiner Trainingseinheiten sollten im ersten halben Jahr hauptsächlich im GA1-Bereich stattfinden. Danach können die Umfänge langsam gesteigert werden und eine Einheit von 30 bis 45`Minuten im GA2-Bereich absolviert werden.

- **GA1:** Laufen, Wandern, Walking, Radfahren, Langlaufen, Schneeschuhwandern oder zügiges Spazierengehen zwei- bis viermal pro Woche für 30 bis 90 Minuten pro Einheit bei 70 Prozent der HFmax
- **GA2:** in den ersten Monaten nicht zwingend nötig

Tipps für Fortgeschrittene

Fortgeschrittene können ihren Trainingsumfang erhöhen, indem sie mehr und längere Einheiten pro Woche absolvieren. Zusätzlich zum Grundlagentraining 1 kannst du eine oder zwei intensivere Einheiten pro Woche planen. Abwechslung bieten Einheiten mit Tempowechsel oder Intervalle, in denen du während einer Einheit in gewissen Zeitabständen zwischen den Trainingszonen wechselst.

- **GA1:** Laufen, Wandern, Walking, Radfahren, Langlaufen, Schneeschuhwandern oder zügiges Spazierengehen drei- bis viermal pro Woche für 45 bis 90 Minuten pro Einheit bei 70 Prozent der HFmax
- **GA2 oder höhere Intensität:** ein- bis zweimal pro Woche für 30 bis 60 Minuten bei über 80 Prozent der HFmax

Intensives Ausdauertraining: Training im Entwicklungs- und Spitzenbereich

Ist dein Fundament getrocknet und du hast bereits einige Monate Grundlagentraining in den Beinen, kannst du beginnen, intensivere Einheiten und Intervalle in dein Training zu integrieren. Beachte beim Intervalltraining bitte diese Grundregel: Viel hilft nicht viel, sondern die Dosis und die Qualität sind entscheidend!

Beim intensiven Ausdauertraining bewegst du dich in den Intensitätszonen 4 und 5, also bei über 85`Prozent deiner maximalen Herzfrequenz. Intensives Ausdauertraining führst du entweder in Form von Intervallen oder Tempotrainings durch. Während du beim Tempotraining die gleiche Intensität über einen längeren Zeitraum durchhalten musst, wechselst du beim Intervalltraining zwischen intensiven und niederintensiven Phasen hin und her.

Durch zahlreiche Studien konnten Forscher mittlerweile bestätigen, dass besonders hochintensives Intervalltraining (High Intensity Interval Training, kurz HIIT) selbst bei Profisportlern noch eine Leistungssteigerung bewirken kann. Die großen Vorteile von HIIT sind der geringe Zeitaufwand und die

Abwechslung für die Trainierenden. Für jeden Ausdauersportler stellt sich hier die Frage, wie viele HIIT-Einheiten überhaupt nötig sind, um die Ausdauerleistung am effektivsten zu steigern.

Trainingswissenschaftler empfehlen bereits gut trainierten Ausdauersportlern zusätzlich zum Grundlagentraining bis zu zwei HIIT-Einheiten pro Woche. Diese zwei Einheiten scheint der Körper gut wegstecken zu können. Zu viele HIIT-Einheiten über einen längeren Zeitraum scheinen den Sportler auf Dauer zu schwächen und sogar zu Übertraining zu führen.[43] Der Grat, auf dem man hier als Trainer wandert, ist also ziemlich schmal.[44]

Für wen eignet sich High Intensity Training?

Bei Leistungssportlern ist HIIT längst ein fixer Bestandteil des Trainingsprogramms. Auch erfahrene Ausdauersportler, die bereits über eine gute Grundlagenausdauer verfügen, können mittels HIIT ihre Leistung zusätzlich steigern. Besonders interessant sind High-Intensity-Intervalle für Sportler, die mehrere Monate oder sogar Jahre kontinuierliches Training in den Beinen haben. Hier setzt HIIT

Belastung und Erholung im Wechsel

Intervalltraining ist durch wechselnde Belastungs- und Erholungsphasen gekennzeichnet. Auf kurze, intensive Belastungen folgt eine aktive Pause, in der du die Bewegung mit geringerer Intensität fortsetzt. Dies wird mehrere Male wiederholt. Wie lang das jeweilige Intervall ist, hängt von deinem Trainingsziel ab. Eine besonders intensive Form des Intervalltrainings ist das HIIT (High Intensity Interval Training).

High Intensity Interval Training (HIIT) beschreibt eine besonders intensive Form des Intervalltrainings. In Summe dauert eine HIIT-Einheit etwa 30 Minuten.

einen neuen Reiz, der den Körper dazu veranlasst, die Ausdauerfähigkeit weiter zu verbessern. Ähnlich wie beim Salz im Essen gilt darum auch hier: Viel hilft nicht viel, sondern es kommt auf die richtige Dosis an. Seit einigen Jahren wird High-Intensity-Training sogar in der Rehabilitation von Herz-Kreislauf-Patienten eingesetzt.

Wie wirkt HIIT?

Eine Vielzahl von aktuellen Publikationen hebt die hohe Effektivität von HIIT hervor. In Studien wurde nachgewiesen, dass HIIT in kürzerer Trainingszeit ähnliche Anpassungen erzielt wie niederintensives Training mit hohen Umfängen. Besonders Ausdauersportler, die schon eine langjährige Trainingserfahrung haben und ihre Leistung nicht mehr über eine Erhöhung der Umfänge steigern können, profitieren von HIT-Einheiten.

Laut aktuellen Forschungsergebnissen führt nur HIIT bei gut trainierten Sportlern zu einer signifikanten Verbesserung der maximalen Sauerstoffaufnahme (VO_2max) und des Schlagvolumens des Herzens. Die VO_2max gilt in der Trainingswissenschaft als *das* Kriterium der Ausdauerleistungsfähigkeit. Sie sagt aus, wie viel Sauerstoff du maximal aufnehmen und im Körper verwerten kannst. Wie hoch deine VO_2max ist, hängt von vielen Faktoren ab, welche die Sauerstoffaufnahme, den Sauerstofftransport und die Sauerstoffverwertung betreffen. Deine Lungenfunktion, deine Herzarbeit, deine Muskelmasse, das Vorhandensein von Enzymen, die Anzahl deiner Mitochondrien und vieles mehr spielen hier hinein.

Trainingseffekte von High Intensity Interval Training

- HIIT verbessert die aerobe und anaerobe Ausdauerleistungsfähigkeit.
- HIIT erhöht die maximale Sauerstoffaufnahme (VO_2max).
- HIIT erhöht die Hämoglobinmasse, das Blutvolumen und das Schlagvolumen des Herzens.
- HIIT aktiviert die Biogenese der Mitochondrien.
- HIIT steigert die Kapillarisierung und verbessert so die Durchblutung.
- HIIT erhöht die Anzahl der Enzyme des Fett- und Kohlenhydratstoffwechsels.

Der norwegische **Trainingswissenschaftler Jan Helgerud** und seine Kollegen zeigten schon 2006, dass sowohl kurze Intervalle (15 Sekunden Belastung und 15 Sekunden Pause) sowie lange Intervalle (4 × 4 Minuten Belastung mit 3 Minuten Pause) zu einer signifikanten Verbesserung der aeroben Leistungsfähigkeit führen. Entscheidend ist laut den Forschern nicht unbedingt die Dauer der Intervalle, sondern die Intensität, mit der das HIIT ausgeführt wird.[45] Wenn du also sinnvoll mit HIIT trainieren willst, dann müssen die Intervalle in einem wirklich intensiven Bereich stattfinden. Die wirkungsvollste Intensität liegt zwischen 90 und 95 Prozent der maximalen Herzfrequenz.

So führst du ein High-Intensity-Training durch

Wir empfehlen gut Ausdauertrainierten, HIIT ein- bis zweimal pro Woche zusätzlich zu deinem niederintensiven Ausdauertraining durchzuführen. Plane am Tag nach dem HIIT eine regenerative Einheit oder sogar einen Ruhetag ein.

Dein High Intensity Interval Training kannst du als Laufeinheit (flach oder bergauf), auf dem Rad, mit Tourenskiern, am Rudergometer oder als CrossFit-Einheit gestalten. Die Möglichkeiten sind vielfältig – trainiere aber so sportartspezifisch wie möglich. Einem Trailrunner empfehlen wir zum Beispiel, die HIIT-Einheit laufend und am besten leicht bergauf zu absolvieren. In deinen Regenerationswochen solltest du auf die intensiven Belastungen verzichten.

Intensität

Die Intensität deines HIIT steuerst du am einfachsten über die Herzfrequenz. Idealerweise lässt du zuvor bei einer Leistungsdiagnostik deine maximale Herzfrequenz bestimmen. Bedenke, dass ein HIIT am wirkungsvollsten ist, wenn die Intervalle wirklich intensiv sind.

- Belastungsintervall: 90 bis 95 Prozent der maximalen Herzfrequenz
- Erholungsphase: 70 Prozent der maximalen Herzfrequenz

HIIT-Protokolle

In der Praxis haben sich unterschiedliche HIIT-Protokolle mit verschieden langen Belastungs- und Erholungsphasen bewährt. Wichtig ist, dass du immer gut aufgewärmt in das Training startest. Es wird dir am Anfang bestimmt schwerfallen, lange Intervalle bei hoher Intensität durchzuhalten. Zu Beginn eignen sich deshalb kürzere Intervalle von 30 Sekunden bis 1 Minute Belastung. Die folgenden Protokolle können wir sowohl Anfängern als auch Fortgeschrittenen empfehlen.

- 20 bis 60 × 15 Sekunden Belastung mit 15 Sekunden aktiver Pause
- 10 bis 30 × 30 Sekunden Belastung mit 30 Sekunden aktiver Pause
- 15 × 1 Minute Belastung mit 1 Minute aktiver Pause
- 10 × 3 Minuten mit 2 bis 3 Minuten aktiver Pause
- 4 × 4 Minuten Belastung mit 3 Minuten aktiver Pause
- 5 × 5 Minuten mit 3 bis 4 Minuten aktiver Pause

Die Kunst besteht nun darin, das Grundlagentraining und das intensive Ausdauertraining ideal miteinander zu kombinieren. Das Training sollte dich in erster Linie natürlich leistungsfähiger machen, gleichzeitig darf es dich auch nicht überfordern und überanstrengen. Während die Regenerationszeit beim Grundlagenausdauertraining kurz ist und nichts gegen eine lockere GA1-Einheit pro Tag spricht, benötigt der Körper nach intensiven Einheiten länger, um die Homöostase wiederherzustellen. Hier ist etwas Fingerspitzengefühl gefragt! Die Trainingswissenschaft hat in den vergangenen zwei Jahrzehnten viel darüber geforscht, wie die fünf Zonen ideal miteinander kombiniert werden können beziehungsweise wie viel Zeit Spitzenathleten in den einzelnen Zonen verbringen. Die Erkenntnisse helfen uns auch dabei, das Training für Hobbysportler so zu gestalten, dass es langfristig möglichst gut tolerierbar und effizient ist. Eine mittlerweile weitverbreitete Trainingsmethode, die sich dafür eignet, ist die sogenannte **Polarized-Methode**.

Die fünf Zonen ideal kombinieren: Das Polarized Training

Lang und niederintensiv, kurz und hart. So lässt sich Polarized Training am besten zusammenfassen. In der Sportwissenschaft verstehen wir darunter die Kombination aus sehr lockeren und hochintensiven Trainingseinheiten, wobei etwa **80 Prozent des Trainingsumfangs niederintensiv** (GA1) und **20 Prozent hochintensiv** (EB und SB) absolviert werden. Unzählige Studien haben in den vergangenen Jahren die Wirksamkeit dieser Trainingsmethode bestätigt. Leistungssportler setzen genauso darauf wie Hobbyathleten mit Wettkampfambitionen oder Gesundheitssportler und Trainingstherapeuten.[46]

Niederintensive, lange Trainingseinheiten mit hochintensiven, kurzen Intervallen zu kombinieren, ist keine Erfindung der modernen Sportwissenschaft. Schon in den 1930er-Jahren setzten Leichtathleten Intervalltraining ein, um ihre Laufleistung zu steigern. Was neu ist, ist die gezielte Analyse von Trainingsplänen erfolgreicher Spitzenathleten und die Durchführung von Interventionsstudien. Erst so konnten Erkenntnisse über die optimale Verteilung und Intensität der Trainingseinheiten gewonnen und die Wirksamkeit von polarisiertem Training bestätigt werden.

Beim Polarized Training liegt der Hauptfokus im Grundlagenausdauertraining 1 sowie im hochintensiven Bereich. Retrospektive Studien konnten zeigen, dass Profiausdauerathleten bis zu 90 Prozent ihrer Trainingszeit im Grundlagenbereich verbringen. Allerdings wissen wir auch, dass reines GA1-Training irgendwann keine Leistungssteigerung mehr bewirkt. In diesem Fall kann hochintensives Training im Entwicklungs- und Spitzenbereich einen zusätzlichen Trainingsreiz darstellen. Demnach scheint die Kombination aus niederintensiven, langen Ausdauereinheiten mit hochintensiven Intervallen die effektivste Trainingsform zur Leistungssteigerung bei gut ausdauertrainierten Sportlern zu sein.[47]

Noch ist nicht ganz gesichert, warum Polarized Training so effektiv ist. Aber die Wissenschaftler haben einige sehr schlüssige Vermutungen: Eine Erklärung könnte sein, dass Polarized Training sowohl den Fettstoffwechsel als auch den Glukosestoffwechsel gezielt anspricht. Bei einer Trainingseinheit im Grundlagenbereich gewinnt der Körper etwa 50 Prozent der Energie aus Fetten und 50 Prozent aus Kohlenhydraten. Während einer intensiven Einheit wird der Energiebedarf fast ausschließlich durch den Kohlenhydratstoffwechsel gedeckt. Die Kombination aus niederintensiven und hochintensiven Einheiten trainiert also beide Stoffwechselsysteme.

Ein weiterer Grund für die Effektivität von Polarized Training könnte sein, dass der Athlet durch den Wechsel aus langen, gemütlichen und kurzen, hochintensiven Einheiten nicht so schnell vom Training gelangweilt ist. Zudem kann eine lange Grundlageneinheit nach einem intensiven Intervalltraining zur Regeneration genutzt werden. Möglicherweise sprechen niederintensive Einheiten auch vermehrt die Muskulatur an, während hochintensive Workouts eher das Herz und das Nervensystem reizen.

Für wen eignet sich Polarized Training?

Die Polarized-Methode hat sich nicht nur im Leistungssport bewährt, sondern findet auch im Amateursport breiten Anklang. Besonders interessant ist Polarized Training für Sportler, die schon mehrere Jahre kontinuierliches Ausdauertraining in den Beinen haben und nun zusätzlich mit intensiven Einheiten überschwellige Reize setzen wollen. Diese Reize in Form von hochintensiven Intervallen helfen, die Ausdauerleistung weiter zu steigern.

Die Kombination aus längeren, niederintensiven Einheiten mit hochintensiven, kurzen ist auch bei Berufstätigen sehr gut umsetzbar. Polarized Training ist abwechslungsreich, motiviert den Sportler und ist weniger zeitintensiv als klassisches High-Volume-Training. Es kann somit ideal mit Beruf und Familie in Einklang gebracht werden.

Wie wendet man Polarized Training an?

Wer nach der Polarized-Methode trainiert, absolviert etwa 80 Prozent des Trainings bei geringer Intensität in Zone 2 (Grundlagenausdauer 1) und 20 Prozent bei sehr hoher Intensität in Form von Intervalltraining in den Zonen 4 und 5. Im mittleren Intensitätsbereich werden normalerweise nur einzelne Tempoeinheiten in der unmittelbaren Wettkampfvorbereitung abgehalten. Diese Verteilung wurde durch retrospektive Analysen der Trainingsdokumentation von Ausdauerathleten im Spitzensport ermittelt und dient in unserem Fall als Richtwert.

Beispielhafte Trainingswoche nach der Polarized-Methode

- 2 lange (2 bis 4,5 Stunden) niederintensive Trainingseinheiten (zum Beispiel Bergtour, Radtour oder Lauf)
- 1 mittellange (1 bis 2 Stunden) niederintensive Einheit
- 1 HIT-Einheit: 15 Minuten aufwärmen inklusive 5 Steigerungsläufe, dann 4 × 4 Minuten Intervalle bei einer Intensität von 90 Prozent der maximalen Herzfrequenz, nach jedem Intervall 3`Minuten aktive Pause bei 70 Prozent der maximalen Herzfrequenz, 15 Minuten auslaufen

Es ist nicht zu empfehlen, das gesamte Trainingsjahr nach der Polarized-Methode zu trainieren. Wie die Umfänge und Intensitäten über das Jahr verteilt werden, siehst du hier.

Polarized Training im Jahrestrainingsplan: Die ideale Verteilung

In der Vorbereitungsphase auf einen Wettkampf (fünf bis sechs Monate vor dem Hauptwettkampf) liegt der Fokus auf Training mit geringer Intensität und hohen Umfängen (hauptsächlich Ausdauereinheiten in Zone 2 und Krafttraining).

In der Vorwettkampfphase (ein bis zwei Monate vor dem ersten Wettkampf der Saison) werden Einheiten in den Zonen 3, 4 und 5 bedeutender, während die Umfänge in Zone 2 weiterhin hoch bleiben. Idealerweise wechselt der Athlet kurz vor der Wettkampfphase zum reinen Polarized Training. Dabei werden mehr Einheiten in Form von Intervallen in Zone 4 oder 5 absolviert. Gleichzeitig reduziert der Athlet die Umfänge in der Zone 2 und 3. Das Polarized Training zieht sich dann durch die gesamte Wettkampfphase.

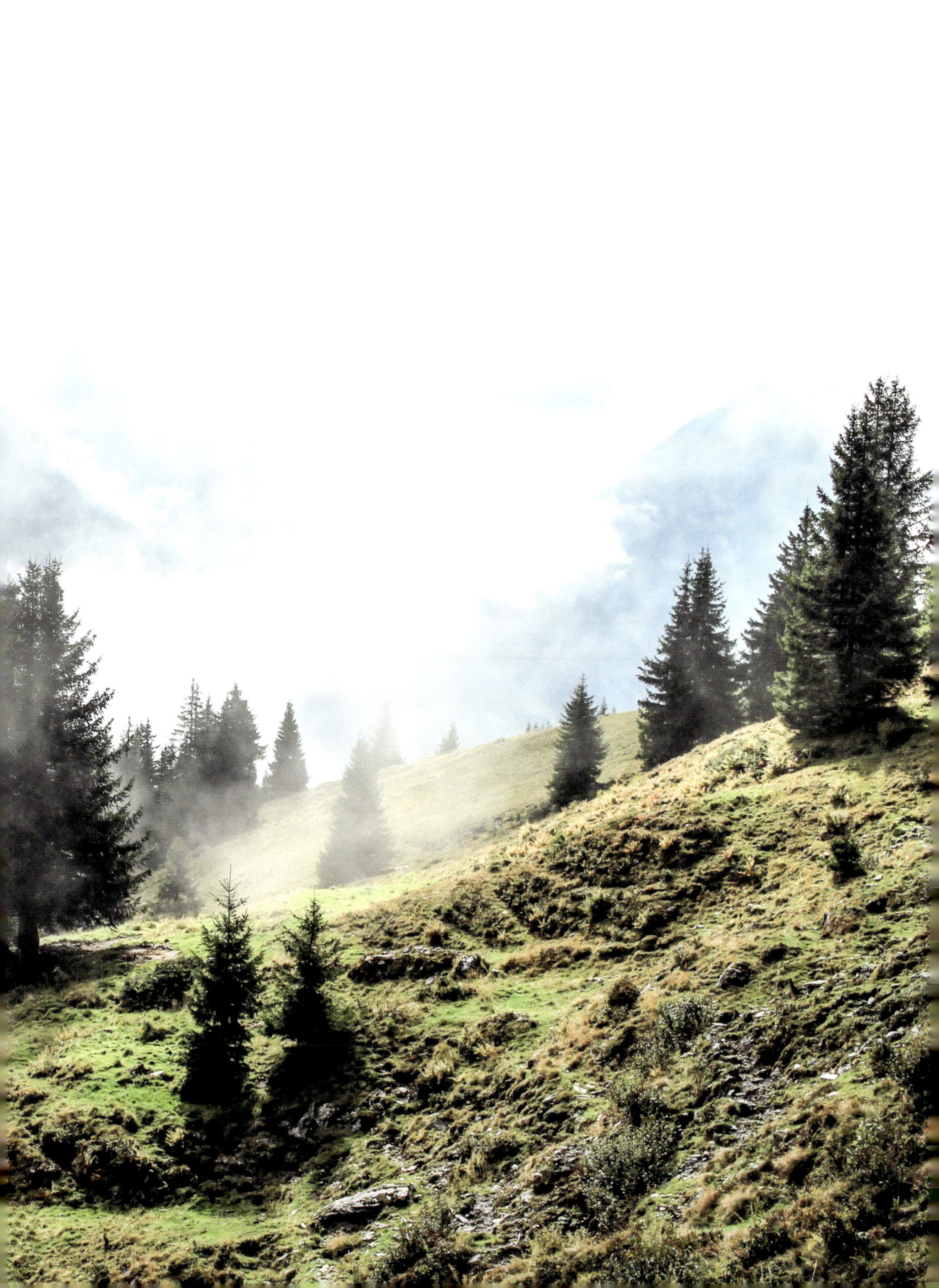

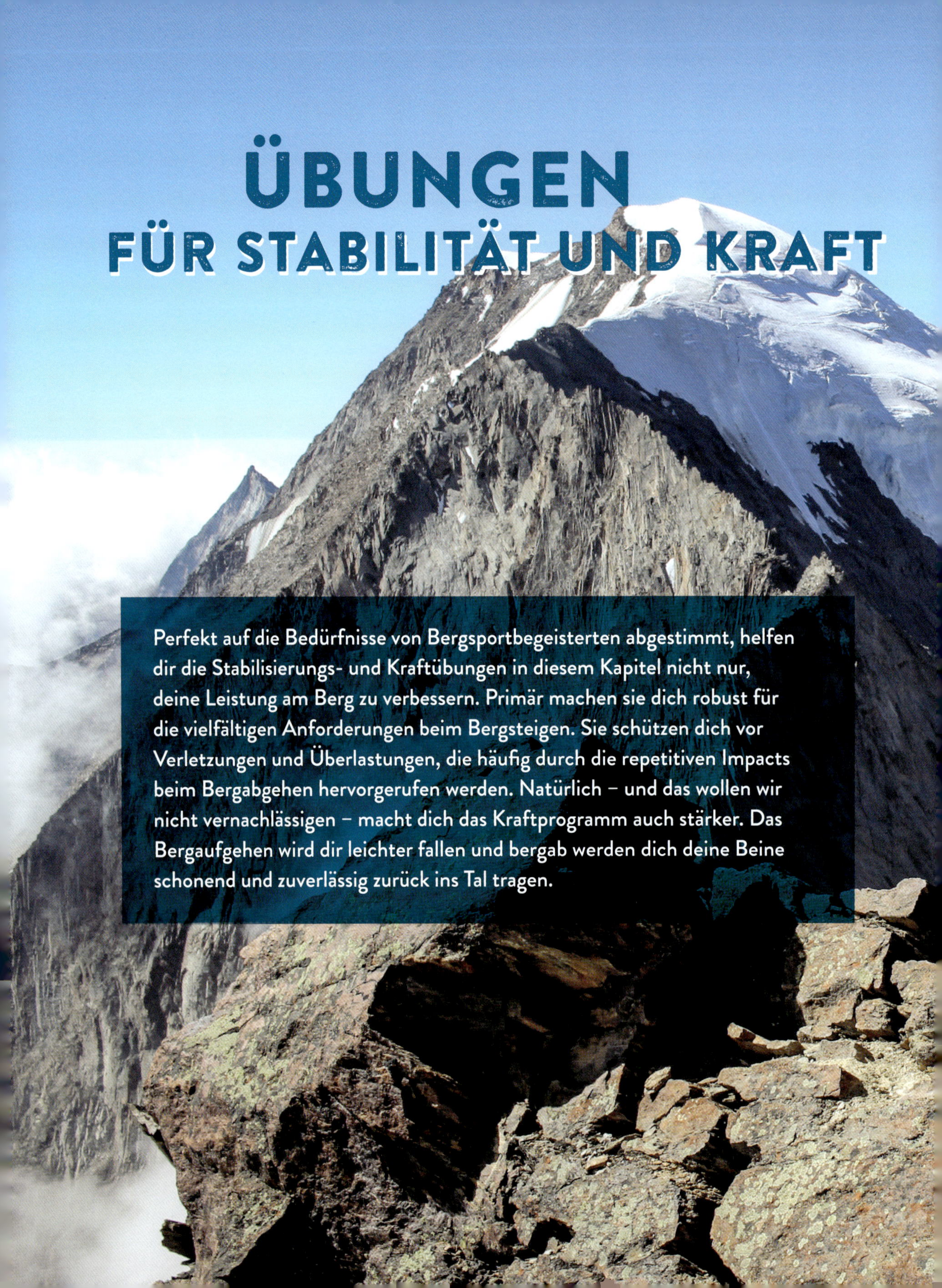

ÜBUNGEN
FÜR STABILITÄT UND KRAFT

Perfekt auf die Bedürfnisse von Bergsportbegeisterten abgestimmt, helfen dir die Stabilisierungs- und Kraftübungen in diesem Kapitel nicht nur, deine Leistung am Berg zu verbessern. Primär machen sie dich robust für die vielfältigen Anforderungen beim Bergsteigen. Sie schützen dich vor Verletzungen und Überlastungen, die häufig durch die repetitiven Impacts beim Bergabgehen hervorgerufen werden. Natürlich – und das wollen wir nicht vernachlässigen – macht dich das Kraftprogramm auch stärker. Das Bergaufgehen wird dir leichter fallen und bergab werden dich deine Beine schonend und zuverlässig zurück ins Tal tragen.

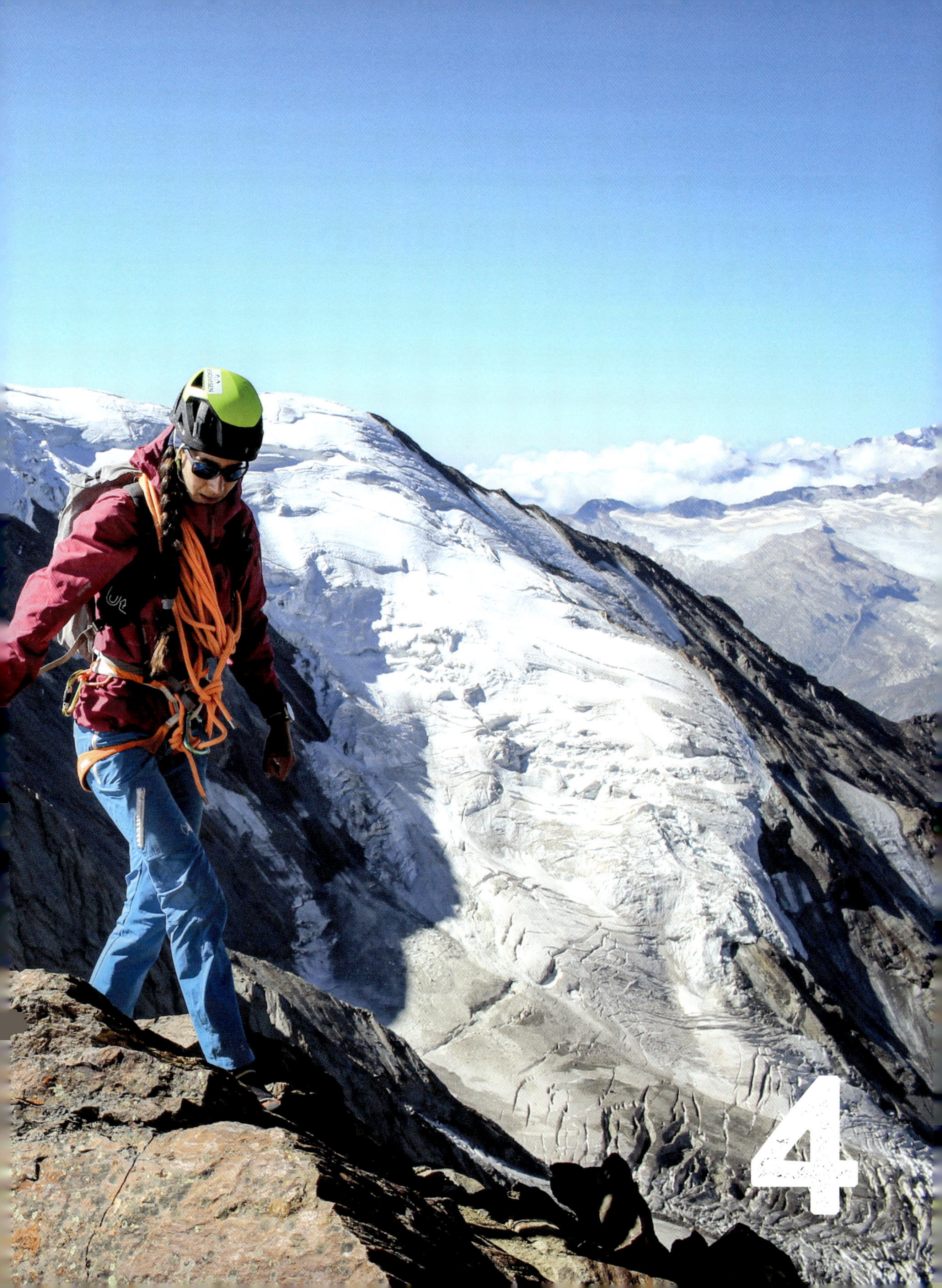

4

FIT AM BERG – TRAININGSEMPFEHLUNGEN UND ÜBUNGEN

Möchtest du wissen, was ich mir für meine sportliche Zukunft wünsche? Ich möchte den Bergsport gesund bis ins hohe Alter ausüben. Ich bin diesbezüglich sehr positiv gestimmt, denn ich weiß, was ich dafür tun muss.

Willst du dich beim Bergsteigen weiterentwickeln und deine Form langfristig halten, braucht es neben der Verbesserung der technischen Fähigkeiten eine gute Portion Erfahrung und mentale Stärke. Zusätzlich – und das ist der Grund für dieses Buch – sind **konditionelle Fähigkeiten** notwendig. Dazu zählen **Ausdauer**, **Kraft**, **Schnelligkeit**, **Beweglichkeit** und die **Gleichgewichtsfähigkeit**. Es sind die essenziellen motorischen Grundeigenschaften, die jeder Mensch besitzen soll, um im Alltag, aber vor allem im Sport leistungsfähig zu sein.

Beim Bergsport sind diese konditionellen Fähigkeiten permanent und häufig sogar gleichzeitig gefragt. Stell dir zum Beispiel vor, du musst während einer Bergtour einen Bach überqueren. Es gibt keine Brücke, aber der Bach führt viel Wasser und du willst trocken ans andere Ufer kommen. Einige größere Steine ragen aus dem Wasser. Du entscheidest dich, sie für deine Überquerung zu nutzen. Einige davon sind locker und du bist bemüht, dein Gleichgewicht zu halten, um nicht ins Wasser steigen zu müssen. Du spannst deine Bauchmuskulatur an, damit dein Oberkörper stabil bleibt. Vom letzten Stein bis zum Ufer ist die Distanz etwas weiter. Du musst schnell und kräftig abspringen, um nicht im Wasser zu landen. Deine Beine strecken sich kraftvoll und du landest mit einem satten Schritt wieder am Weg. Es sind kleine Momente wie dieser, die unsere konditionellen Fähigkeiten auf Wanderungen und Bergtouren fordern und fördern. In Anbetracht dessen und der Anforderungen beim Wandern und Bergsteigen, die du im ersten Kapitel kennengelernt hast, sind diese Trainingsinhalte für Bergsportler besonders relevant:

- Ausdauertraining
- Stabilisierungsübungen und Beinachsentraining
- Krafttraining
- spezifische präventive Übungen gegen Verletzungen und Überlastungen wie Knie- und Rückenbeschwerden oder Sprunggelenkverletzungen
- Ausgleichs- und Mobilisierungsübungen

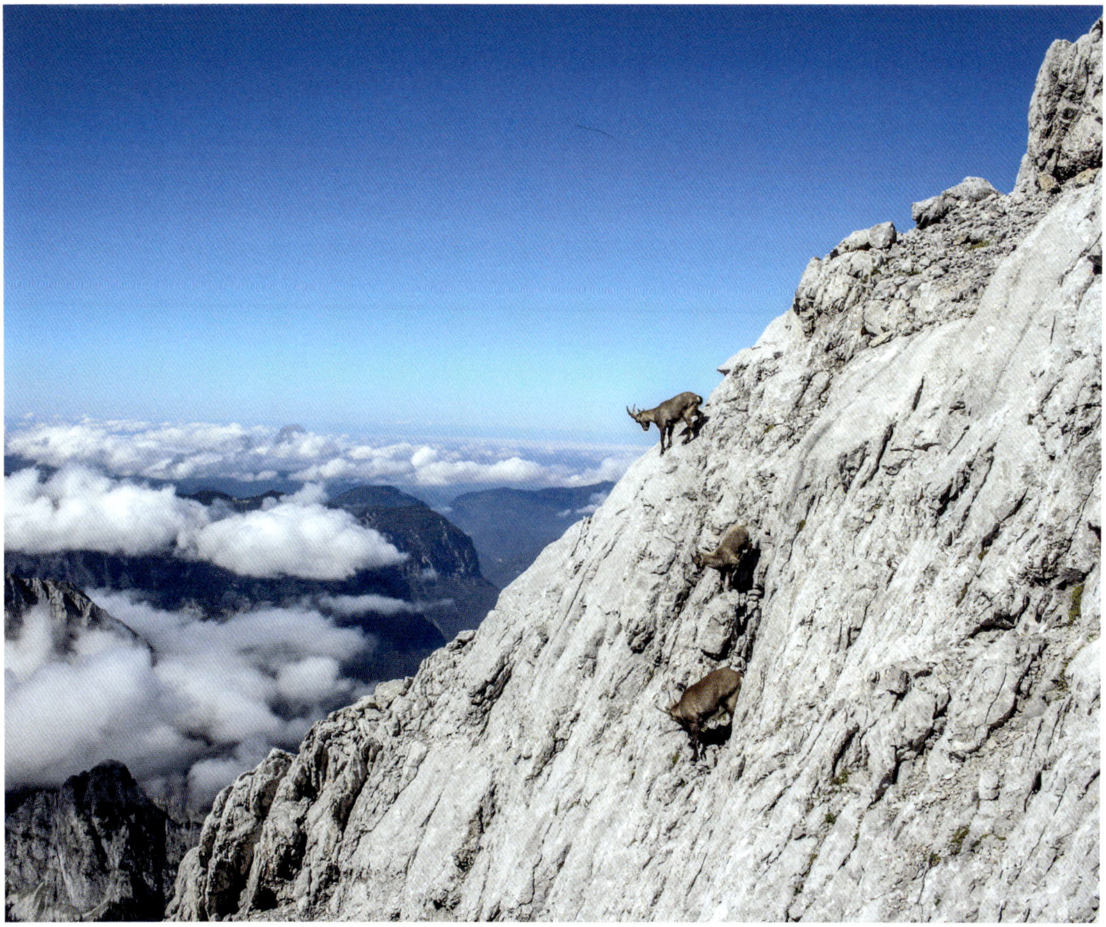

Mit der richtigen Vorbereitung erklimmst du jeden Gipfel.

RUMPF- UND GANZKÖRPER-STABILISIERUNG

Ein stabiler Rumpf bringt viele Vorteile: Er schützt vor Verletzungen und Überlastungen beim Sport, beugt Rückenbeschwerden vor, ökonomisiert Bewegungen, steigert deine körperliche Leistung und verhindert frühzeitige Ermüdung. Beim Wandern und Bergsteigen unterstützt dich ein stabiler Rumpf beim Tragen des Rucksacks und langen Auf- und Abstiegen, bei denen du den Oberkörper stets stabil über deinen Beinen halten musst.

Wer mit dem Rumpftraining beginnen möchte, steht meist vor einem Berg von Übungen. YouTube, Blogs, Bücher, Zeitschriften – sie liefern unzählige Varianten für unterschiedlichste Zielgruppen. Was meist leider fehlt, ist ein systematischer Aufbau der Übungsreihen. Häufig werden vor allem für Anfänger viel zu fordernde Übungen empfohlen.

Das Training der Rumpfstabilität mag einfach aussehen. Tatsächlich ist es aber hochkomplex. Wie bei anderen Trainingsformen gilt auch beim Rumpftraining: vom Einfachen zum Schwierigen! Die Übungen, die ich dir gleich vorstelle, eignen sich sowohl für Einsteiger ins Rumpftraining als auch für die regelmäßige Durchführung. Diese Muskelgruppen haben Einfluss auf die Rumpfstabilität (Auswahl):

- gerade und schräge Bauchmuskulatur
- *Musculus transversus*
- Rückenstrecker
- lokale Stabilisatoren der Wirbelsäule (zum Beispiel die *Musculi multifidi*)
- Gesäßmuskulatur
- Beckenboden
- Zwerchfell

Sieht man sich diese Auflistung an, wird sofort klar, warum die Stabilisation des Rumpfes eine komplexe Sache ist: Viele Muskeln müssen optimal zusammenarbeiten und situationsspezifisch auf unsere Bewegungen reagieren. Bevor wir mit den Übungen starten, sehen wir uns kurz an, warum du an der Stabilität deines Rumpfes arbeiten solltest!

Rumpfstabilität wirkt in fast allen Sportarten leistungssteigernd

Jede Bewegung in Armen oder Beinen muss im Rumpf verankert und übertragen werden. Der Rumpf spielt also eine zentrale Rolle bei sämtlichen Bewegungen. Je besser dein Rumpf dieser Aufgabe nachkommt, umso ökonomischer kannst du die Bewegung ausführen und umso sauberer ist normalerweise deine Technik.

Ein stabiler Rumpf ermöglicht es dir außerdem, Kräfte effizienter zu übertragen, und beugt frühzeitiger Ermüdung vor, da du beim Wandern deinen Rumpf über eine längere Zeit aufrecht halten musst. Eine gute Rumpfstabilität ist außerdem der Grundstock für das komplexe Krafttraining mit Zusatzgewichten. Erst wer seinen Rumpf stabilisieren kann, sollte mit Gewichtübungen wie Kniebeugen, Kreuzheben oder Ausfallschritten beginnen.

Regelmäßiges Rumpftraining reduziert das Verletzungsrisiko

Je besser du deinen Rumpf während der Bewegung stabilisieren kannst, umso leichter fällt es dir, deine Arme und Beine zu kontrollieren und zu koordinieren. Mehrere Studien belegen, dass ein Zusammenhang zwischen einer schlecht ausgeprägten Rumpfstabilität und dem Verletzungsrisiko am Knie- oder Sprunggelenk besteht.

Außerdem schützt ein stabiler Rumpf vor chronischen Überlastungen und Beschwerden im Bereich der Wirbelsäule. Die Muskulatur deines Rumpfes kannst du dir wie ein Korsett vorstellen, das deine Wirbelsäule umspannt, stabilisiert und vor äußeren Einwirkungen schützt. Sofern sie richtig arbeitet!

Übungen zur Rumpfstabilität helfen bei Rückenbeschwerden

Chronischer Rückenschmerz ist längst zu einer Volkskrankheit geworden. Er betrifft sowohl aktive und sportliche Menschen wie auch inaktive Personen. In der Wissenschaft ist man sich mittlerweile einig, dass ein angepasstes Training der Rumpfmuskulatur langfristig Rückenschmerzen reduzieren kann.[48]

Bei inaktiven Menschen liegen die Ursachen für Rückenbeschwerden häufig in der Abschwächung der Haltemuskulatur sowie in einer mangelhaften Ansteuerung der Rumpfmuskulatur. Wenn die Muskulatur versagt, müssen die passiven Strukturen wie Bandscheiben, Bänder und Gelenkkapseln diese Schwäche kompensieren. Dies führt langfristig zu chronischen Beschwerden in der Wirbelsäule.

Lerne zuerst die Basisübungen

Online und in Büchern gibt es unzählige Beiträge mit Stabilitätsübungen für Zielgruppen aller Art. Aber nicht alle Übungen eignen sich für Anfänger oder Personen, die starke Defizite in der Rumpfstabilität haben. Hier ist es nötig, mit einfachen Basisübungen zu beginnen und die Komplexität der Übungen erst später zu steigern. Dabei solltest du zunächst die Ansteuerung der Bauch-, Rücken- und Gesäßmuskulatur trainieren und mit geringen Bewegungsamplituden arbeiten.

Die Übungen, die ich hier beschreibe, eigenen sich perfekt, um ins Training der Rumpfstabilität einzusteigen. Starte erst mit schwierigeren Übungen, wenn du diese Basisübungen sauber und mit einer höheren Wiederholungszahl (circa 20) umsetzen kannst.

Die wichtigsten Rumpfstabilitätsübungen fürs Wandern

Für diese Rumpfübungen brauchst du keine Zusatzgeräte, denn es wird nur mit dem eigenen Körpergewicht gearbeitet. Das erleichtert es dir, dich ganz auf die Körperposition und die Bewegungsausführung zu konzentrieren. Mach es dir einfach auf deiner Trainingsmatte oder einem Teppich gemütlich und los geht's!

Tipps für die Ausführung der Übungen

- Atme immer ruhig und gleichmäßig. Als Faustregel gilt: bei der **A**nstrengung **a**usatmen, bei der **E**ntspannung **e**inatmen.
- Führe die Übungen **bis zur persönlichen Ermüdung** aus. Die vorgegebenen Wiederholungszahlen sind nur ein grober Richtwert. Denn Fortgeschrittene schaffen wahrscheinlich mehr, Einsteiger weniger der vorgegebenen Wiederholungen. Persönliche Ermüdung bedeutet, dass du eine **deutliche Muskelermüdung** in der beübten Muskulatur spürst.
- Kraft- und Stabilisierungsübungen werden immer in Sätzen durchgeführt. **Ein Satz besteht** in der Regel **aus mehreren Wiederholungen**. Ich gebe meist 2 bis 3 Sätze für jede Übung vor. Nach jedem Satz machst du eine kurze Pause, damit sich die Muskulatur für den nächsten Satz erholen kann. So provozieren wir über mehrere Sätze einen ausreichend großen Reiz auf die jeweilige Muskelgruppe.
- Auf die Pause zwischen den Sätzen kannst du verzichten, wenn du immer zwischen zwei Übungen hin- und herwechselst. Dazu wählst du Übungen aus, die unterschiedliche Muskeln beziehungsweise Gegenspieler trainieren. Zum Beispiel kannst du nach dem Satz einer Bauchübung (Transversus ansteuern) direkt den Satz einer Rückenübung (zum Beispiel Brücke) durchführen, ohne dazwischen eine Pause zu machen. Die Bauchmuskulatur kann sich erholen, wenn du die Rückenmuskulatur trainierst und umgekehrt. Das Gleiche gilt für Übungen, bei denen du zwischen der linken und der rechten Seite wechseln kannst.

Transversus ansteuern

Der *Musculus transversus abdominis* ist der tiefste Bauchmuskel. Wie ein Korsett umspannt er fast den ganzen Rumpf vom Beckenkamm bis zu den Rippen. Er hält die Bauch- und Rumpfspannung aufrecht, er unterstützt den unteren Rücken und hilft bei der Ausatmung. Eine Dysfunktion des *Musculus transversus abdominis* ist häufig mit unspezifischen, tiefen Rückenschmerzen assoziiert.

1. Lege dich in Rückenlage auf die Matte und stelle die Beine auf. Entspanne den Nacken und den Schultergürtel und fühle, wie deine Wirbelsäule am Boden aufliegt. Richte deine Aufmerksamkeit auf den Lendenwirbelsäulenbereich. Durch die natürliche Lendenlordose liegt die Lendenwirbelsäule wahrscheinlich nicht komplett auf der Matte auf. Du spürst eine kleine Höhle zwischen Lendenwirbelsäule und Matte.
2. Drücke die Lendenwirbelsäule nun fest in den Boden, indem du ausatmest und den Bauch anspannst. Halte die Spannung und den Druck auf die Matte für etwa 5 Sekunden aufrecht und lasse dann wieder locker. Beim Entspannen atmest du wieder ein. Wiederhole die Übung 10-mal.

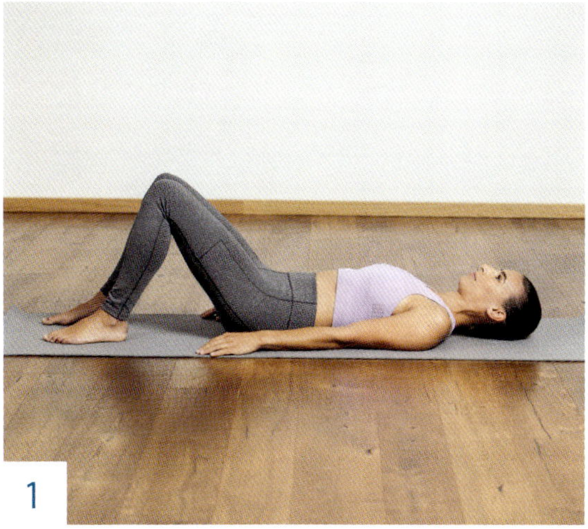
1

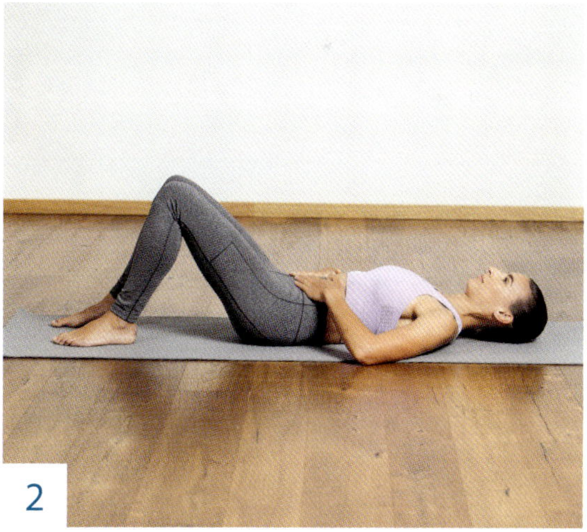
2

Stabilisierung im Kniestand

Während des Wanderns musst du deinen Rumpf oft über viele Stunden stabil halten, während du die Beine bewegst. Diese Übung hilft dir, eine bessere Kontrolle über deinen Oberkörper zu halten, und verbessert deine Beckenstabilisierung.

1. Stelle dich im Kniestand auf die Matte oder eine weiche Unterlage. Baue eine leichte Bauchspannung auf (denke an die vorige Übung) und richte den Oberkörper auf. Schiebe das Brustbein etwas nach vorn und ziehe die Schulterblätter nach hinten unten.
2. Verlagere das Gewicht auf ein Knie. Hebe das andere Bein vom Boden ab und führe es seitlich nach vorn, ohne dass du mit dem Oberkörper ausweichst.
3. Stelle das Bein vor dir auf der Matte ab. Halte die Position kurz und führe das Bein dann wieder in den Kniestand zurück. Wechsle die Seite und führe 5 Wiederholungen pro Bein durch. Fällt es dir zu Beginn noch schwer, das Gleichgewicht zu halten, kannst du dich an der Wand oder einem Stuhl festhalten.

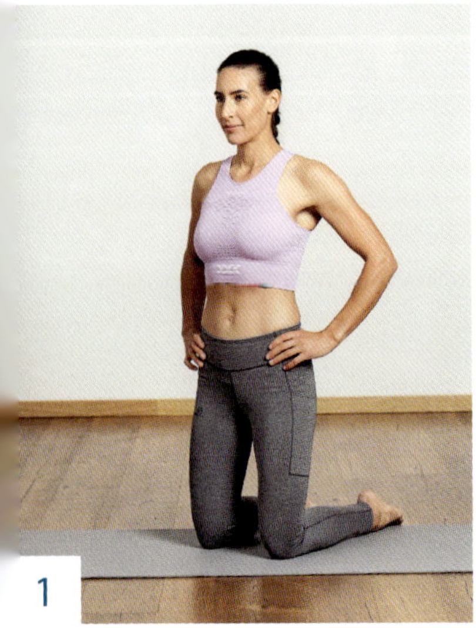

1

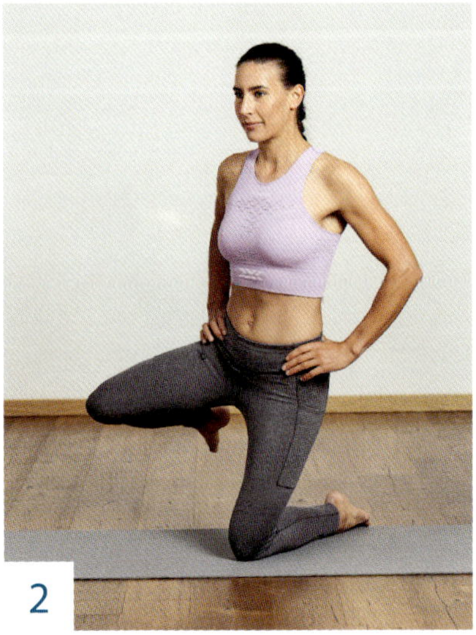

2

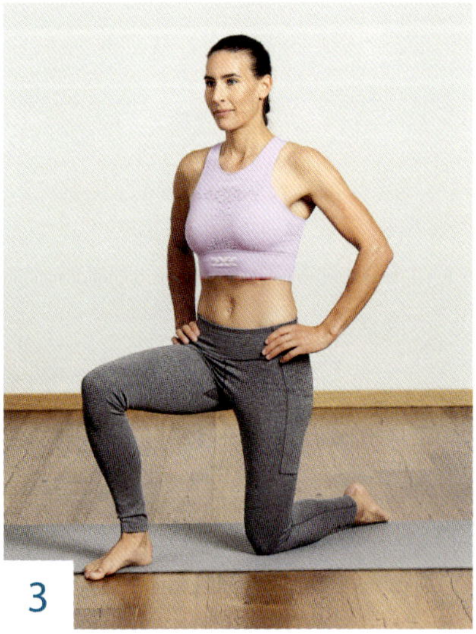

3

Rumpfaufrichten im Stehen

Mit dieser Übung trainierst du die Rückenstrecker, bei gleichzeitiger Beckenstabilisierung.

1. Nimm einen schulterbreiten Stand ein und beuge die Knie leicht. Diese Position der Beine bleibt die gesamte Übung gleich! Beuge dich nach vorn und rolle dich ganz rund ein, bis die Fingerspitzen den Boden berühren. Deine Arme sind dabei gestreckt und die Handflächen schauen zueinander.
2. Rolle dich nun langsam Wirbel für Wirbel auf. Fahre fort, bis dein Rücken gerade und dein Oberkörper etwa 45 Grad nach vorn geneigt ist. Schiebe die Brust nach vorn und ziehe die Schultern nach hinten.
3. Strecke die Arme über den Kopf (Oberarme neben den Ohren). Halte die Position kurz. Nimm zuerst die Arme wieder nach unten, anschließend rollst du dich vom Kopf abwärts wieder zusammen, bis du in der Ausgangsposition angekommen bist. Wiederhole die Übung für 3 Serien à 10 Wiederholungen. Zur Unterstützung kannst du auch einen Stab oder einen Stock in die Hände nehmen.

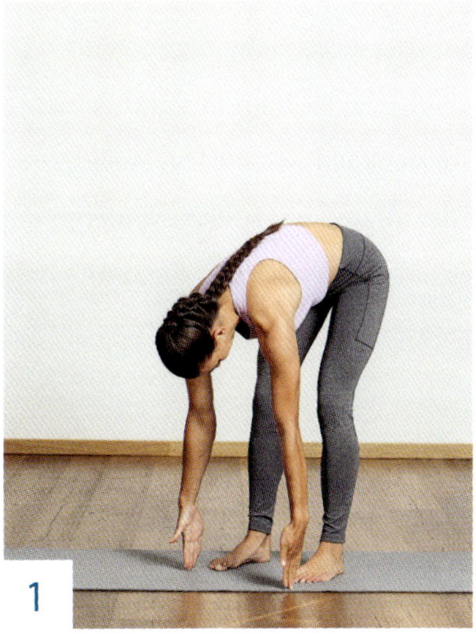
1

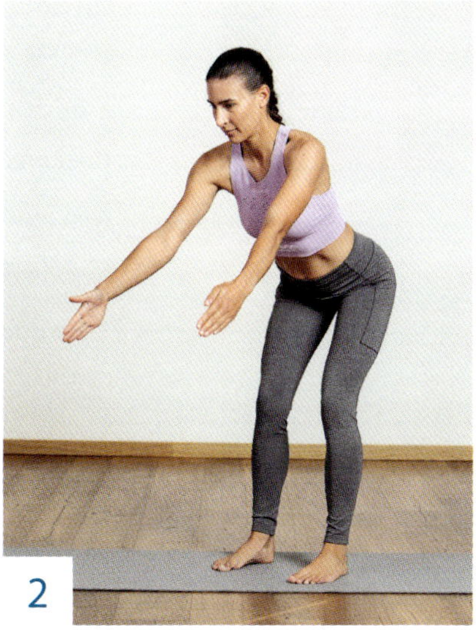
2

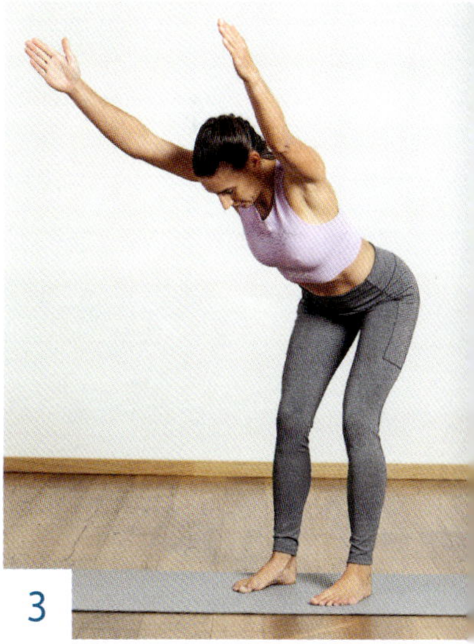
3

Brücke: Beckenheben in Rückenlage

Mit der Brückenübung verbesserst du die Beckenstabilisierung und die Ansteuerung sowie die Kraftausdauer deiner Rücken- und Gesäßmuskulatur.

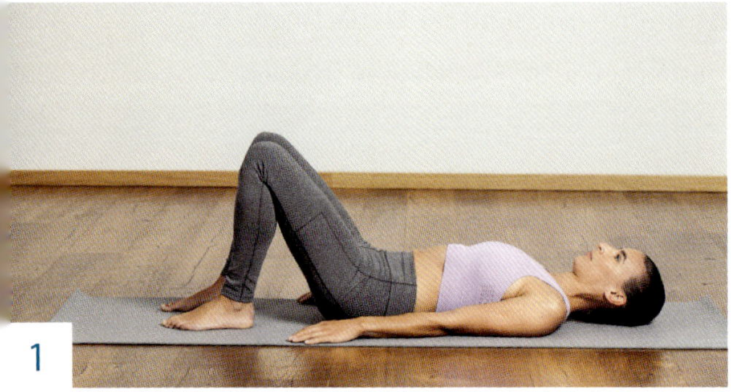

1

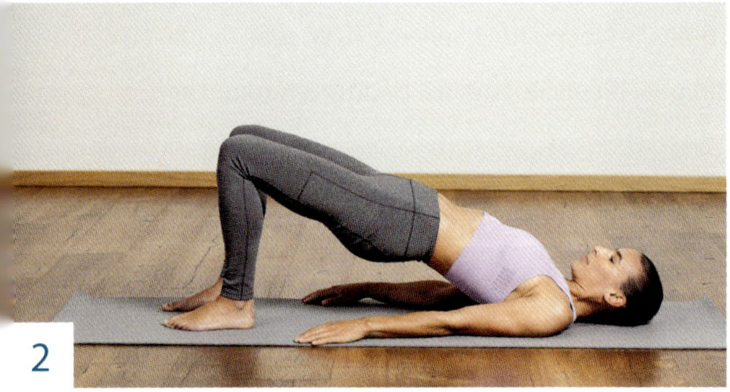

2

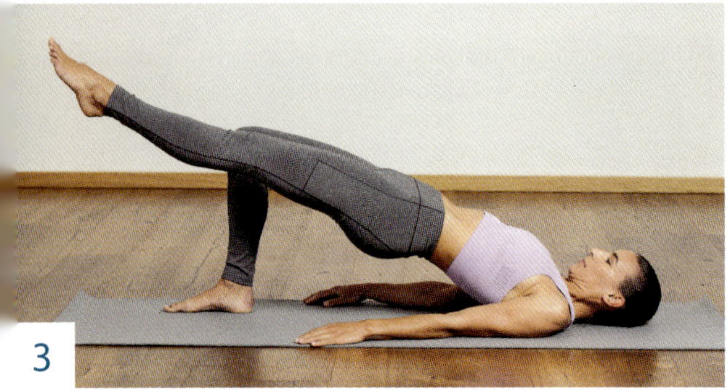

3

1. Lege dich in Rückenlage auf die Matte und stelle die Beine vor dir ab.
2. Hebe das Becken von der Matte ab, bis Kniegelenk, Hüfte und Schultergürtel auf einer diagonalen Linie liegen. Spanne dein Gesäß an und halte die Position für einige Sekunden.
3. Rolle dich von den Schulterblättern abwärts wieder ein, bis Wirbelsäule und Becken wieder auf der Matte liegen. Sollte die Übung so zu wenig fordernd für dich sein, habe ich noch eine anspruchsvollere Variante für dich! Hebe in der Brücke-Position langsam ein Bein vom Boden ab und strecke es. Halte die Position kurz. Die Stellung deines Rumpfes und deines Beckens sollte sich nicht verändern! Stelle den Fuß wieder ab und wechsle zur anderen Seite. Führe 3 Sätze à 14 Wiederholungen mit 1 Minute Pause aus.

Beckenheben im Seitstütz

Beim Beckenheben im Seitstütz trainierst du die seitliche Rumpfmuskulatur, aber auch die seitliche Gesäß- und Oberschenkelmuskulatur, die zum Stabilisieren während des Gehens besonders wichtig sind.

1. Stütze dich in Seitenlage auf der Matte ab. Den Ellenbogen positionierst du unterhalb deiner Schulter, die Knie sind im rechten Winkel gebeugt und die Unterschenkel nach hinten weggestreckt. Kniegelenk, Hüfte und Schultergürtel sind auf einer Linie. Schau, dass du keinen Knick nach hinten in der Hüfte hast!
2. Hebe das Becken langsam von der Matte ab und senke es wieder. Wiederhole die Bewegung, bis deine Rumpfspannung keine Wiederholung mehr zulässt. Wechsle dann die Seite und führe 2 Sätze pro Seite à 15 Wiederholungen aus.

Variante: Willst du die Übung anspruchsvoller machen, kannst du das obere Bein nach oben abspreizen oder die Beine nicht beugen, sondern gestreckt lassen.

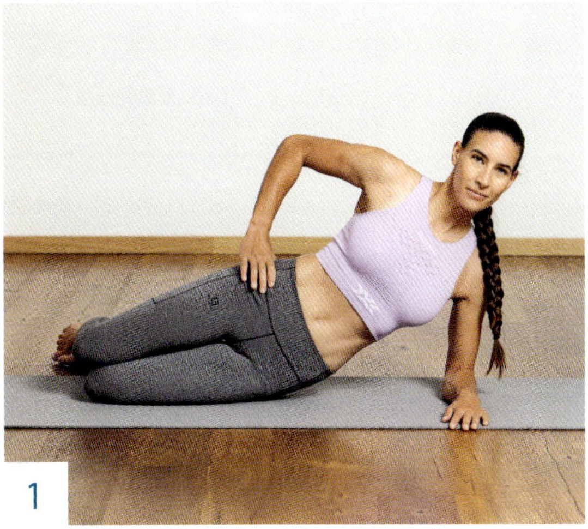

1

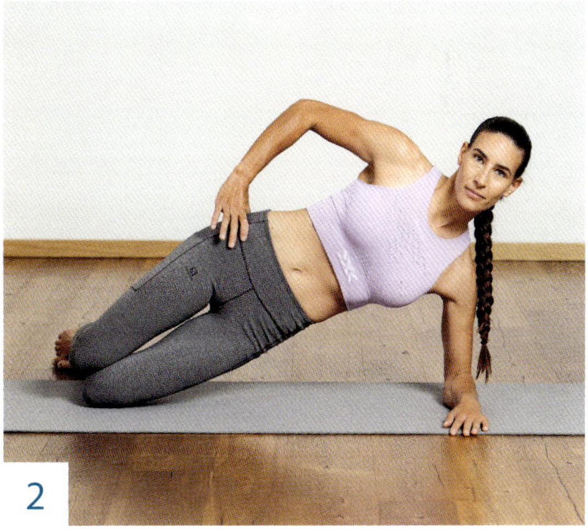

2

Schwimmer

Diese Übung sorgt für mehr Spannung und Stabilität in den Rückenstreckern. Durch das Heben und Senken von Arm und Bein musst du deinen Rumpf in der Dynamik stabilisieren.

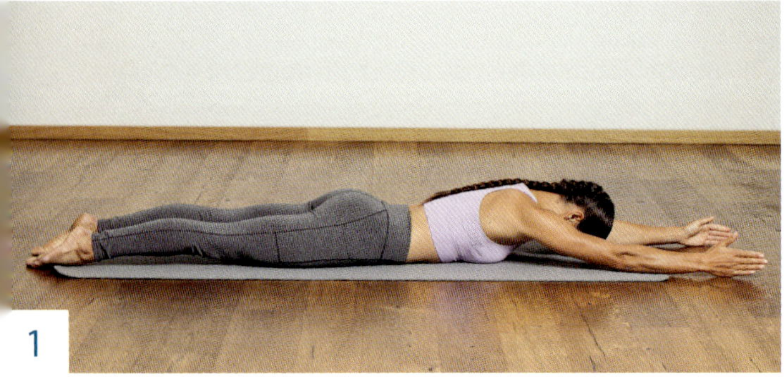

1

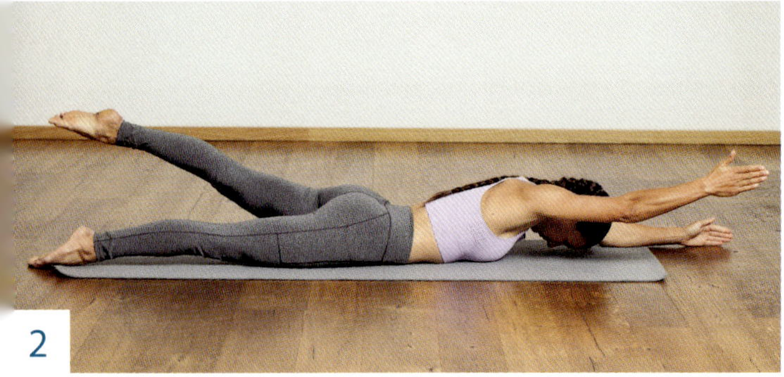

2

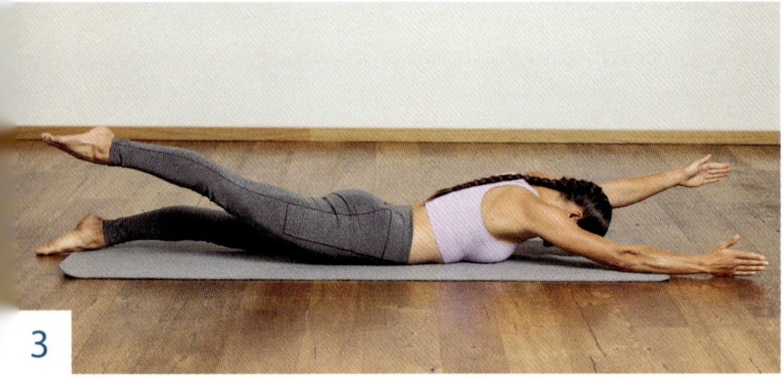

3

1. Lege dich in Bauchlage auf die Matte. Strecke Arme und Beine nach vorn beziehungsweise hinten weg. Baue eine Spannung in der Gesäß-, Bauch- und Rückenmuskulatur auf.
2. Hebe einen Arm und das diagonal gegenüberliegende Bein gestreckt vom Boden ab. Halte die Position kurz und wechsle dann zur anderen Seite. Die Ausführung ist langsam und sanft. Die Bewegung kannst du auch mit deiner Atmung kombinieren.
3. Hebe Arm und Bein beim Ausatmen an und lege sie beim Einatmen wieder ab. Führe 3 Sätze à 10 bis 16 Wiederholungen mit 1 Minute Pause durch.

Bärenstand

Der Bärenstand ist eine weitere einfache, aber effektive Übung zur dynamischen Stabilisation.

1. Positioniere dich im Vierfüßlerstand auf der Matte. Die Kniegelenke sind direkt unter der Hüfte, die Hände unterhalb der Schultern. Stelle die Zehen auf und richte den Rücken gerade aus. Erinnere dich an die Spannung der Bauchmuskulatur, die wir in der ersten Übung erlernt haben. Baue auch hier diese Spannung in der Bauchmuskulatur auf. Blicke nach unten.
2. Hebe die Knie langsam bis auf die Höhe deines Sprunggelenks ab. Halte die Position kurz und senke die Knie langsam wieder. Wiederhole das Ganze so oft, bis du die Spannung im Rumpf nicht mehr sauber halten kannst. Führe 3 Sätze mit 1 Minute Pause dazwischen durch. Idealerweise schaffst du mindestens 10 Wiederholungen.
3. Ist dir die Übung so zu einfach, kannst du in der oberen Position abwechselnd einen Fuß wenige Zentimeter vom Boden abheben und mehrmals hin und her wechseln. Achte dabei darauf, dass dein Becken stets parallel zum Boden bleibt!

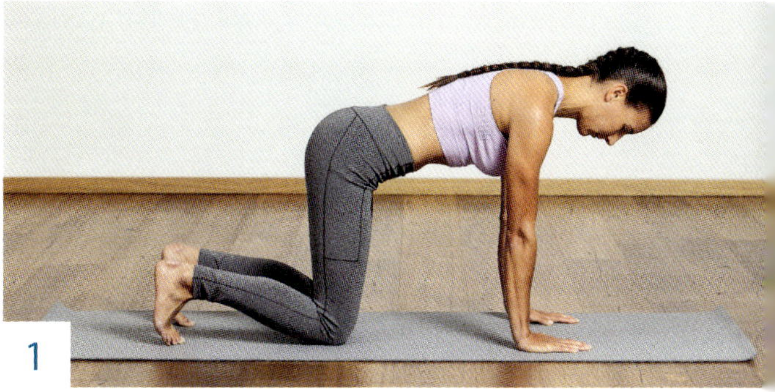

1

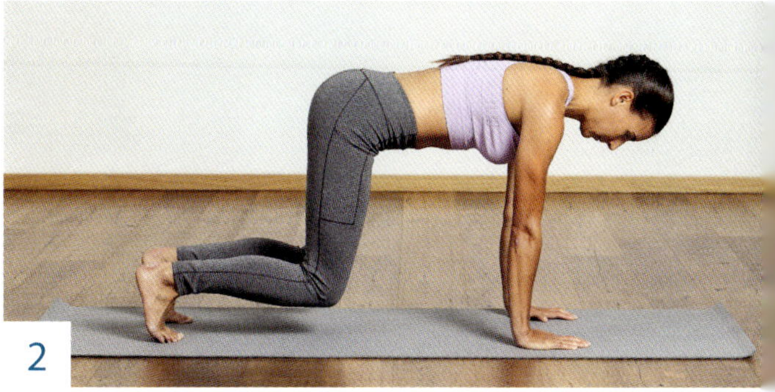

2

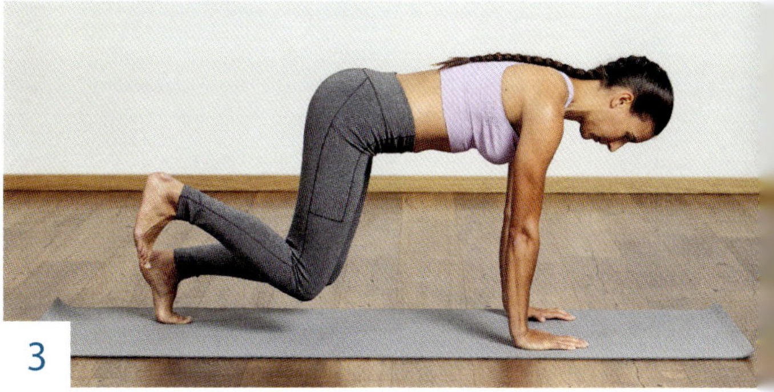

3

Schräge Sit-ups

Wir beenden das Programm zur Rumpfstabilisation mit einer weiteren Bauchübung. Schräge Sit-ups kräftigen sowohl die geraden als auch die schrägen Bauchmuskeln.

1. Lege dich in Rückenlage auf die Matte und stelle die Beine vor dir auf. Ziehe das Kinn zur Brust und hebe den Oberkörper bis zu den Schulterblättern vom Boden ab. Die Lendenwirbelsäule bleibt auf der Matte.
2. Tippe mit den Fingern abwechselnd das linke und rechte Sprunggelenk an. Falls dir das noch zu schwierig ist, kannst du zu Beginn einfach abwechselnd die Waden antippen. Führe die Übung so oft aus, bis deine Bauchmuskulatur ermüdet und du keine Wiederholung mehr schaffst. Führe 3 Sätze mit 1 Minute Pause aus.

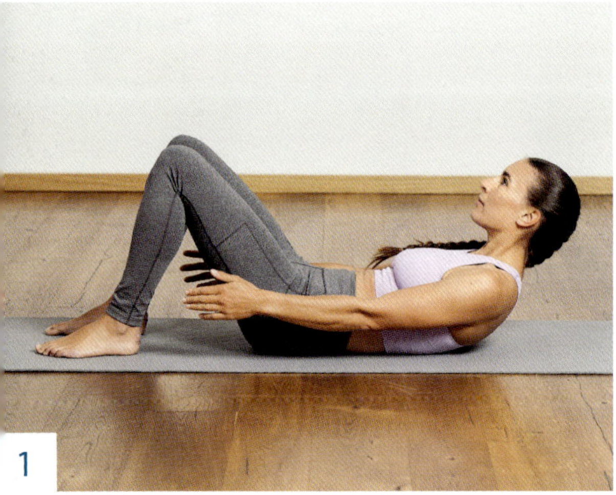

1

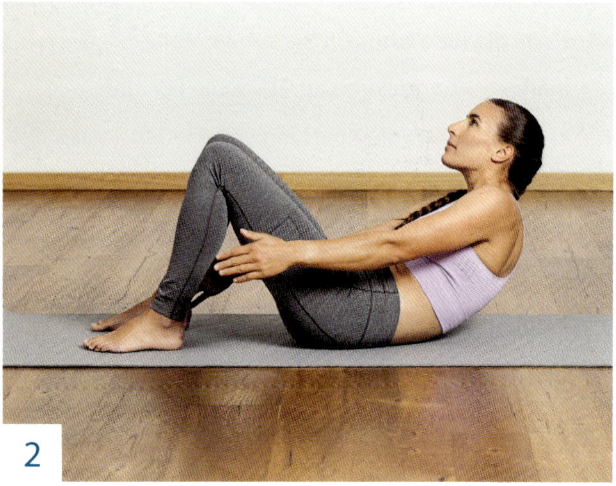

2

BEINACHSENTRAINING UND SPRUNGGELENKS-STABILISIERUNG

Als Beinachse bezeichnen wir die gedachte Linie zwischen Sprunggelenk, Knie und Hüfte. Idealerweise weicht das Kniegelenk in Bewegung nicht nach innen oder außen von dieser Linie ab. Kommt es zu übermäßigen Abweichungen, spricht man von einer instabilen Beinachse. Eine mangelnde Stabilität der Beinachse erhöht das Risiko für Beschwerden, Überlastungen und Verletzungen im Knie-, Hüft- und Sprunggelenk.

Gezieltes Training der Beinachse kann den oben beschriebenen Fehlstellungen entgegenwirken und zur langfristigen Gesundheit deiner Gelenke beitragen. Außerdem zeigen Studien, dass Sportler mit einer stabilen Beinachse seltener akute Verletzungen an den Hüft-, Knie- und Sprunggelenken erleiden und weniger wahrscheinlich mit Überlastungen kämpfen. Eine stabile Beinachse ist deshalb die Voraussetzung, um die Umfänge im Ausdauertraining zu erhöhen!

Auch in der Rehabilitation nach Verletzungen der unteren Extremitäten ist Beinachsentraining unverzichtbar. Ebenso ist eine stabile Beinachse die Voraussetzung für viele Kraftübungen wie zum Beispiel die Kniebeuge.

Tipps fürs Beinachsentraining

- Beinachsenübungen erfordern gute Konzentration. Ziel ist nicht primär eine muskuläre Ermüdung, sondern die Verbesserung der Bewegungsqualität. Wiederhole die Übungen nur so oft, solange du sie sauber und fokussiert durchführen kannst. Das gilt vor allem für Sprünge und Übungen im Einbeinstand!
- Achte bei der Ausführung der Beinachsenübungen auf ein stabiles Becken und eine stabile Beinachse.
- Die Qualität der Bewegungsausführung steht vor der Quantität der Wiederholungszahlen!
- Ich mache die Übungen gern barfuß, du kannst aber auch einen stabilen Trainingsschuh verwenden. Ein stark gedämpfter Laufschuh eignet sich nicht!

Die wichtigsten Beinachsenübungen fürs Wandern

Übungen zur Beinachsenstabilität schulen das Gleichgewicht, was zur Ökonomisierung von Bewegungsabläufen und sicherem Gehen im Gelände beiträgt. Gleichzeitig verbesserst du mit Beinachsenübungen die Kraftfähigkeit der das Sprung-, Knie- und Hüftgelenk umgebenden Muskulatur, was dein Risiko für Verletzungen der unteren Extremität reduziert. Beinachsenübungen schulen die Fähigkeit, instabile und kritische Gelenkpositionen zu korrigieren, was besonders während des Bergabgehens in schwierigem Gelände entscheidend ist.

Beinachsentraining lässt sich mit koordinativen Elementen kombinieren und in jede Ausdauer- oder Krafteinheit einbauen. Viele der Übungen führst du einbeinig aus. Das erleichtert es dir, dich auf die Beinachse zu konzentrieren, stellt aber gleichzeitig vermehrt Anforderung an deine Gleichgewichts- und Stabilisierungsfähigkeit. Wichtig ist, dass du dich bei der Übungsausführung nicht komplett verausgabst, sondern das Augenmerk auf die Qualität der Durchführung legst. Konzentriere dich auf die Stellung deiner Knie – sie sollen bei der Übungsausführung nicht nach innen ausweichen. Für die Beinachsenübungen benötigst du Folgendes:

- Trainingsmatte
- (Sitz-)Kissen oder zusammengerolltes Handtuch als instabile Unterlage
- Miniband oder zusammengeknotetes Theraband
- grünes Theraband
- Kurzhantel oder Wasserflasche

Einbeinige Stabilisierung

1. Stelle dich auf ein Bein. Blicke nach vorn und baue eine leichte Spannung im Rumpf auf. Zu Beginn kannst du die Übung einfach am Boden oder auf der Matte ausführen.
2. Führe das freie Bein nach vorn, beuge es und hebe es langsam so weit an, bis das Knie auf Hüfthöhe ist. Halte die Position kurz und stelle das Bein wieder ab. Wechsle die Seite. Führe 3 Serien à 8 Wiederholungen aus.
3. Um die Anforderung zu erhöhen, verwende instabile Unterlagen wie Sitzkissen, ein zusammengerolltes Handtuch oder Wackelbretter.

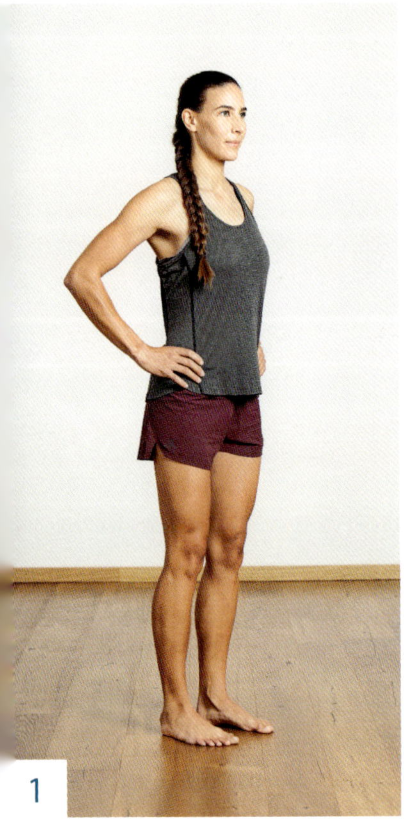

1

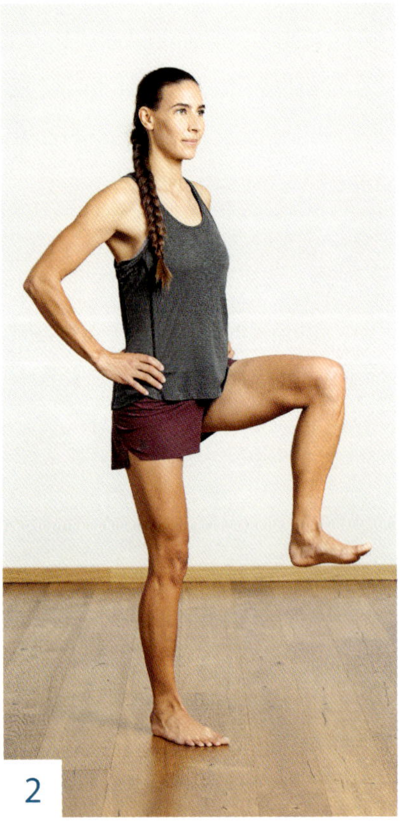

2

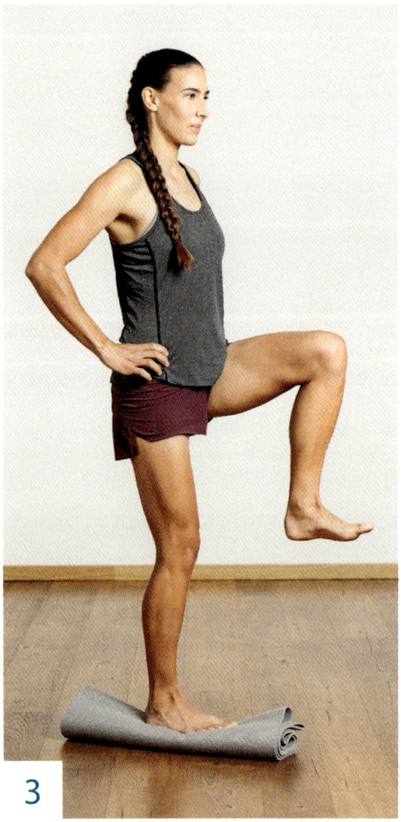

3

Stabilisierungssprünge

Kleine Sprünge auszuführen und diese bei der Landung sauber zu stabilisieren, ist eine Fähigkeit, die jeder beherrschen sollte. Leider geht uns diese Fähigkeit im Laufe des Lebens immer mehr verloren. Überlege mal: Wann bist du zuletzt gesprungen? Während einer Bergtour kommst du ganz oft in Situationen, in denen du einen kleinen, einbeinigen Sprung machen musst. Beim Bergabgehen von einer größeren Stufe am Weg zum Beispiel – oder wenn du einen Bach oder einen Baum am Weg überspringen musst.

1. Stelle dich stabil auf ein Bein.
2. Springe ab und lande auf dem anderen Bein. Der Sprung muss nicht hoch oder weit sein. Das Wichtige ist eine saubere, einbeinige Stabilisierung der Landung. Das Knie ist bei der Landung leicht gebeugt. Mach den nächsten Sprung erst, wenn du sicher stehst.
3. Führe 6 bis 8 Sprünge aus. Wiederhole das Ganze 3-mal und mache zwischen den Serien 2 Minuten Pause.

Variante: Die Sprünge kannst du nach Belieben variieren. Mache mehrere Sprünge auf einem Bein hintereinander, wechsle zwischen den Beinen hin und her, springe nach vorn, nach hinten oder zur Seite – hier kannst du selbst kreativ werden!

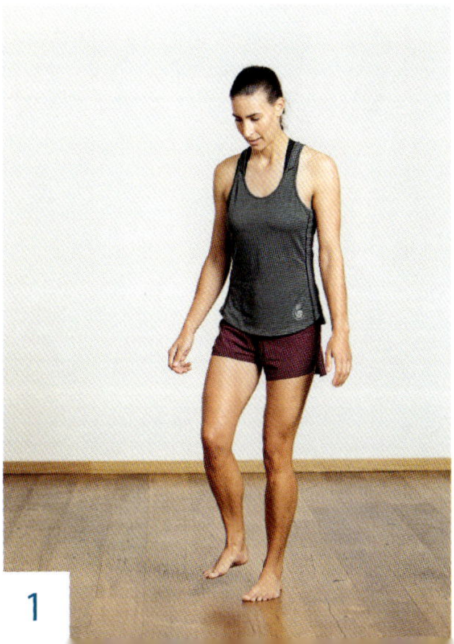

1

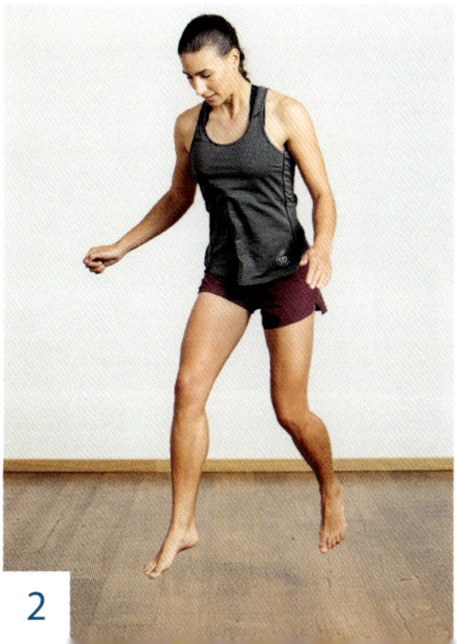

2

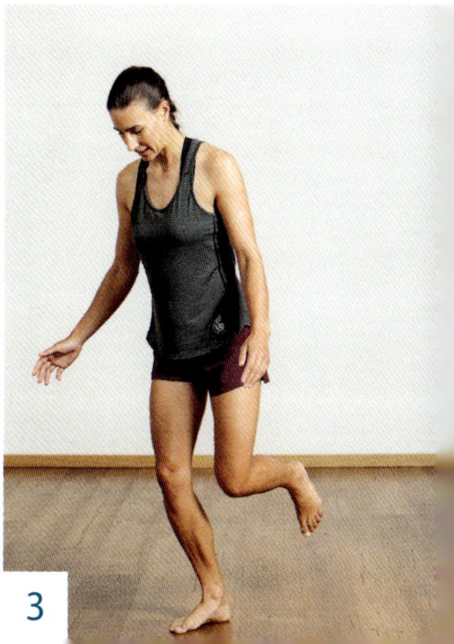

3

Abduktion mit dem Miniband

Abduktionen kräftigen die Hüftabduktoren – also jene Muskeln, die das Bein nach außen abspreizen. Die Hüftabduktoren gehören zu den Hauptstabilisatoren des Beckens, wenn wir gehen oder laufen. Besonders während der einbeinigen Stützphase beim Gehen und Laufen oder bei der einbeinigen Stabilisierung eines Sprungs und im Einbeinstand sind die Abduktoren zentrale Stabilisatoren der Beinachse.

1. Verwende ein elastisches Band und wickle es um deine Oberschenkel oder Unterschenkel (dieses ist anstrengender). Verlagere dein Gewicht auf ein Bein, beuge das Bein leicht und stehe möglichst stabil.
2. Spreize das freie Bein gestreckt zur Seite ab. Halte die Position kurz und komme langsam in die Mitte zurück. Dein Oberkörper soll dabei möglichst ruhig bleiben. Das Band ist stets gespannt! Führe 2-mal 10 bis 15 Wiederholungen pro Bein durch.

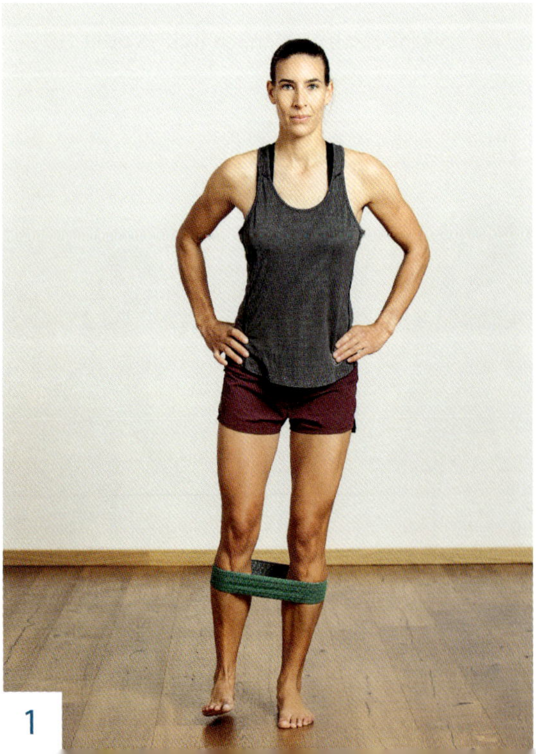

1

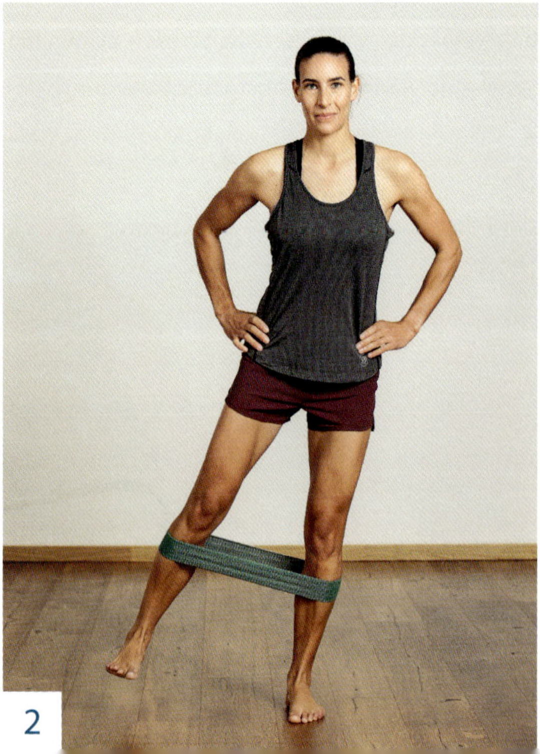

2

Sternschritte

Mit Sternschritten übst du die Stabilisierung der Beinachse während einer dynamischen Bewegungsaufgabe.

1. Stelle dich in einen aufrechten Stand und verlagere das Gewicht auf ein Bein. Das Standbein beugst du leicht. Ziel dieser Übung ist es, mit den Zehen des freien Beins möglichst weit vorn, seitlich und hinten am Boden anzutippen.
2. Tippe nun den Boden abwechselnd vorn, seitlich und hinten mit deiner Fußspitze an. Komm dazwischen immer wieder in die Mitte zurück. Die Punkte kannst du dir auch mit einem kleinen Gegenstand markieren.
3. Die Ziele sollen so weit voneinander entfernt liegen, dass du sie gerade noch erreichen kannst, ohne aber die Kontrolle über die Position deines Körpers und der Beinachse zu verlieren.
4. Ein Nach-Innen-Knicken des Fußes oder des Knies gilt es zu verhindern. Versuche zudem, die Hüfte nicht nach außen zu schieben. Führe 3 Serien à 9 Berührungen pro Seite durch.

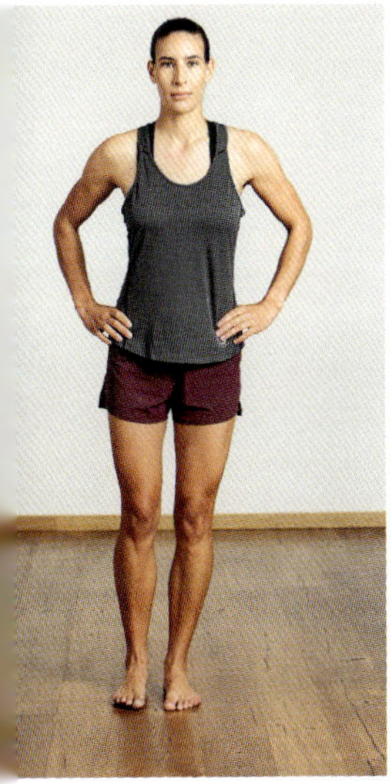

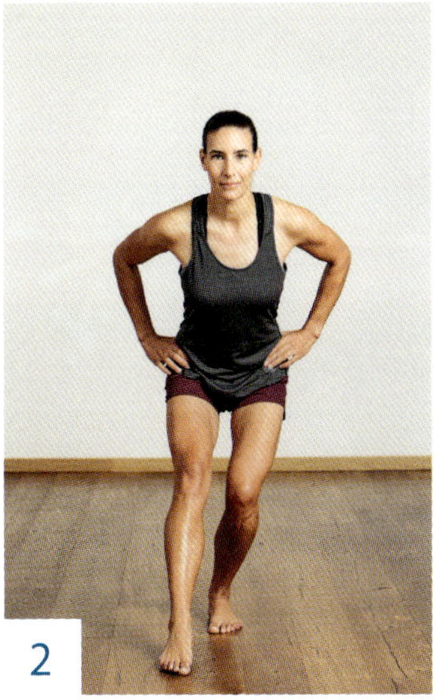

2

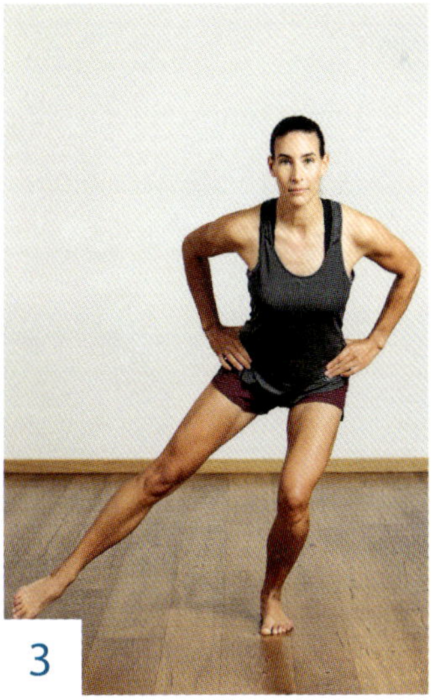

3

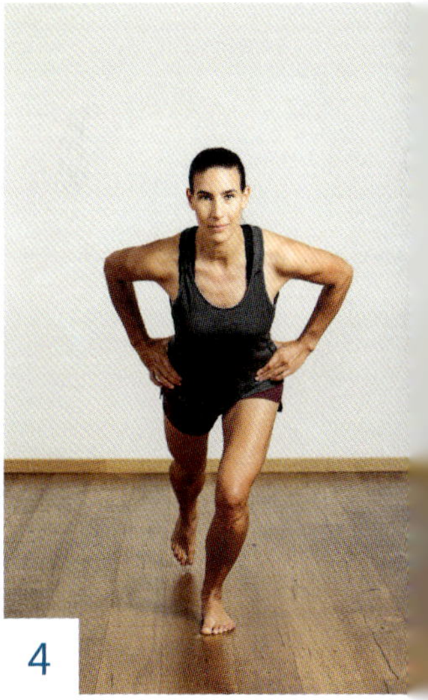

4

Standwaage

Die Standwaage ist eine Übung, welche die Stabilität der Beinachse und des Rumpfes trainiert. Für die Übung benötigst du keine Geräte. Um sie in Zukunft intensiver zu machen, kannst du aber eine Wasserflasche oder eine leichte Kurzhantel verwenden.

1. Stelle dich hin und verlagere das Gewicht auf ein Bein.
2. Beuge die Hüfte so, dass dein Oberkörper mit einem geraden Rücken nach vorn geneigt wird. Gleichzeitig bringst du das freie Bein nach hinten gestreckt in die Luft und streckst die Arme zur Seite. Das Absenken des Oberkörpers und das Heben des Beines passiert fließend und gleichzeitig. Das Ziel ist es, deinen Oberkörper und dein Bein parallel zum Boden zu bringen. Das freie Bein und dein Oberkörper sollen dabei eine Linie bilden. Es kann sein, dass du das zu Beginn noch nicht schaffst. Sollte das der Fall sein, beuge dich nur so weit vor, solange du die Beinachse und den Rumpf stabil halten kannst. Gehe kontrolliert in die Ausgangsposition zurück. Richte den Oberkörper auf und bringe das freie Bein unter deinen Körper zurück. Versuche während der gesamten Bewegung, deine Hüfte parallel zum Boden zu halten. Das Bewegungstempo ist kontrolliert und langsam. Führe 2 Serien je Seite à 8 Wiederholungen durch.

Variante: Als Fortgeschrittener kannst du die Intensität der Übung steigern, indem du eine Kettlebell nimmst und das Bein derselben Seite nach hinten streckst.

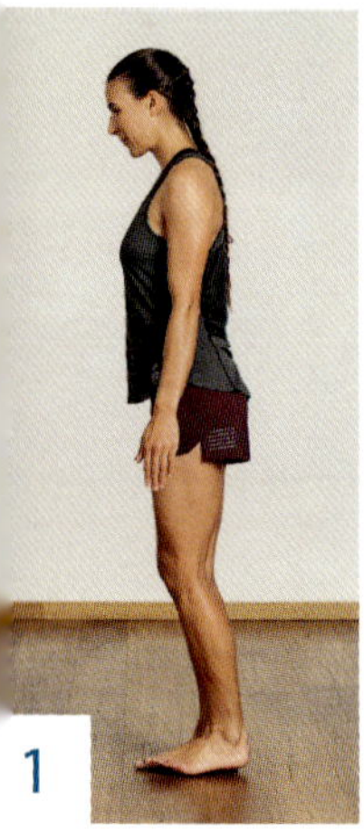
1

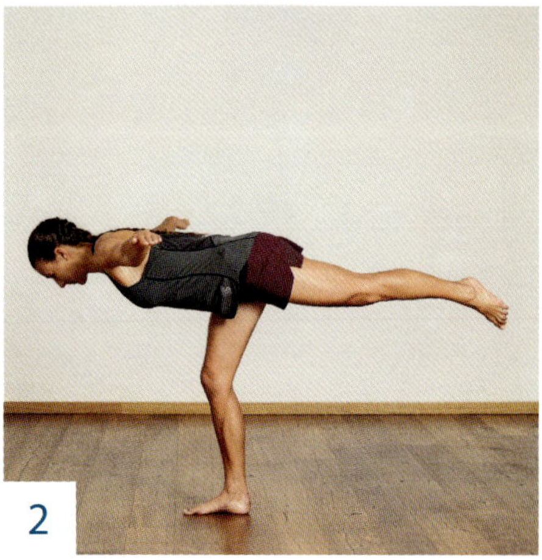
2

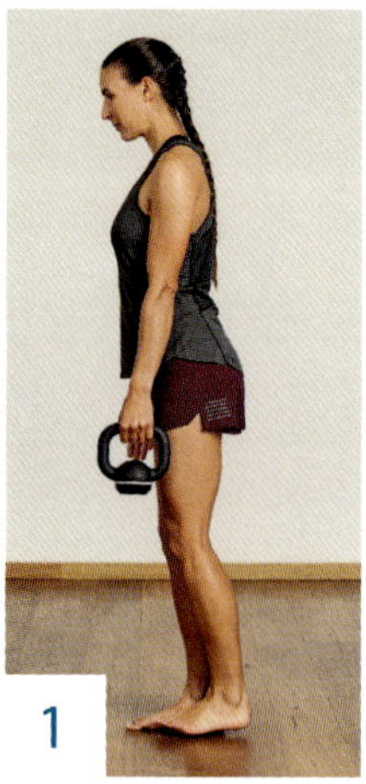
1

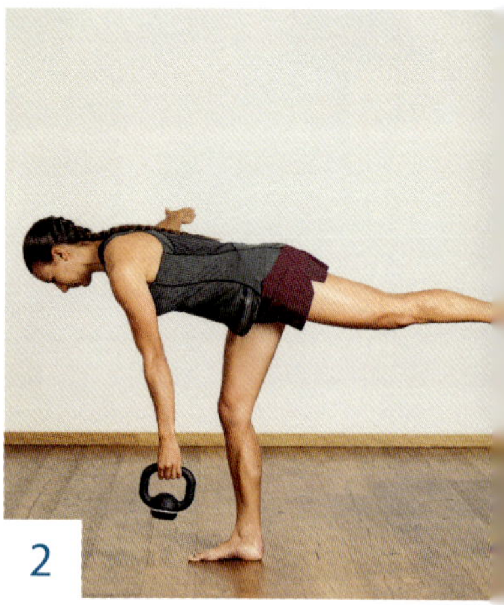
2

Kräftigung des Tibialis anterior (Fußheber) mit dem Theraband

Der *Tibialis anterior* ist einer der Hauptstabilisatoren des Sprunggelenks. Sein Muskelbauch liegt lateral des Schienbeins – du spürst ihn gut, wenn du die Zehen anziehst. Er ist der wichtigste Fußheber, trägt zu einem stabilen Fußgewölbe bei und spielt eine ganz wichtige Rolle beim Bergabgehen.

1. Setze dich im Langsitz auf den Boden und wickle ein elastisches Band um deinen Fußrücken. Befestige das andere Ende an einem Möbelstück, klemme es in die Tür ein oder frage einen Trainingspartner, ob er es für dich halten kann.
2. Bringe das Band auf Spannung und ziehe die Zehenspitzen langsam zu dir. Halte die Position kurz und gehe langsam in die Ausgangsposition zurück. Führe 3 Serien à 15 bis 20 Wiederholungen pro Fuß durch.

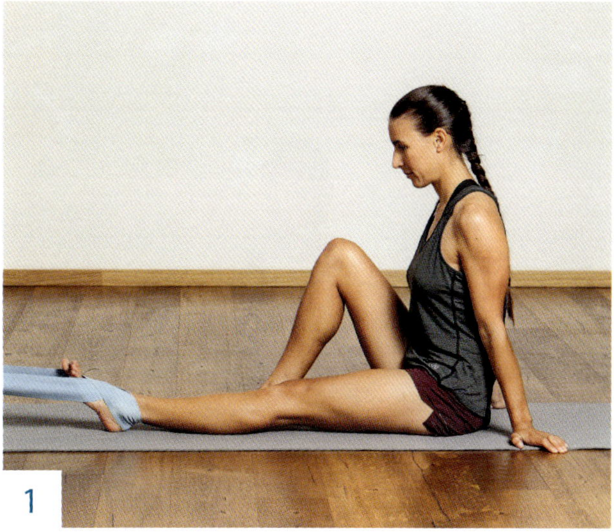
1

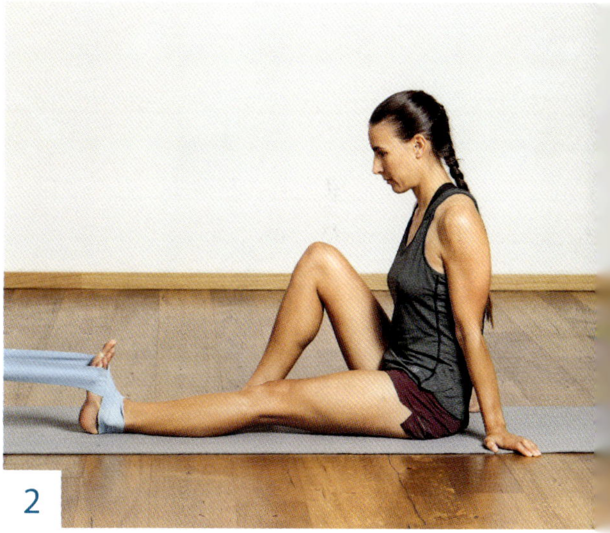
2

Kräftigung des Peroneus (Anheben des äußeren Fußrands) mit dem Theraband

Neben dem *Musculus tibialis anterior* sind die Pronatoren die nächste wichtige Muskelgruppe, um das Sprunggelenk zu stabilisieren. Sie liegen an der Außenseite des Unterschenkels, unterstützen beim Heben der Ferse und stabilisieren das Sprunggelenk und das Fußgewölbe. Besonders aktiv sind die Pronatoren im Einbeinstand. Dann nämlich zentralisieren sie das Sprung- und Kniegelenk, damit das Bein nicht nach innen kippt.

1. Setze dich im Spreizsitz auf den Boden oder einen Hocker und wickle ein elastisches Band um deinen Fußrücken. Befestige das andere Ende an einem Möbelstück, an der Tür oder leite es einfach um dein anders Bein um.
2. Bringe das Band auf Spannung und ziehe den Fuß nun nach seitlich oben. Halte die Position kurz und gehe langsam in die Ausgangsposition zurück. Führe 3 Serien à 15 bis 20 Wiederholungen pro Fuß durch.

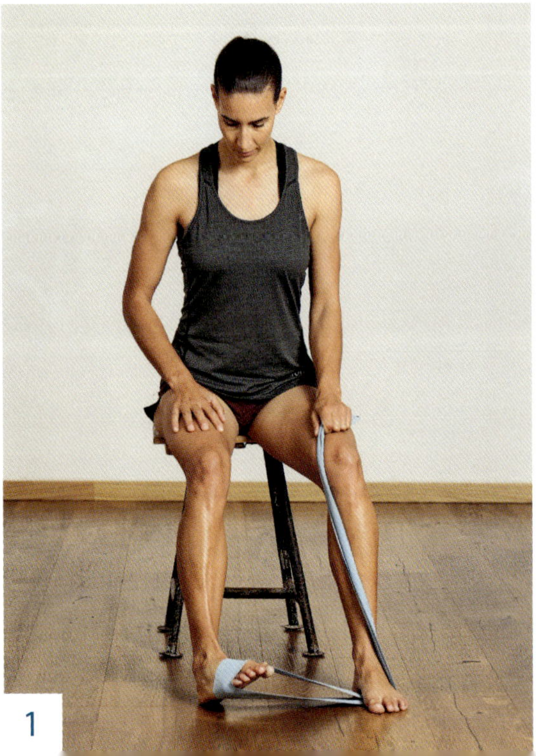

1

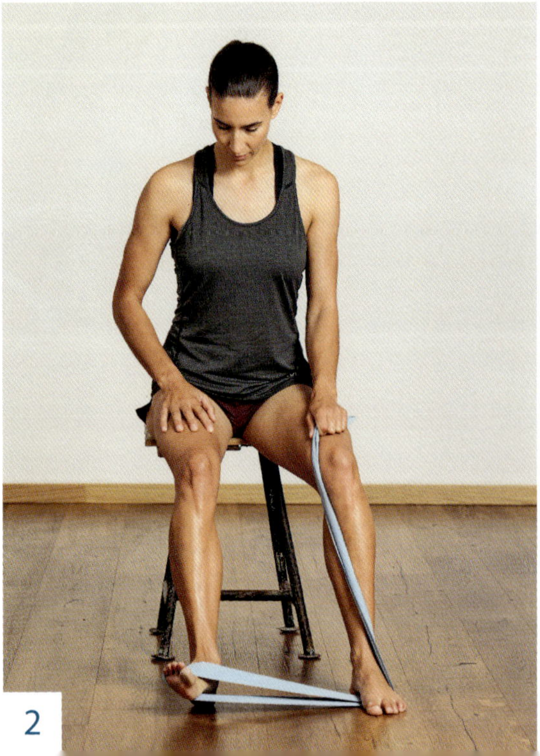

2

Kniebeuge mit Fersenheben

Die Wadenmuskulatur besteht aus drei großen Anteilen: dem *Gastrocnemius medialis*, dem *Gastrocnemius lateralis* und dem *Soleus*. Das Fersenheben in Kniebeugenposition trainiert spezifisch den *Soleus*, denn er spielt eine besonders wichtige Rolle beim Gehen und Laufen.

1. Positioniere dich in einer breiten Kniebeuge (90-Grad-Kniewinkel). Die Zehenspitzen dürfen leicht nach außen zeigen. Diese Position behältst du während der Ausführung bei.
2. Hebe nun deine Fersen an und senke sie langsam wieder. Der Oberkörper bleibt stabil! Führe 3 Serien à 15 Wiederholungen durch.

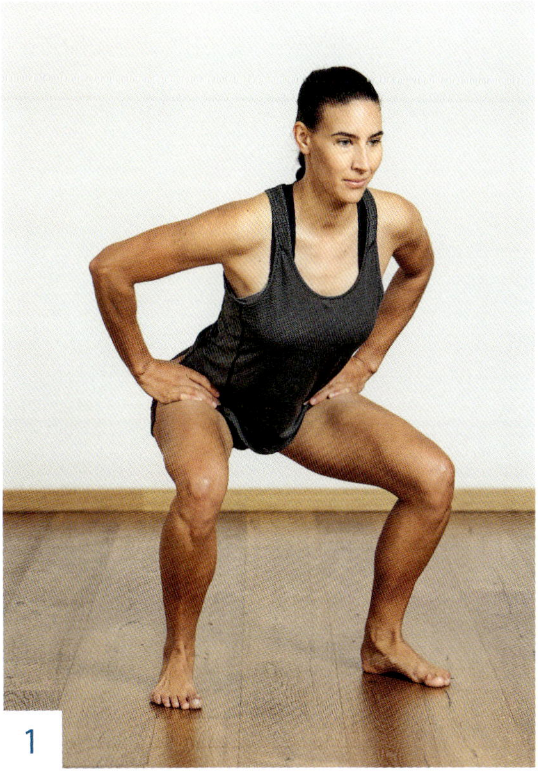

1

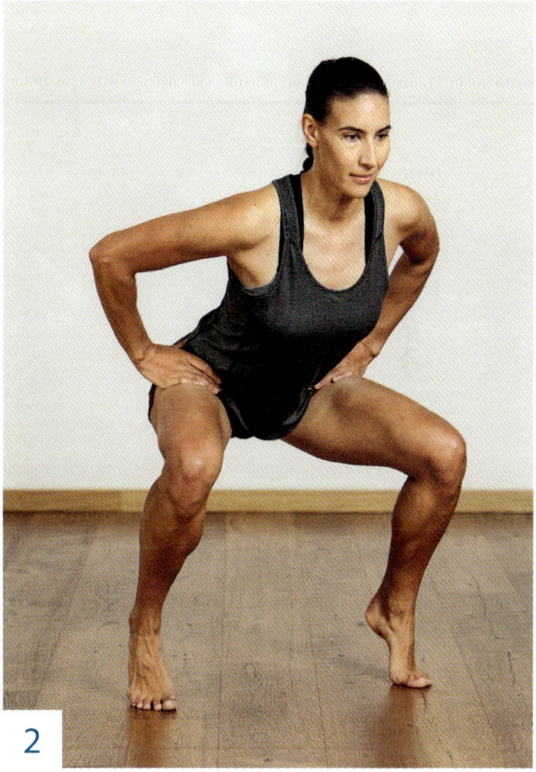

2

KRAFTTRAINING

Im Profi- und Leistungssport längst Standard, im Amateur- und Hobbysport wird es häufig vernachlässigt: das Krafttraining. Dabei sollte Krafttraining ein essenzieller Bestandteil des Trainings im Ausdauersport sein. Ich treffe sehr selten Bergsteiger, Läufer, Trailrunner oder Radfahrer in der Kraftkammer an. Und das, obwohl wir seit vielen Jahren von den positiven Effekten des Krafttrainings für Ausdauersportler und -sportlerinnen wissen. Diese wissenschaftlichen Erkenntnisse aus Studien und der Arbeit mit Leistungssportlern sind offensichtlich noch nicht zu jedem Amateur- und Hobbysportler vorgedrungen. Oder sie werden hartnäckig ignoriert. Warum?

Mythen über negative Effekte von Krafttraining im Ausdauersport

Über Krafttraining im Ausdauersport wird generell wenig gesprochen und es gibt kaum Vorbilder im Ausdauersport, die zeigen, dass sie regelmäßig auch Krafttraining machen. Daneben ist der Irrglaube, Krafttraining sei für Ausdauersportler schlicht unnötig, weil es keinen Einfluss auf die Ausdauerleistung hat, womöglich der Hauptgrund, warum es so selten durchgeführt wird. Aus vielen Studien wissen wir mittlerweile, dass Krafttraining die Leistung im Ausdauersport in unterschiedlicher Weise verbessern kann. Eine weitverbreitete Befürchtung ist außerdem, dass Krafttraining zu einer starken Gewichtszunahme führt und sich negativ auf die Schnelligkeit auswirkt. Abgesehen davon, dass ein paar Kilogramm Muskelmasse mehr einigen Ausdauersportlern nicht schaden würden, ist Zweiteres bereits ebenfalls widerlegt. Ebenso wenig, wie ein Bodybuilder durch einen Grundlagenlauf pro Woche zum Ultrarunner wird, wird ein Ausdauersportler durch zwei Krafteinheiten pro Woche aussehen wie ein Bodybuilder. Krafttraining macht dich nicht nur stärker und schneller, sondern auch weniger anfällig für Verletzungen und Überlastungen. Und es stellt sicher, dass du den Bergsport über Jahre gesund ausführen kannst.

Positive Effekte wissenschaftlich gesichert

In zahlreichen Studien sind mittlerweile die positiven Effekte von Krafttraining auf die Ausdauerleistung nachgewiesen worden. Speziell hervorgehoben sei eine Metaanalyse[49] aus dem Jahr 2018, in der die Ergebnisse von 28 Studien berücksichtigt wurden. Sämtliche Studien haben die Effekte von

Krafttraining auf mittellange bis lange Ausdauerleistungen untersucht. Die Metaanalyse zeigt, dass Ausdauerathleten (Läufer, Radfahrer, Langläufer und Schwimmer) ihre Ausdauerleistungsfähigkeit durch Krafttraining verbessern können. Die Teilnehmer an der Studie steigerten nicht nur ihre Maximal- und Explosivkraft, sondern auch die Leistung an der anaeroben Schwelle.

Krafttraining reduziert Verletzungen und Überlastungen im Ausdauersport

Stark sein ist die eine Sache, langfristig gesund und frei von Verletzungen bleiben die andere. Krafttraining stärkt nicht nur deine Muskeln, es macht auch Sehnen und Bänder widerstandsfähiger. Diese bessere Widerstandsfähigkeit deiner Strukturen erlaubt es deinem Körper, höhere Trainingsumfänge und Belastungen zu tolerieren. Deshalb ist Krafttraining mein Mittel erster Wahl, um klassische Überlastungsverletzungen zu vermeiden. Beim Bergsteigen und Wandern wären das zum Beispiel Rückenschmerzen oder Kniebeschwerden wie das Patellaspitzensyndrom. Aber auch akuten Verletzungen wie Supinationstraumata oder Muskelzerrungen und -faserrisse kann mit Krafttraining vorgebeugt werden.

Krafttraining hält deine Gelenke gesund und erhöht die Knochendichte

Absolut sicher ist mittlerweile, dass man mit Krafttraining die Knochendichte erhöhen und so Osteoporose vorbeugen und sogar wieder reduzieren kann. Außerdem stützen starke Muskeln die Gelenke und schützen sie vor hohen internen Belastungen und äußeren Kräften, wie sie zum Beispiel beim Bergabgehen, beim Laufen oder bei Stürzen auftreten. Krafttraining ist deshalb eine geeignete Methode, um Bandverletzungen oder Arthrose vorzubeugen. Ich merke es beim Bergabgehen sofort, wenn ich das Krafttraining einige Wochen vernachlässige. Die Knie- und Rückenschmerzen kommen zurück, die Beine sind am Ende der Tour viel müder und auch am Tag darauf spüre ich die Belastung des Vortags stärker.

Leidest du bereits unter chronischen Gelenkbeschwerden, dann werden diese durch Krafttraining mit hoher Wahrscheinlichkeit eher besser als schlechter. Und solltest du bereits Bandverletzungen (egal in welchem Gelenk) erlitten haben, ist Krafttraining im Rehaprozess und lange darüber hinaus unabdingbar, um die Stabilisierung des Gelenks sicherzustellen. In der Trainingswissenschaft unterscheiden wir unterschiedliche Krafttrainingsmethoden. Die wichtigsten möchte ich dir kurz erläutern.

Trainingsmethoden im Krafttraining

Methode	% von Fmax	Serien	Wdh.	Serien-pause	Tempo	Trainingsziel
Kraftausdauer	30 %	3	20–50	1 Min.	zügig	Lokale Muskelausdauer
Hypertrophie Methode I	60–70 %	3	15	2–3 Min.	langsam	Muskelaufbau
Hypertrophie Methode II	80–90 %	3	5–8	3–4 Min.	zügig/ explosiv	Muskelaufbau
Hypertrophie Methode III	95/85/75 %	1	2/5/8	3 Min.	zügig-langsam	Muskelaufbau/ Maximalkraft
Maximalkraft	90–100 %	3–5	1–5	5 Min.	explosiv	Verbesserung der intramuskulären Koordination

Die wichtigsten Krafttrainingsmethoden für dich sind das Kraftausdauertraining, das Hypertrophietraining und das Maximalkrafttraining. Die Methoden unterscheiden sich primär in der Intensität und in der daraus resultierenden Wiederholungsanzahl. Während du beim Kraftausdauertraining mit geringer Intensität und vielen Wiederholungen trainierst, erhöht sich die Intensität beim Hypertrophie- und Maximalkrafttraining auf bis zu 100 Prozent deiner Maximalleistung.

Kraftausdauertraining hat zum Ziel, die lokale Muskelausdauer zu verbessern und eine höhere Ermüdungsresistenz zu erreichen. Du kannst es gut **mit dem eigenen Körpergewicht** durchführen; es eignet sich gut für Einsteiger ins Krafttraining! Wenn du bei einer Übung zwischen 20 und 50 Wiederholungen schaffst, bist du auf jeden Fall im Kraftausdauerbereich.

Gewichttraining für die Ausdauer

Das Training mit Gewichten ist für Ausdauersportler deshalb so relevant, weil es die Muskulatur und die Strukturen (Sehnen, Bänder, Knorpel) optimal auf die lang andauernden Belastungen am Berg vorbereitet. Mittlerweile weiß man, dass auch Ausdauersportler enorm von hochintensivem Krafttraining mit wenigen Wiederholungen profitieren.

Hypertrophietraining hat zum Ziel, den Muskelquerschnitt zu vergrößern (Hypertrophie = Vergrößerung). Zwar führt bei Anfängern auch Kraftausdauertraining zu einer Vergrößerung des Muskels, allerdings ist die niedrige Intensität bei Fortgeschrittenen nicht mehr ausreichend, um ein weiteres Muskelwachstum zu initiieren. Beim Hypertrophietraining wird deshalb die Intensität auf 60`bis 95` Prozent der Maximalkraft erhöht. Es findet entweder an Geräten oder mit Zusatzgewichten statt. Hier gibt es drei verschiedene Trainingsmethoden. Ich trainiere gern mit einer Mischform bei 80`Prozent der Maximalleistung und führe 8 bis 12 Wiederholungen und 3 Serien aus.

Maximalkrafttraining wird mit sehr hohen Lasten durchgeführt und hat das Ziel, das Zusammenspiel der Muskelfasern (intramuskuläre Koordination) zu verbessern. Natürlich führt auch eine Zunahme des Muskelquerschnitts zu einer Verbesserung der Maximalkraft. Ist das Maximum des Querschnitts erreicht oder willst du ihn nicht weiter vergrößern, kannst du mit wenigen Wiederholungen bei sehr hohen Intensitäten mit Maximalkrafttraining dennoch weitere Kraftzuwächse erzielen. Diese Kraftzuwächse passieren dann aufgrund einer verbesserten neuronalen Ansteuerung und einer besseren Rekrutierung der Muskelfasern. Im Maximalkraftbereich befindest du dich, wenn du bei einer Übung nur noch 1 bis 5 Wiederholungen schaffst.

Krafttraining für Ausdauersportler – das beste Timing

Wir Bergsportler haben während des Sommers oft nur bedingt Zeit fürs Krafttraining. Deshalb empfehle ich, vor allem im Spätherbst, Winter und im Frühjahr während der spezifischen Vorbereitung auf die Wandersaison einen Fokus aufs Krafttraining zu legen. So können beispielsweise Läufer ihr Grundlagentraining im Winter über mehrere Wochen perfekt mit intensivem Krafttraining kombinieren. Während des Sommers reicht eine erhaltende Krafteinheit pro Woche aus, um das Kraftniveau zu halten.

Ich empfehle, mindestens zwei Monate in intensives und spezifisches Krafttraining zu investieren. Dabei sollte man zwei Einheiten pro Woche im Abstand von mindestens zwei Tagen unterbringen. Da Ausdauersportler fast durchgehend lange und niederintensive Einheiten absolvieren, darf das Krafttraining im Gegensatz dazu kurz und knackig sein.

Basis für die Kraftfähigkeit

Als **Maximalkraft (Fmax)** bezeichnet man den größtmöglichen Widerstand beziehungsweise die größte Kraft, die ein Muskel aufwenden kann.
Ähnlich wie beim Ausdauertraining muss auch für die Kraftfähigkeit zunächst eine Basis geschaffen werden. Erst wenn sie gegeben ist, empfehle ich, zu intensiveren Trainingsmethoden zu wechseln. Arbeite zunächst an der Basis deiner Kraftfähigkeit und der Technik der einzelnen Übungen. In der Vorbereitungsphase fürs Krafttraining solltest du vorher regelmäßig die Rumpfstabilisierungsübungen machen. Die meisten klassischen Kraftübungen kannst du auch nur mit deinem Körpergewicht durchführen und nach der Kraftausdauermethode trainieren. Höhere Zusatzlasten verwendest du erst, wenn du das Gefühl hast, dass du das Gewicht gut kontrollieren und eine saubere Technik beibehalten kannst.

Weitere Tipps und Vorgaben fürs Krafttraining

- Auch beim Krafttraining kannst du anstatt einer Pause nach einem Satz zu einer anderen Übung wechseln. Wechsle zum Beispiel zwischen Oberkörper- und Bein-, Bauch- und Rückentraining oder Beinvorder- und -rückseite hin und her.
- Anders als beim Beinachsentraining provoziere beim Krafttraining unbedingt eine muskuläre Ermüdung. Die vorgegebenen Wiederholungen solltest du deshalb gerade noch schaffen.
- Wenn du Zusatzlasten verwendest, nimm so viel Gewicht, dass du die vorgegebenen Wiederholungen gerade noch schaffst.
- **Atme** bei der Anstrengung aus und bei der Entspannung ein.
- **Wärme dich vor dem Krafttraining gut auf.** Dafür eignen sich Einradeln oder Eingehen/Einlaufen am Radergometer oder am Laufband und die **Übungen im Abschnitt »Mobilität, Aufwärmen und Ausgleich«** (Seite`137).

Diese Geräte benötigst du fürs Krafttraining

- Trainingsmatte
- Box, Stuhl, Treppenstufe oder Bank (circa 40 Zentimeter hoch)
- Kurzhanteln oder Kettlebells (3 bis 10 Kilogramm)
- Theraband
- Pezziball

Die wichtigsten Beinkraftübungen fürs Bergsteigen

In diesem Trainingsprogramm findest du Übungen für alle Muskelgruppen, die beim Wandern und Bergsteigen besonders gefordert sind. Ich empfehle komplexe Kraftübungen, die den gesamten Bewegungsapparat (wie die Kniebeugen) fordern und die auch gut mit Zusatzlasten (zum Beispiel Deadlifts) funktionieren. Du findest eine Mischung aus unilateralen Übungen (einbeinigen Übungen wie Ausfallschritte oder Step-ups) und bilateralen Übungen (beidbeinigen Übungen wie Kniebeugen). Denn besonders beim Bergsteigen oder Laufen haben wir Phasen, in denen einbeinig gearbeitet wird. Sieh dir die wichtigsten Kraftübungen für Berg- und Ausdauersportler an!

Ausfallschritt

Ausfallschritte sind eine großartige Möglichkeit, spezifische Kraft fürs Wandern aufzubauen. Obwohl bei der Übung der gesamte Körper arbeiten muss, sind es vor allem die Gesäß- und die vordere Oberschenkelmuskulatur, die besonders angesprochen werden.

1. Positioniere dich in einem Ausfallschritt auf dem Boden. Eine Matte ist nicht nötig, da sie den Untergrund instabiler macht. Das Gewicht ist gleichmäßig auf beide Beine verteilt, die Sohle des vorderen Fußes liegt satt am Boden auf. Die Ferse des hinteren Beins ist abgehoben und du stehst am Zehenballen. Senke deinen Schwerpunkt langsam ab, bis das hintere Knie fast den Boden berührt. Das vordere Bein sollte nun etwa 90 Grad gebeugt sein. Dein Oberkörper bleibt gerade (Bauch leicht anspannen). Korrigiere stets deine Beinachse. Das Knie des vorderen Beines soll nicht nach innen kippen.
2. Drücke dich dynamisch in die Startposition hoch. Führe 3 Sätze auf jeder Seite durch. Um die Übung intensiver zu machen, kannst du eine oder zwei Kurzhanteln in die Hände nehmen.

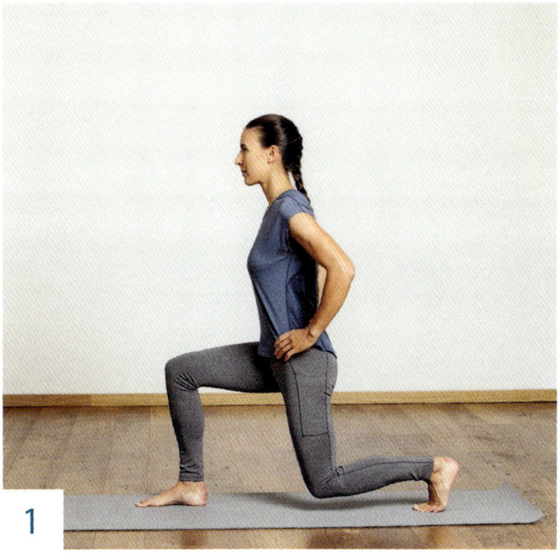

1

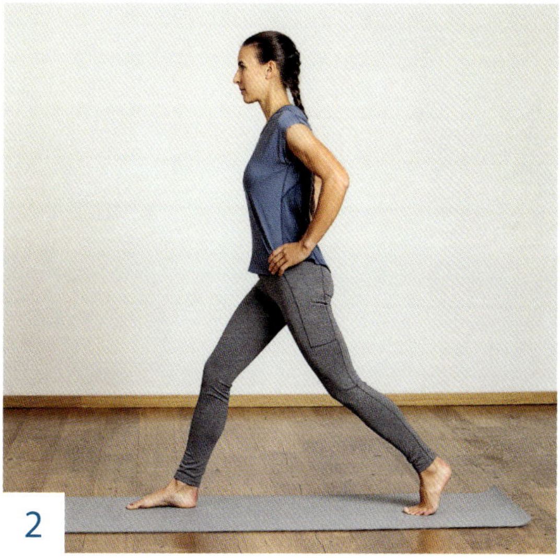

2

Kniebeuge (Squat)

Die Kniebeuge gehört in jedes Trainingsprogramm! Sie kräftigt die Bein- und Gesäßmuskulatur, aktiviert die Rumpfmuskulatur und ist eine der wichtigsten Basisübungen für viele komplexe Kraftübungen.

1. Positioniere deine Füße schulterbreit. Eine Matte ist nicht nötig, da sie den Untergrund instabiler macht. Das Gewicht ist gleichmäßig auf beide Beine verteilt, du stehst aber eher am Mittelfuß und auf der Ferse und solltest deine Zehen abheben können.
2. Senke deinen Schwerpunkt langsam ab, bis deine Knie etwa 90 Grad gebeugt sind. Wie tief du die Kniebeuge ausführen kannst, hängt stark von der Beweglichkeit deiner Hüft- und Sprunggelenke ab. Dein Oberkörper bleibt stabil (Bauch leicht anspannen, Rundrücken vermeiden). Keinesfalls die Fersen vom Boden abheben und die Knie nach innen kippen! Drücke dich dynamisch in die Startposition hoch. Führe 3 Sätze durch.

Variante: Um die Übung intensiver zu machen, kannst du eine Kettlebell vor deiner Brust halten oder zwei Kurzhanteln in die Hände nehmen.

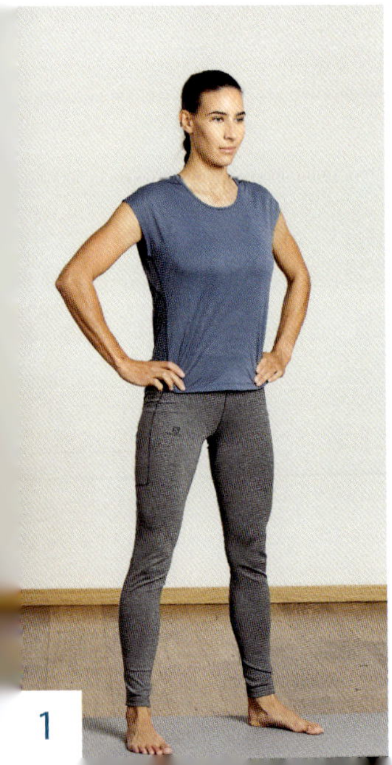
1

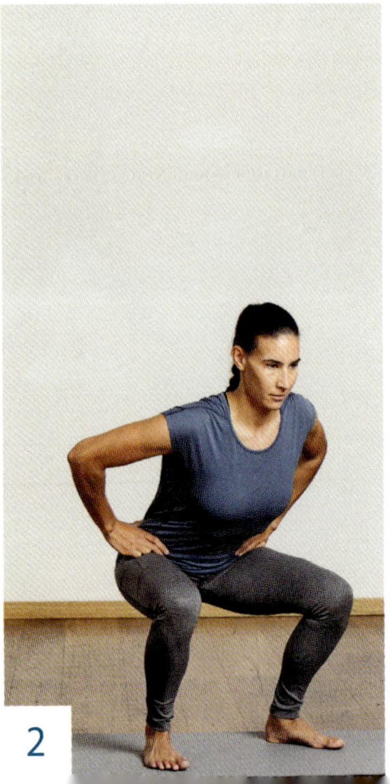
2

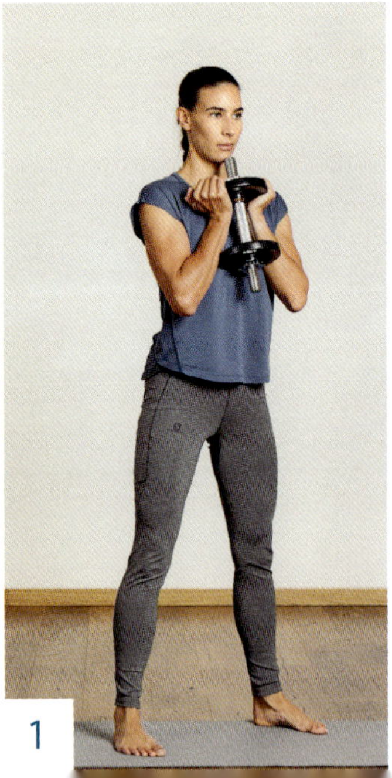
1

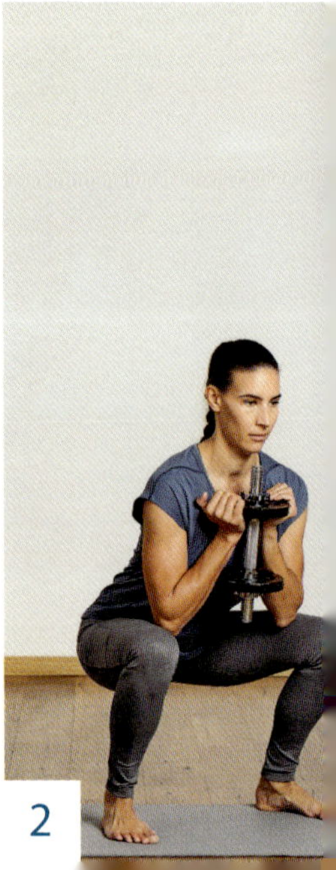
2

Einbeiniges Fersenheben

Fersenheben trainiert die Wadenmuskulatur. Die ist, wie wir schon gehört haben, sowohl beim Bergauf- als auch beim Bergabgehen elementar.

1. Stelle dich einbeinig auf eine Box oder Treppenstufe.
2. Halte das Knie gestreckt und hebe deine Ferse. Senke die Ferse langsam wieder unter die Kante der Box ab. Rhythmus: in 1 Sekunde hoch, in 3 Sekunden hinab.

Variante: Als Zusatzlast kannst du eine Kurzhantel verwenden. Falls dir die Übung einbeinig zu schwierig ist, kannst du sie auch beidbeinig durchführen. Mache 2 Sätze pro Bein.

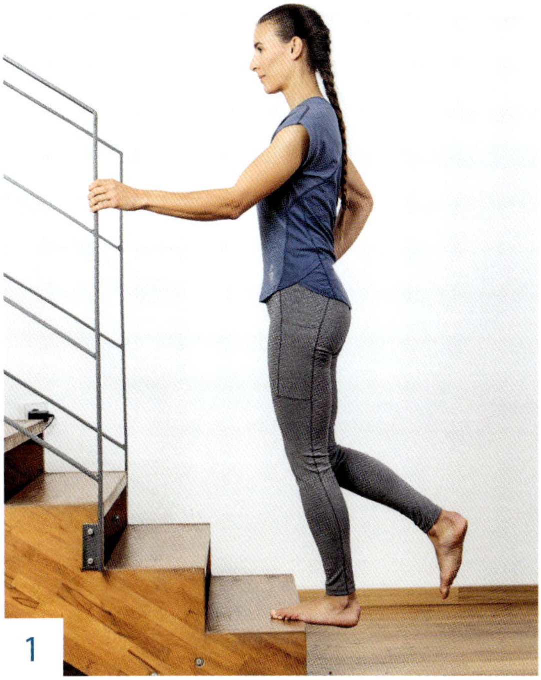

1

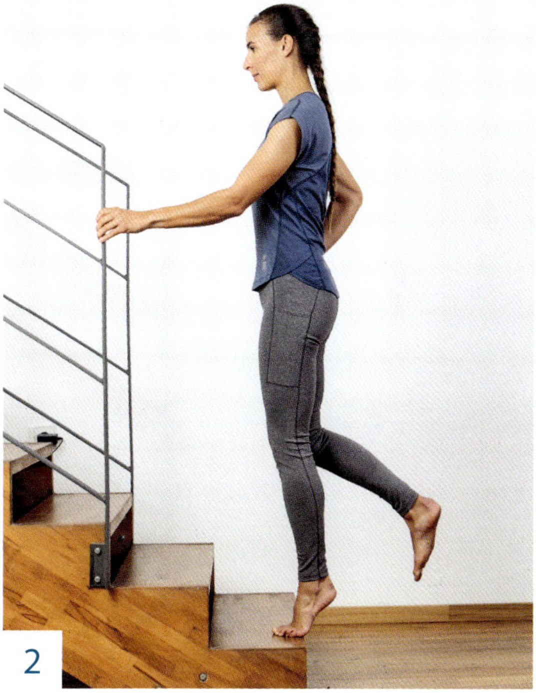

2

Aufsteiger (Step-up)

Aufsteiger sind wohl die spezifischste Kraftübung fürs Bergsteigen. Das einbeinige Hochdrücken kommt der Bewegung beim Bergaufgehen nämlich sehr nah. Damit kräftigst du den Glutaeus und den Quadrizeps. Für die Übung benötigst du eine Box, einen Stuhl oder eine Bank. Sie soll etwas niedriger als deine Kniehöhe sein.

1. Stelle ein Bein auf eine Box oder Treppenstufe.
2. Drücke dich aus dem Bein hoch, bis du gerade stehst (Hüfte strecken). Führe die Übung möglichst statisch, das heißt ohne Schwung aus dem hinteren Bein, durch. Achte darauf, dass dein Knie nicht nach innen kippt und deine ganze Fußsohle belastet wird. Stelle dir beim Hochsteigen vor, dass du die Box in den Boden drückst. Steige wieder nach hinten hinab. Das vordere Bein kann auf der Stufe bleiben. Die Seite erst wechseln, wenn du einen Satz durchgeführt hast. Wenn die Übung neu für dich ist, mach sie zu Beginn nur mit deinem Körpergewicht und führe bis zu 20 Wiederholungen aus. Mache 2 Sätze pro Bein.

Variante: Willst du dich steigern, kannst du Gewichte verwenden. Als Zusatzlast eignet sich je eine Kurzhantel in jeder Hand.

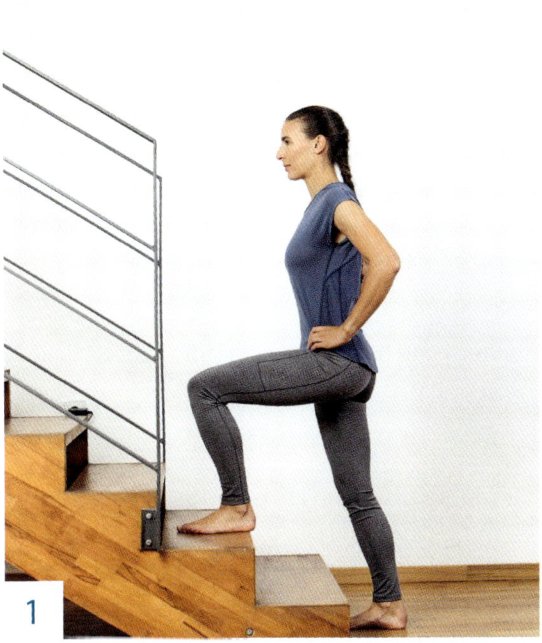
1

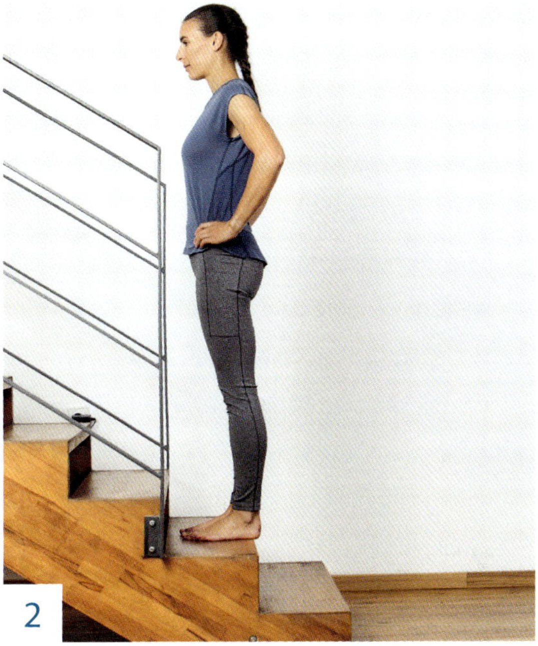
2

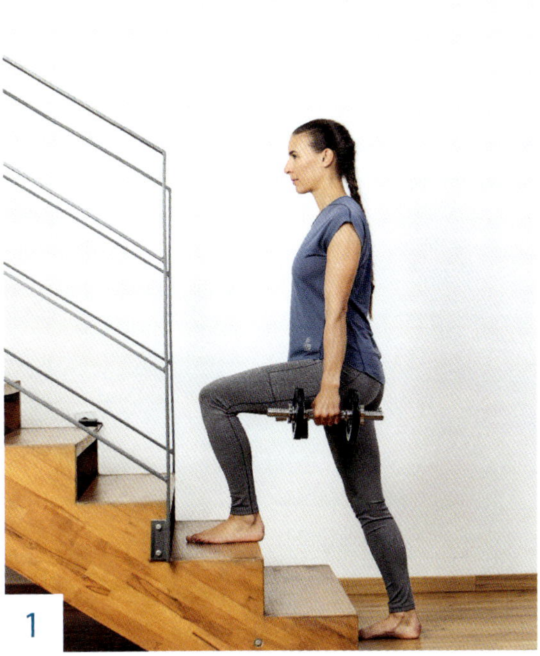
1

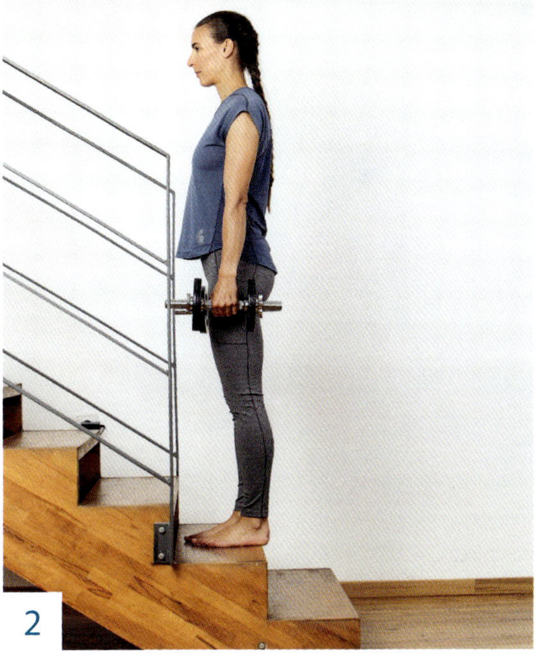
2

Einbeiniges Hüftheben (Single Leg Hip Thrust)

Vergiss nicht die Beinrückseite! Einbeiniges Hüftheben stärkt deine Gesäß- und die hintere Oberschenkelmuskulatur. Zweitere ist übrigens besonders wichtig für die Stabilisierung des Kniegelenks.

1. Lege dich rücklings mit den Schultern auf eine Matte oder Bank. Strecke ein Bein in die Luft und stelle das andere Bein fest auf den Boden (Sprunggelenk unterhalb des Knies positionieren).
2. Hebe das Becken vom Boden ab, bis es mit den Schultern und den Knien eine Linie bildet. Senke das Becken zum Boden ab und führe 2 Serien pro Bein durch, bis zur Ermüdung.

Variante: Ist dir die Übung einbeinig zu schwierig, kannst du sie zu Beginn auch beidbeinig machen. Die Beschreibung dafür findest du bei der Stabilisierungsübung »Brücke« (Seite 92).

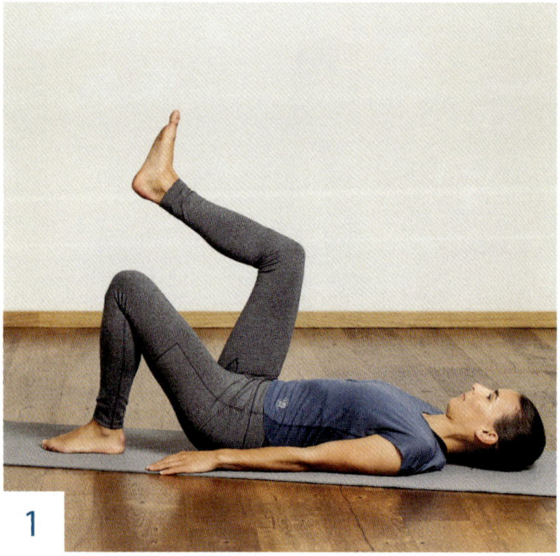

1

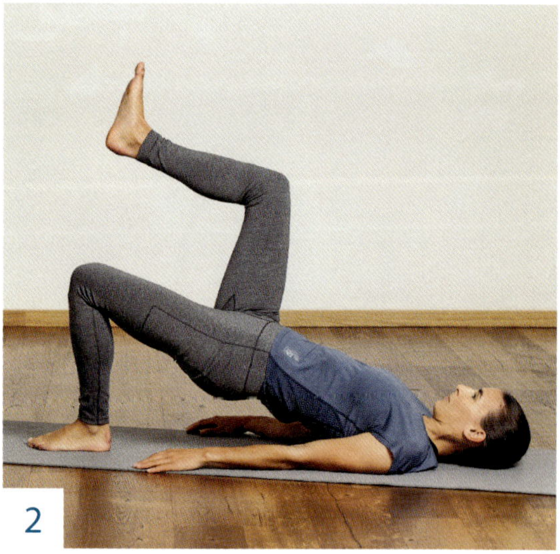

2

Absteiger (Step-down)

Absteiger haben einen starken exzentrischen Fokus und eignen sich deshalb gut als Vorbereitung fürs Bergabgehen. Für die Übung benötigst du eine kleine Box (20 Zentimeter) oder eine Treppenstufe.

1. Stelle dich einbeinig auf die Box, das andere Bein hat keinen Kontakt mit der Box oder dem Boden.
2. Senke dich so weit ab, bis die Ferse des freien Beins den Boden seitlich der Box berührt (kein Gewicht auf das freie Bein verlagern). Führe die Übung möglichst statisch und langsam durch. Achte darauf, dass dein Knie nicht nach innen kippt und deine ganze Fußsohle belastet wird. Dein Rumpf ist stabil und deine Wirbelsäule neutral! Komm in die Ausgangsstellung zurück. Führe 2 Serien je Bein durch, bis zur Ermüdung.

Variante: Ist dir die Übung nur mit deinem Körpergewicht zu wenig intensiv, kannst du eine Kurzhantel oder eine Kettlebell als Zusatzlast verwenden.

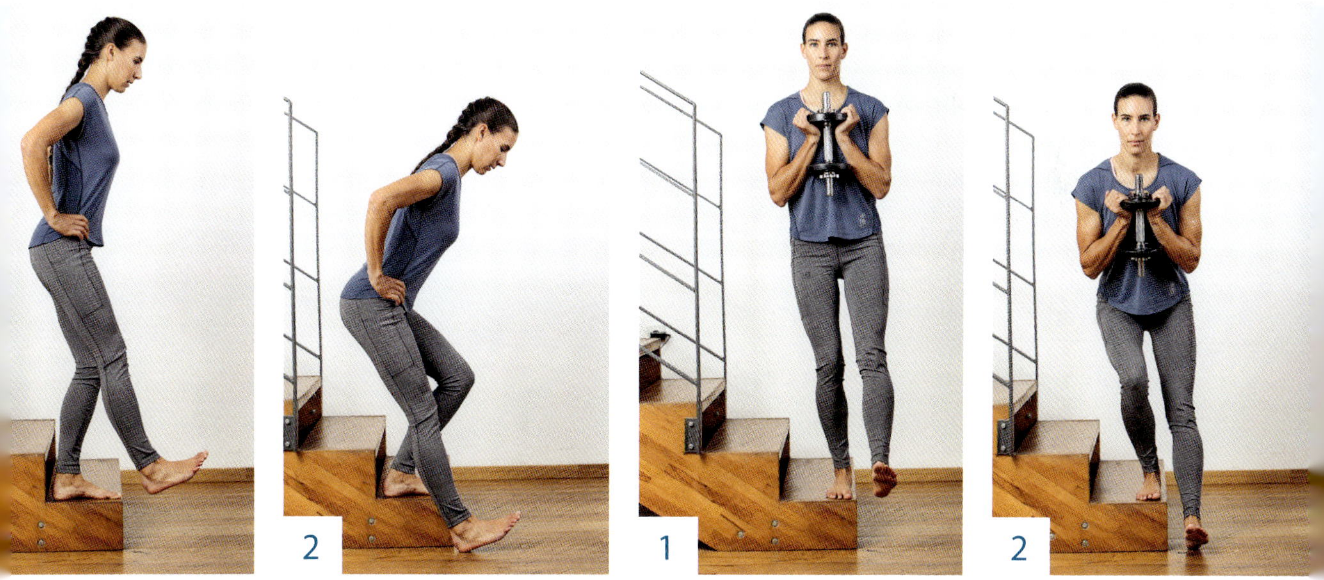

Die wichtigsten Rumpfkraftübungen fürs Bergsteigen

Die Beine tragen uns den Berg hinauf und hoffentlich auch wieder hinab. Was wir aber häufig übersehen, ist die enorme Bedeutung, die dem Rumpf beim Wandern und Bergsteigen zukommt. Oft über Stunden müssen wir ihn während einer Tour stabil halten, hinzu kommt das Gewicht des Rucksacks, der auf unserem Rücken lastet. Rumpfkraftübungen sind deshalb die effektivste Methode, um Rückenbeschwerden beim Bergsteigen vorzubeugen.

Klassischer Liegestütz

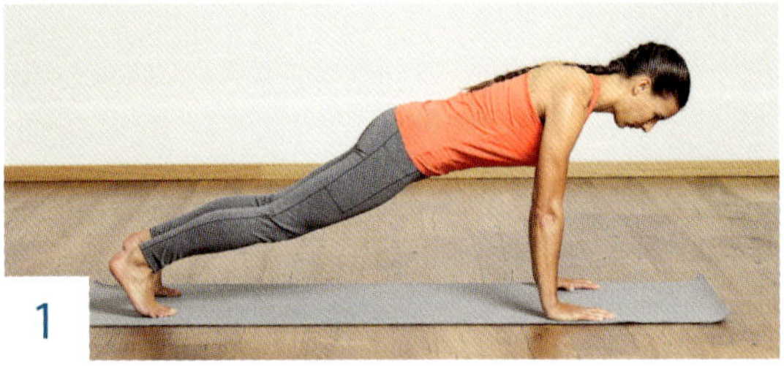
1

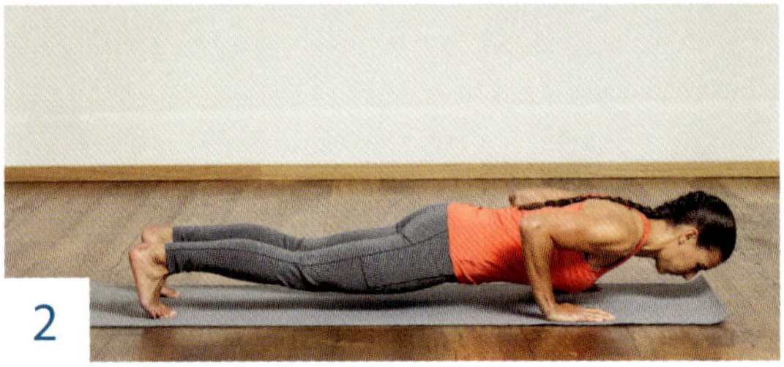
2

1. Platziere deine Hände schulterbreit unterhalb deiner Schultern. Die Beine sind gestreckt, hüftbreit auseinander und über den Zehenballen hast du Bodenkontakt. Richte deinen Blick zum Boden.
2. Senke die Brust bis zum Boden ab und drück dich wieder hoch. Halte deinen Körper stabil und vermeide, ins Hohlkreuz zu gehen (Bauch und Gesäß anspannen). Führe 3 Serien durch, bis zur Ermüdung.

Variante: Wenn du keinen einzigen Liegestütz schaffst, kannst du eine Treppe oder eine Box verwenden – in der Schräge fällt es gleich leichter!

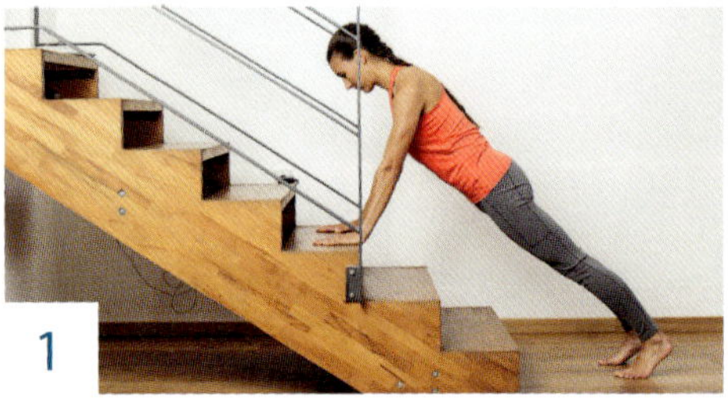
1

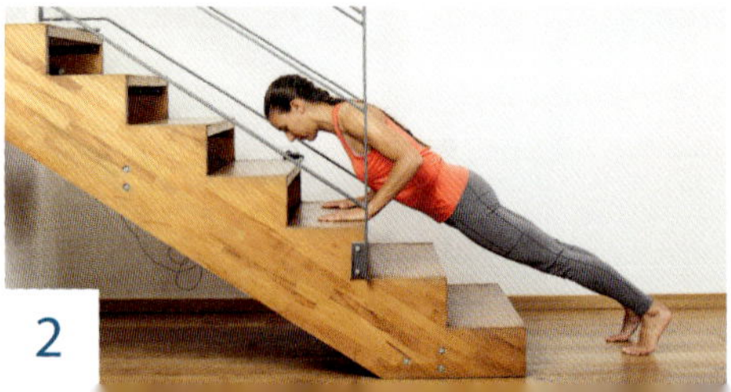
2

Diagonales Klappmesser

1. Lege dich in Rückenlage auf die Matte. Lege einen Arm hinter den Kopf.
2. Führe den Arm und das gegenüberliegende Bein über deinem Körper zusammen. Deine Schulter darf gern ein wenig vom Boden abheben. Lege dich wieder nach hinten. Führe 3 Serien durch, bis zur Ermüdung.

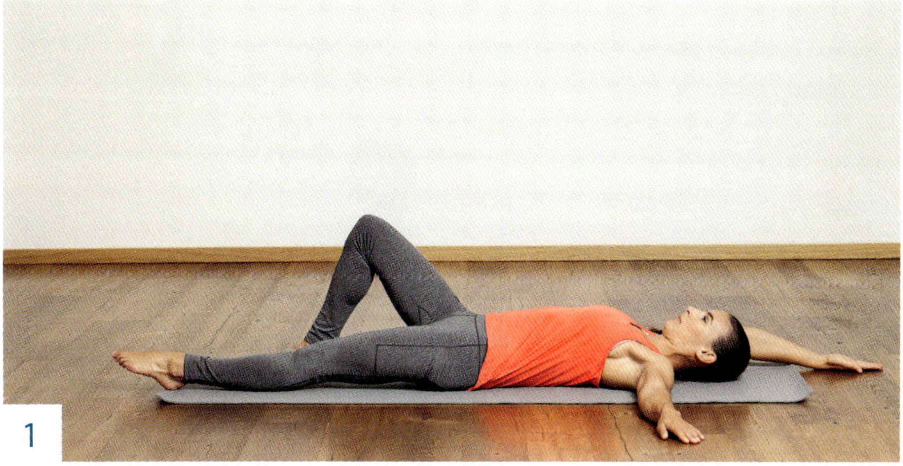

1

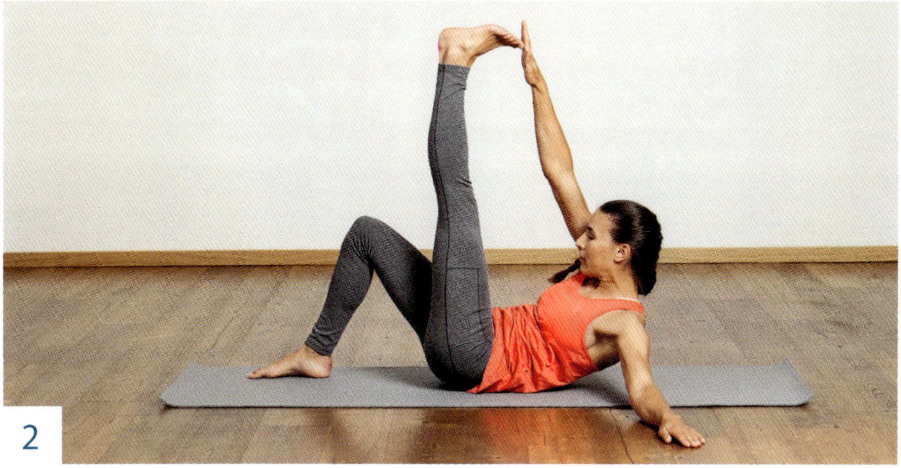

2

Lateralflexion mit der Kurzhantel

1. Stelle dich in eine aufrechte Position, die Beine hüftbreit auseinander. In einer Hand hältst du eine Kurzhantel oder Kettlebell.
2. Lasse die Hantel bis auf Kniehöhe abgleiten, indem du den Oberkörper zur Seite beugst. Die Beine bleiben dabei gestreckt und die Fersen am Boden. Richte dich langsam wieder auf. Führe 2 Serien durch, bis zur Ermüdung.

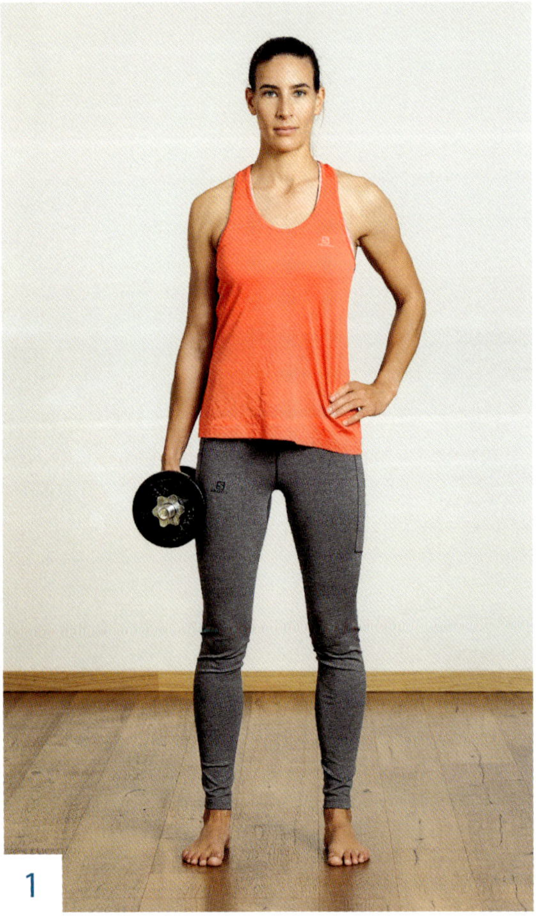

1

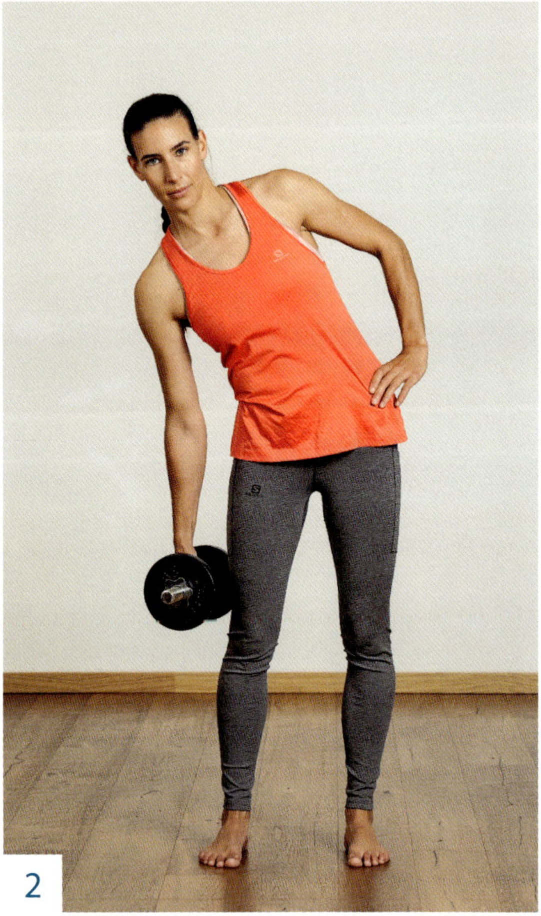

2

Rumpfheben am Boden und am Ball

1. Lege dich in Bauchlage auf die Matte. Hebe die Finger an die Schläfen und strecke die Ellenbogen zur Seite.
2. Spanne die Gesäßmuskulatur an und hebe deinen Oberkörper ab. Führe 3 Serien durch, bis zur Ermüdung.

Variante: Du kannst die Übung auch auf einem Pezziball ausführen. Dabei hast du mehr Spielraum in der Bewegung nach hinten

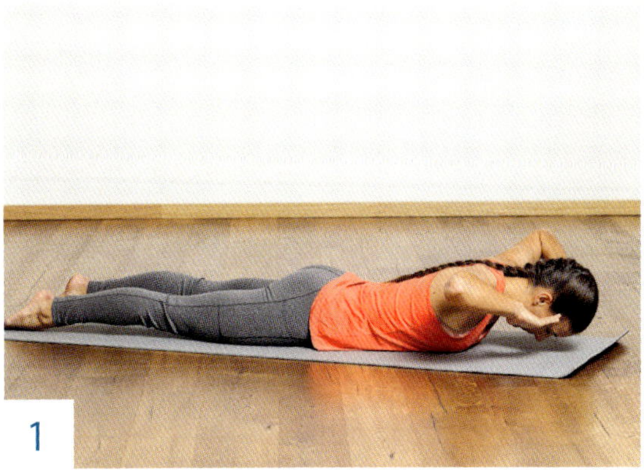
1

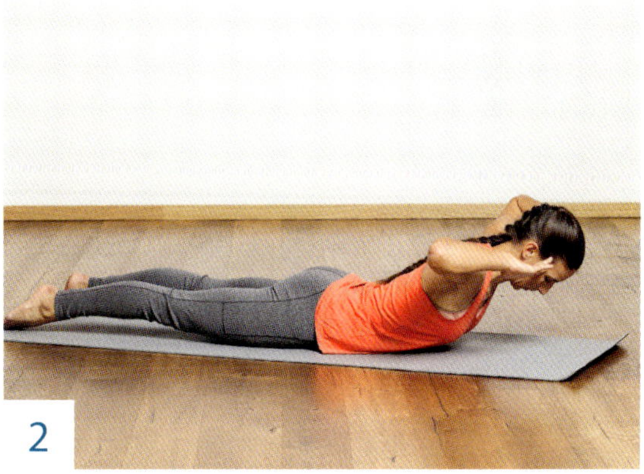
2

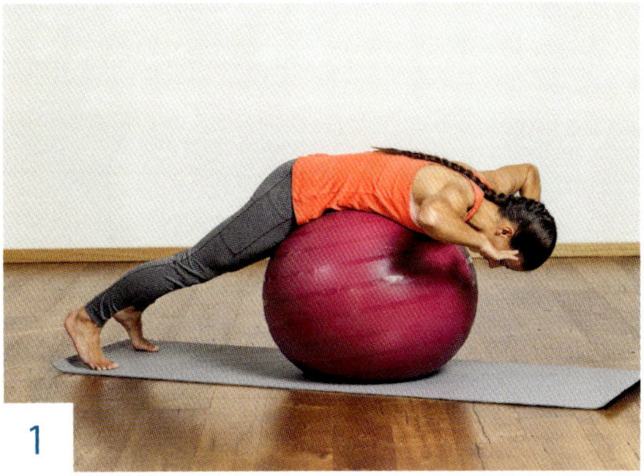
1

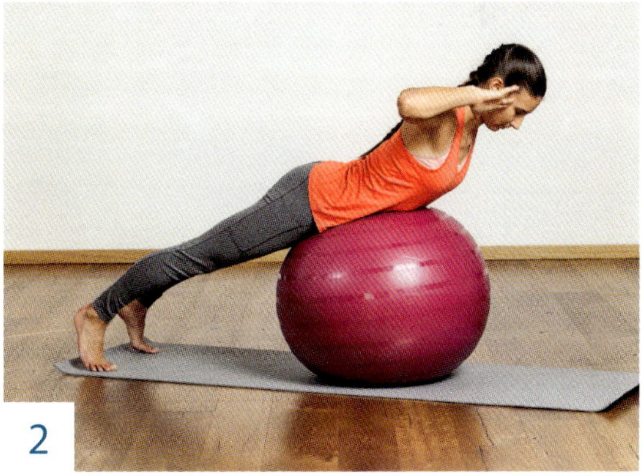
2

Clean and Press mit der Kettlebell

1. Stelle dich in eine aufrechte Position, die Beine hüftbreit auseinander. Nimm die Kettlebell in eine Hand.
2. Führe die Kettlebell mit gestrecktem Arm zwischen deine Füße auf den Boden. Die Beine kannst du dafür leicht beugen.
3. Richte den Oberkörper langsam wieder auf. Der Arm bleibt so lange gestreckt, bis du wieder gerade stehst. Danach drücke die Kettlebell aus der Schulter nach oben. Führe 2 Serien pro Seite durch, bis zur Ermüdung.

Variante: Falls du keine Kettlebell hast, kannst du auch eine Kurzhantel oder ein Theraband verwenden. Steige dazu einfach mit dem gegenüberliegenden Fuß auf das Band und halte es gespannt in der Hand.

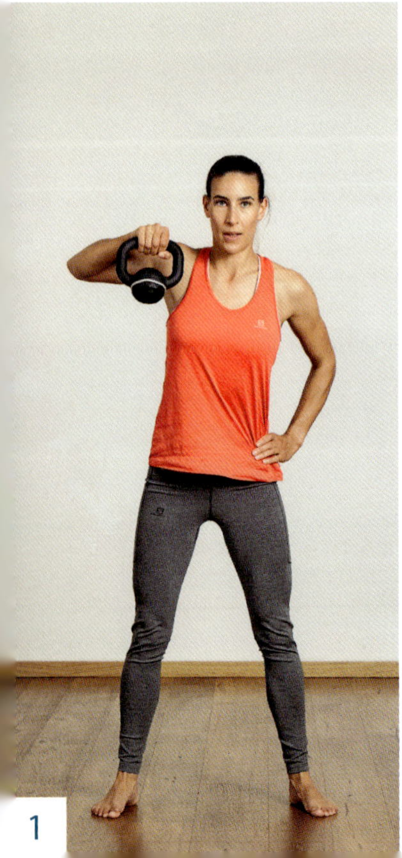

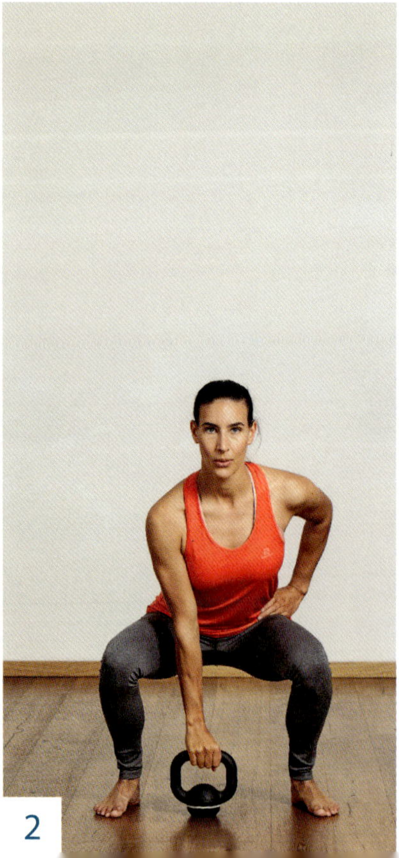

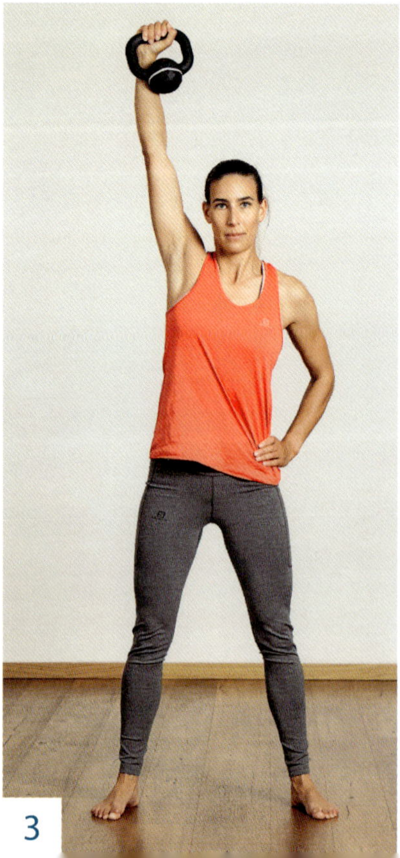

Rumpfrotation mit dem Theraband

1. Befestige das Band an der Türklinke. Im Fitnessstudio kannst du die Übung super am Seilzug machen. Stelle dich seitlich 1 Meter von der Tür entfernt hin, die Beine hüftbreit auseinander. Spanne das Band, indem du es am Ende nimmst und die Arme gestreckt auf Brusthöhe anhebst.
2. Drehe deinen Rumpf von der Tür weg und spanne das Band dabei noch etwas mehr. Halte die Position kurz. Achte darauf, dass deine Füße fest am Boden bleiben. Komm wieder in die Ausgangsstellung zurück. Führe 2 Serien pro Seite durch, bis zur Ermüdung.

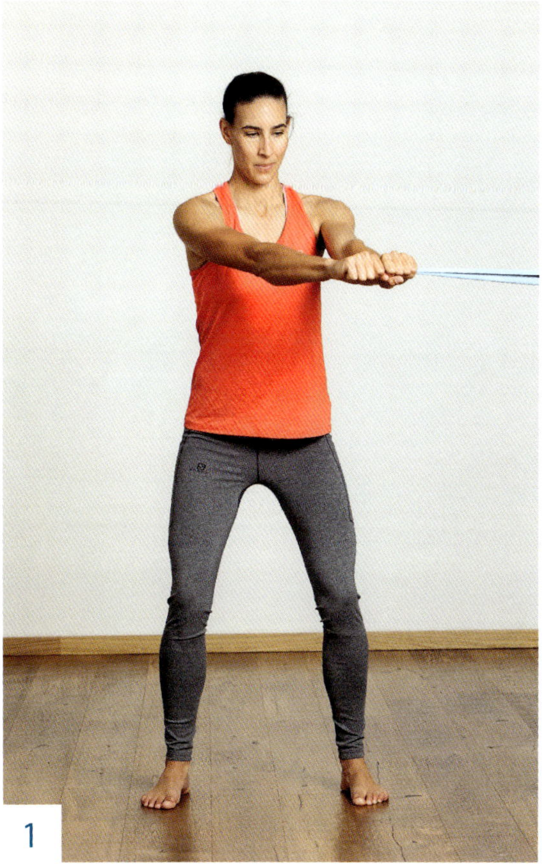

1

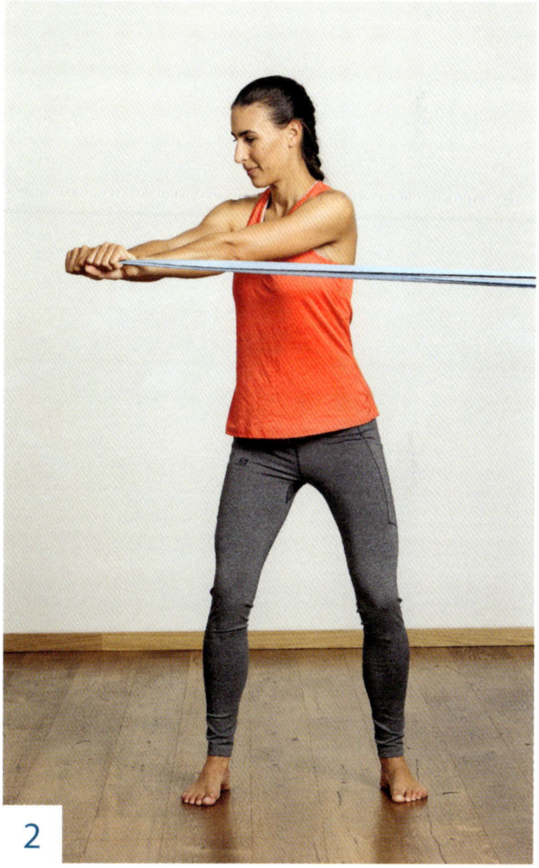

2

KOMPLEXES UND HOCHINTENSIVES KRAFTTRAINING

Hochintensives Krafttraining hat zum Ziel, die Maximal- und Explosivkraft zu erhöhen. Ziel ist es, ein optimales, für den jeweiligen Ausdauersport spezifisches Kraftniveau zu erreichen. Das geschieht durch Hypertrophie der Muskulatur, eine verbesserte neuromuskuläre Ansteuerung und durch ein besseres Zusammenspiel einzelner Muskelgruppen.

Beim Maximalkrafttraining arbeiten wir mit hohen Lasten. Wir führen nur wenige Wiederholungen durch (etwa acht) und fokussieren uns bei der Ausführung auf eine saubere Technik und hohe Qualität der Bewegung. Ziel ist es, durch die hohen Lasten die Muskulatur, aber auch Strukturen wie Sehnen, Bänder oder Knochen sowie das Nervensystem mit hochintensiven Reizen zu konfrontieren.

Natürlich könntest du diese Reize auch auf Kraftmaschinen im Fitnessstudio setzen. Ich habe aber bewusst komplexe Kraftübungen mit der Freihantel ausgewählt. Solche funktionellen Kraftübungen trainieren nämlich nicht nur einen einzelnen Muskel, sondern den gesamten Körper. Nehmen wir als Beispiel die Deadlifts. Beim Heben der Langhantel musst du nicht nur Kraft in der Bein- und Gesäßmuskulatur aufwenden. Du musst gleichzeitig deinen Rumpf stabilisieren, denn die Rückenmuskulatur verrichtet ebenfalls Hubarbeit und der gesamte Bewegungsablauf muss perfekt koordiniert werden, willst du ein möglichst hohes Gewicht anheben. Du trainierst also nicht nur Kraft, sondern auch eine komplexe Bewegungstechnik und das Zusammenwirken unterschiedlichster Muskelgruppen.

Falls du als Ausdauersportler noch keine Erfahrung mit dieser Art des Krafttrainings hast, führe über etwa vier Wochen zweimal pro Woche diese Rumpfstabilisierungen durch und arbeite zunächst bei den folgenden Übungen nur mit dem eigenen Körpergewicht. Erst, wenn Stabilität und Technik passen, verwendest du Zusatzgewicht.

Wie viel Zusatzgewicht ist nötig?

Maximalkraft- und Hypertrophietraining findet bei mindestens 80 Prozent deines Kraftmaximums (One-Repetition Maximum – 1RM) der jeweiligen Übung statt. Wenn du dein 1RM nicht austesten willst, weil das bereits eine ausgezeichnete Technik erfordert und höchst intensiv ist, kannst du einfach so viel Gewicht wählen, dass du damit maximal 8 bis 12 Wiederholungen schaffst.

Diese Geräte benötigst du

- Box
- Theraband
- Langhantel
- Kurzhanteln
- diverse Gewichtsscheiben

Wärme dich vor den intensiven und komplexen Kraftübungen unbedingt auf! Dazu eignen sich die Mobilitäts- und Ausgleichsübungen (ab Seite`137). Du kannst dich auch 15 Minuten einradeln oder einlaufen und die Übungen zuerst ein paarmal ohne Zusatzlast durchführen.

Box Jump

Box Jumps sind eine großartige Übung, um die Kraftentwicklung der Streckerschlinge der unteren Extremität zu verbessern.

1. Stelle dich vor eine Box, Bank oder Stufe (40 bis 60 Zentimeter hoch). Die Füße stehen hüftbreit auseinander, die Arme kannst du seitlich einstützen.
2. Beuge deine Knie bis auf einen 90-Grad-Winkel ab.
3. Springe so explosiv wie möglich ab.
4. Lande satt auf beiden Füßen gleichzeitig und strecke deine Knie und Hüfte durch, bis du gerade stehst. Steige wieder hinab und wiederhole den Sprung 5- bis 8-mal. Führe 3 Sätze durch. Jeder Sprung sollte von gleich guter Qualität sein. Denke daran, Sprünge immer zu Beginn der Einheit durchzuführen, da sie kognitiv sehr fordernd sind.

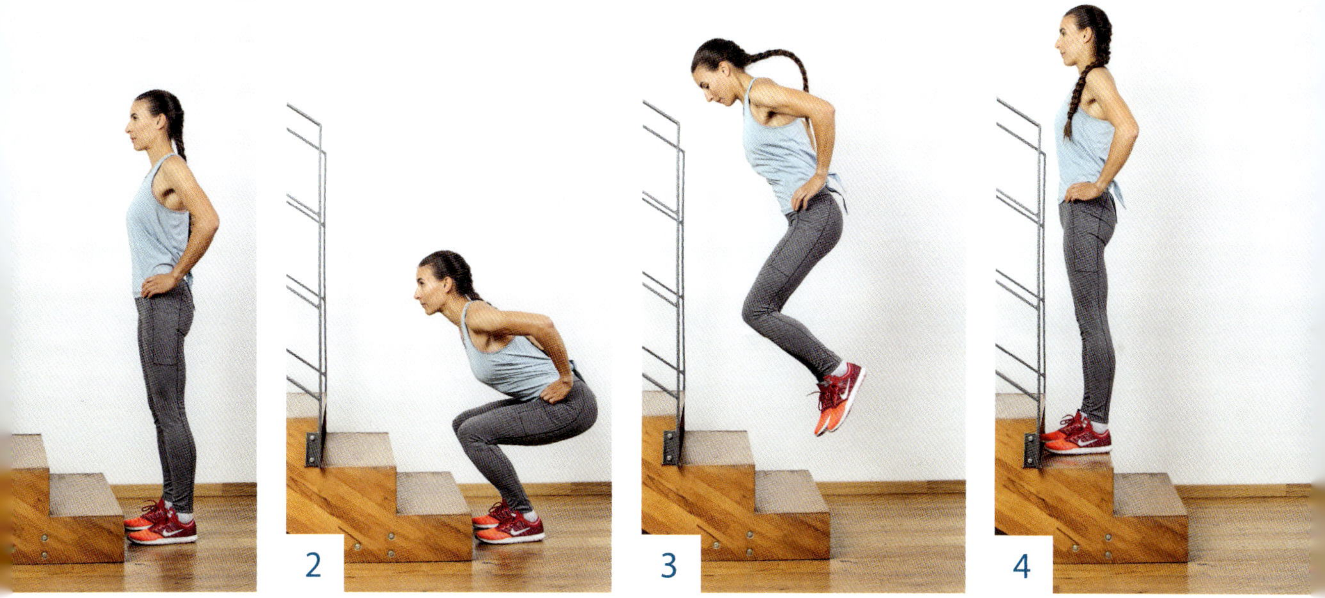

Bulgarian Split Squat

Bulgarian Split Squats sind die Steigerung des einfachen Ausfallschritts.

1. Stelle dich in einen Ausfallschritt und lagere das hintere Bein hoch. Als Zusatzlast kannst du eine Kettlebell oder zwei Kurzhanteln verwenden.
2. Senke deinen Körper ab, indem du das vordere Bein auf einen Kniewinkel von etwa 90 Grad beugst, und komme langsam wieder hoch. Achte darauf, dass das Knie des vorderen Beins nicht nach innen kippt und dass dein Oberkörper stabil bleibt. Führe 2 Serien pro Bein durch, bis zur Ermüdung.

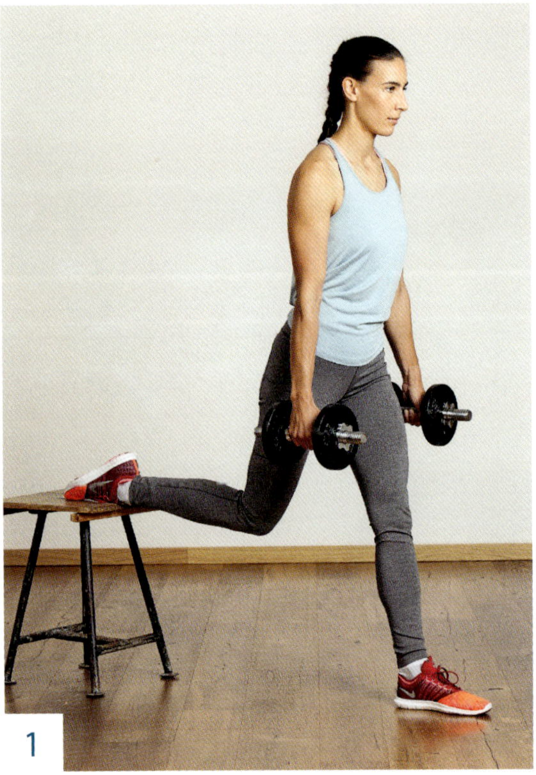
1

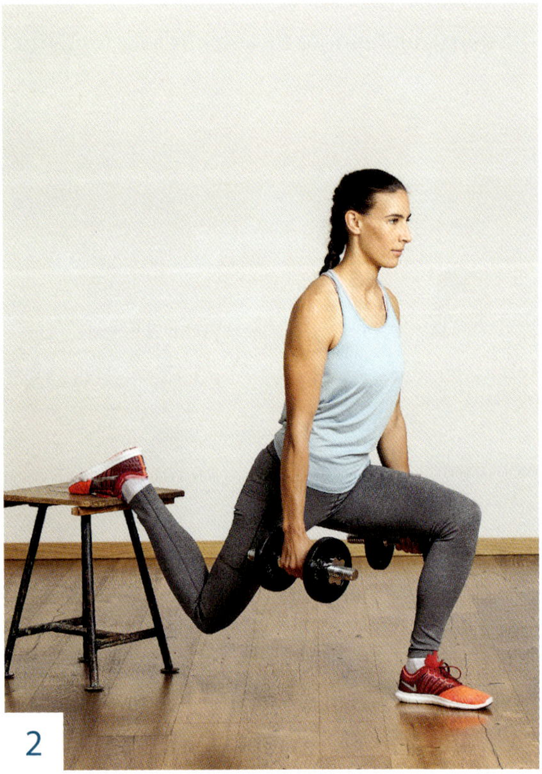
2

Deadlift

Die Königin aller Kraftübungen. Sie stärkt den Quadrizeps, die Hamstrings und die Gesäßmuskulatur und verbessert gleichzeitig die Rumpfstabilität.

1. Lege eine Langhantel mit mindestens zwei großen Scheiben vor dir ab. Deine Füße stehen hüftbreit nebeneinander und die Stange befindet sich oberhalb deines Mittelfußes. Beuge die Hüfte und die Knie, um die Hantel zu greifen.
2. Schiebe die Brust nach vorn, die Hüfte nach hinten und stelle dich stabil auf beide Füße. Halte deine Wirbelsäule neutral, indem du die Bauchmuskulatur aktivierst. Ziehe die Langhantel nahe an deinen Schienbeinen hoch und strecke Knie und Hüfte gleichzeitig und explosiv. Drücke die Ferse in den Boden, hebe die Hantel gerade hoch und schiebe deine Hüfte nach vorn, während du die Stange beschleunigst. Die Arme bleiben stets gestreckt – das Gewicht wird nur aus den Beinen beschleunigt. Halte die oberste Position für 2 Sekunden. Senke die Hantel zum Boden ab, indem du die Knie und Hüfte wieder beugst. Führe 3 Sätze durch, bis zur Ermüdung.

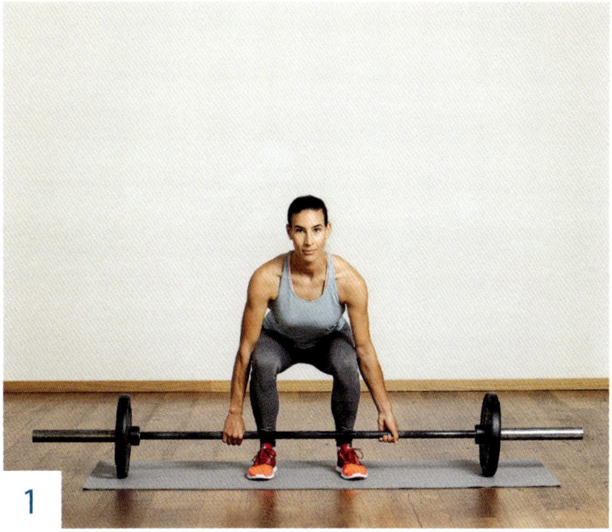

1

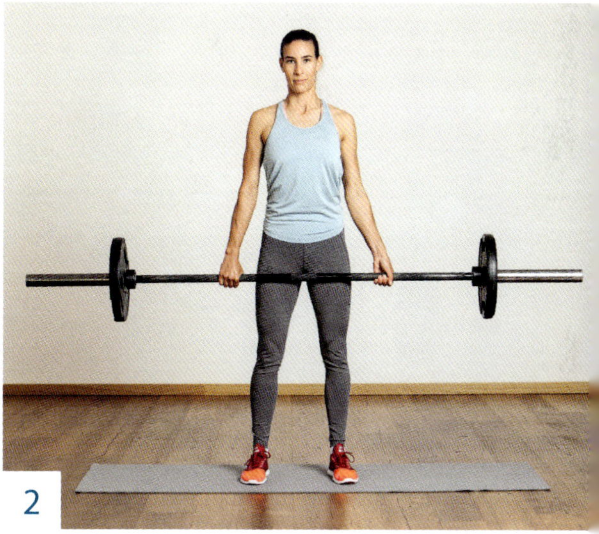

2

Romanian Deadlift

Romanian Deadlifts sind eine Variation der klassischen Deadlifts. Ziel ist es, die Hüft-, hintere Bein- und untere Rückenmuskulatur zu kräftigen.

1. Verwende eine Langhantel und greife sie schulterbreit. Zwicke die Schulterblätter zusammen und strecke die Brust nach vorn.
2. Senke die Hantel mit gestreckten Armen bis knapp unterhalb deiner Knie ab, indem du den Po nach hinten schiebst und den Oberkörper nach vorn beugst. Es findet keine Bewegung in den Knien statt! Halte die Stange so nahe an deinem Körper wie möglich. Du darfst ruhig eine Dehnung in der hinteren Oberschenkelmuskulatur spüren. Komm in die Ausgangsposition zurück, indem du die Hüfte nach vorn schiebst und den Oberkörper aufrichtest. Halte deine Lendenwirbelsäule stets stabil und die Arme gestreckt. Führe 3 Serien durch, bis zur Ermüdung.

Variante: Falls du keine Langhantel besitzt, kannst du auch eine schwere Kettlebell oder zwei Kurzhanteln verwenden.

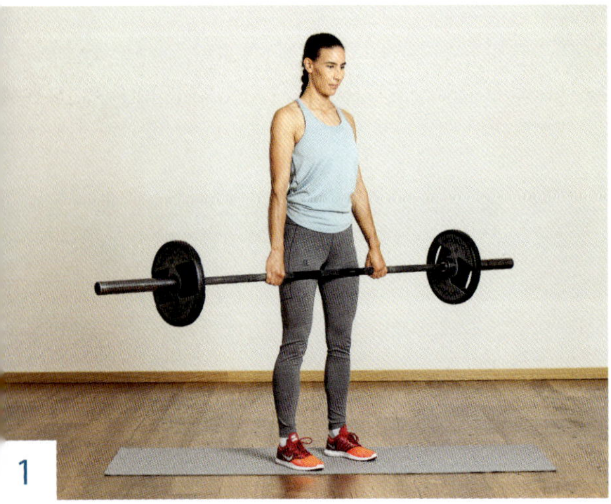

1

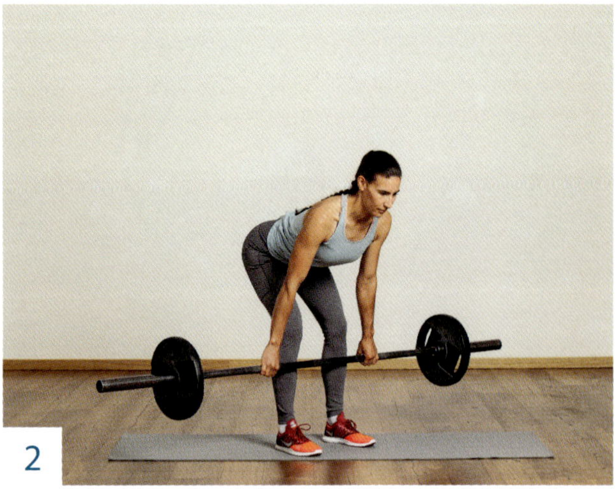

2

Vorgebeugtes Rudern mit der Langhantel

Vorgebeugtes Rudern stärkt die Armmuskulatur, den Schultergürtel und den Brustwirbelsäulenbereich. Gleichzeitig musst du den Oberkörper und das Becken stabil halten.

1. Halte die Langhantel schulterbreit und positioniere dich hüftbreit. Beuge deine Knie leicht und beuge den Oberkörper vor, indem du das Gesäß nach hinten schiebst. Die Arme sind gestreckt.
2. Unter konstanter Rumpfspannung und mit neutraler Wirbelsäule ziehst du die Hantel dynamisch zum Bauchnabel. Der Oberkörper bewegt sich dabei nicht! Lasse die Hantel kontrolliert wieder bis in die volle Armstreckung ab. Führe 3 Serien durch, bis zur Ermüdung.

Variante: Falls du keine Langhantel besitzt, kannst du auch zwei Kurzhanteln verwenden.

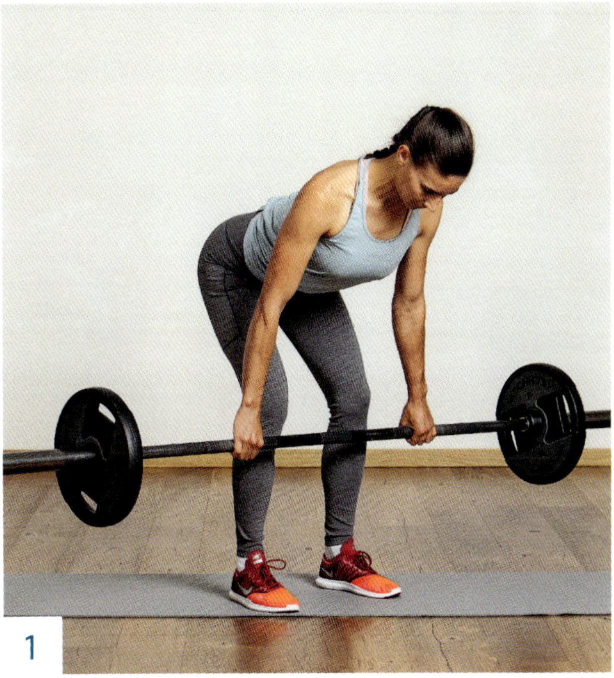

1

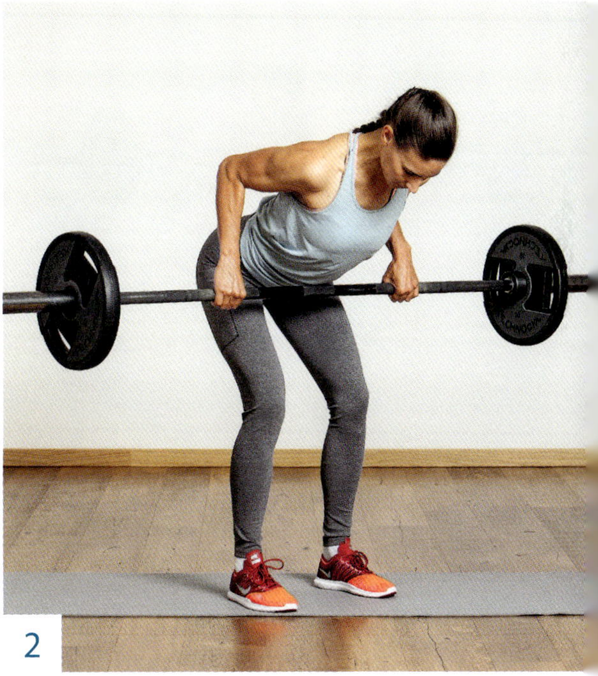

2

Back Squat

Back Squats sind die Steigerungsform der klassischen Kniebeuge. Als Zusatzlast verwendest du eine Langhantel mit Gewichtsscheiben.

1. Lege die Langhantel auf deinen Nacken und deine Schultern und platziere die Füße schulterbreit auseinander.
2. Senke dein Gesäß so tief wie möglich ab (die Wirbelsäule bleibt dabei stabil). Halte die Langhantel stets über deinem Mittelfuß und verteile das Gewicht gleichmäßig auf beiden Fußsohlen. Konzentriere dich auf deine Knie. Sie sollen nicht nach innen kippen. Während der Übung hältst du den Oberkörper stabil und spannst den Bauch an (den Nabel zur Wirbelsäule ziehen). Stehe explosiv und dynamisch wieder auf. Führe 3 Sätze durch, bis zur Ermüdung.

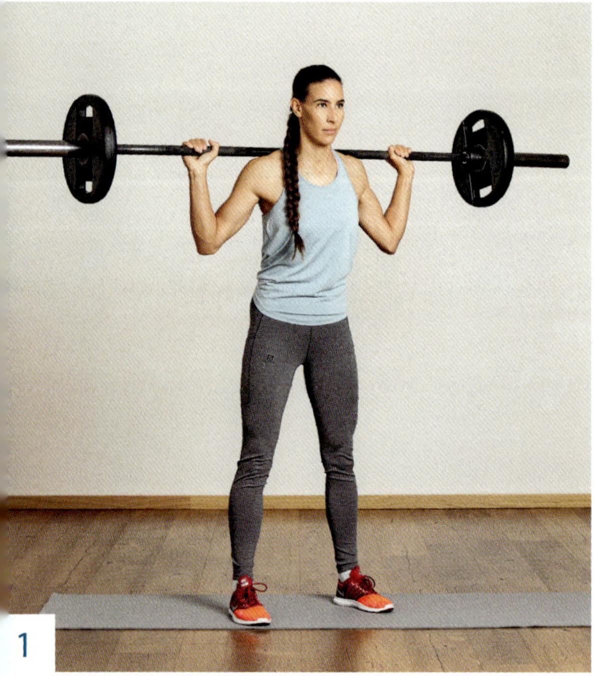
1

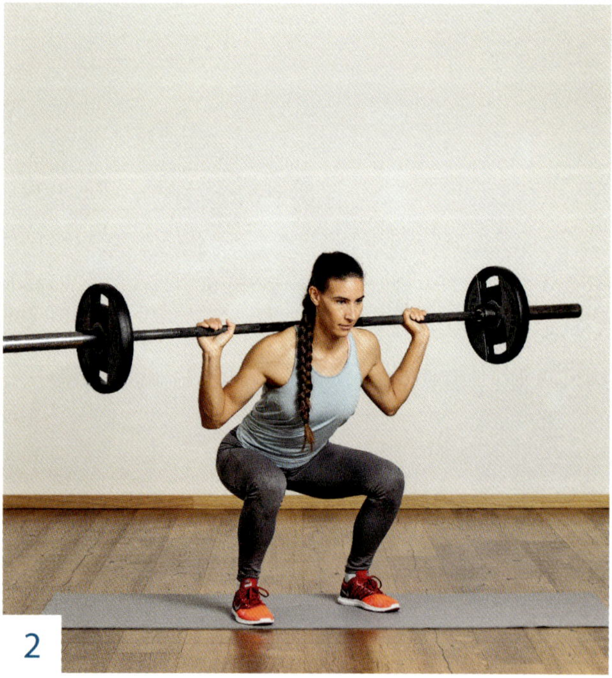
2

ALLGEMEINE ERWÄRMUNG, MOBILITÄT UND AUSGLEICH

Ausgleichs- und Mobilisierungsübungen kannst du zur allgemeinen Erwärmung vor dem Kraft- oder Stabilisierungstraining durchführen. Sie eignen sich aber auch als separate Einheit – um abzuschalten, um dir nach einer Tour etwas Gutes zu tun oder um am Ruhetag der oft eintönigen Position des Bergaufgehens entgegenzuwirken. Diese Übungen sollen dich nicht ermüden, sondern beleben, öffnen und aktivieren.

Katze-Kuh

1. Gehe in den Vierfüßlerstand auf die Matte. Die Knie befinden sich unter den Hüften, die Arme gestreckt unter den Schultern.
2. Runde bei gleichbleibender Position von Armen und Beinen den Rücken und ziehe das Kinn zur Brust. Mache den Rücken dann wieder flach und richte den Blick nach vorn. Wechsle mehrmals zwischen Katze (Rundrücken) und Kuh (flacher Rücken) hin und her.

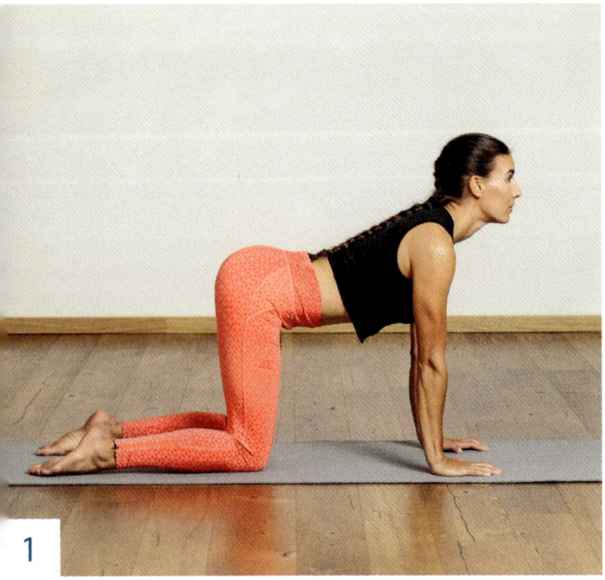

1

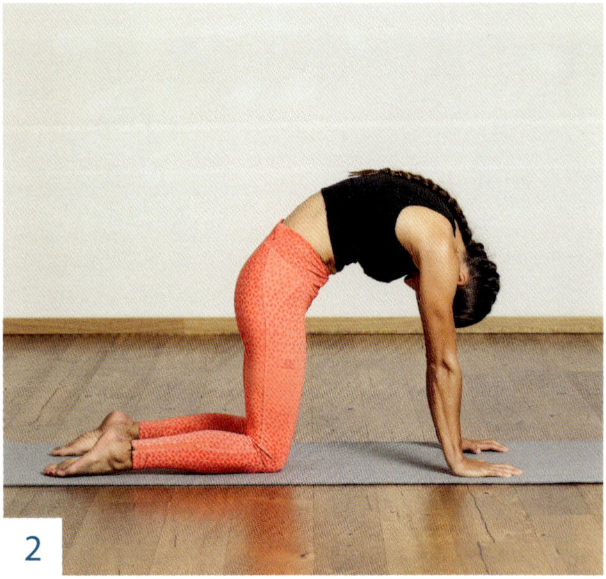

2

Variante: Für mehr Abwechslung kannst du die Hände weiter vorn oder nah an den Knien positionieren.

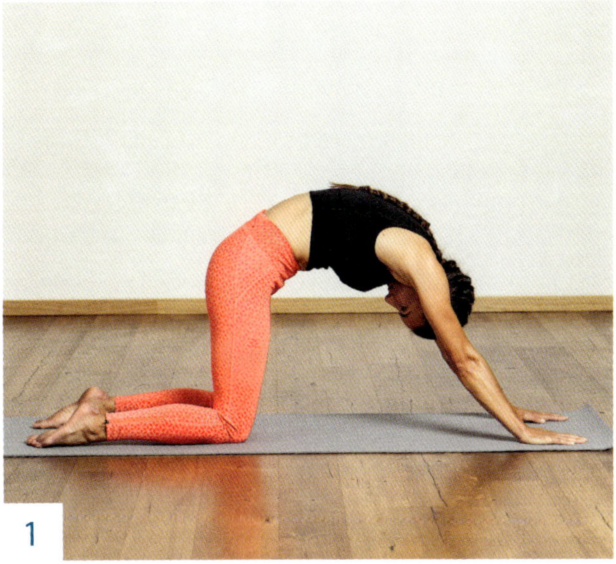
1

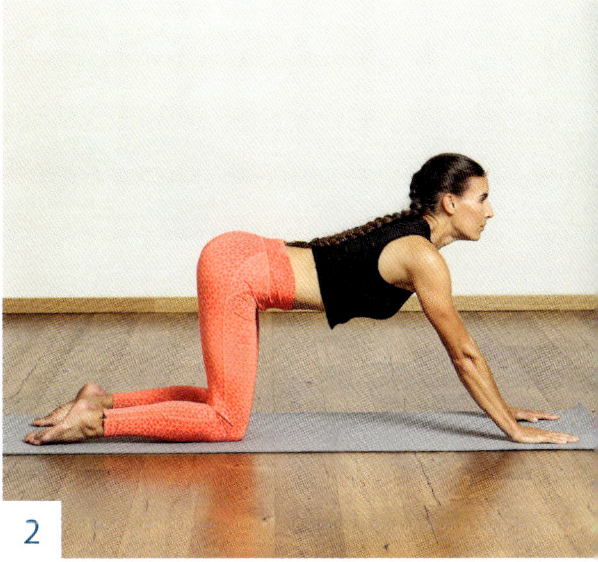
2

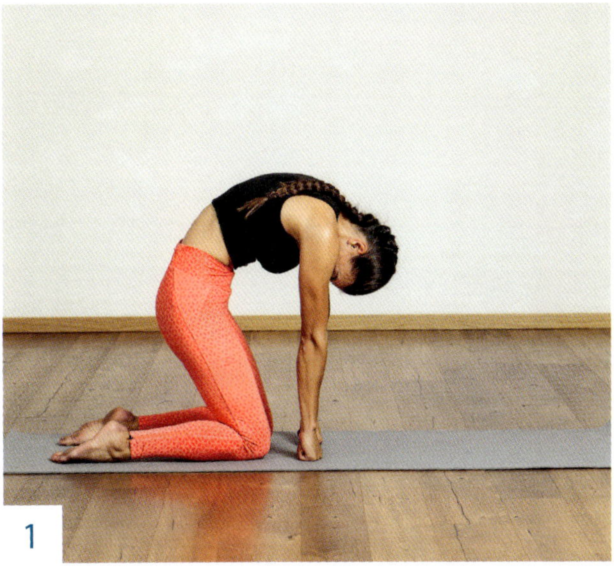
1

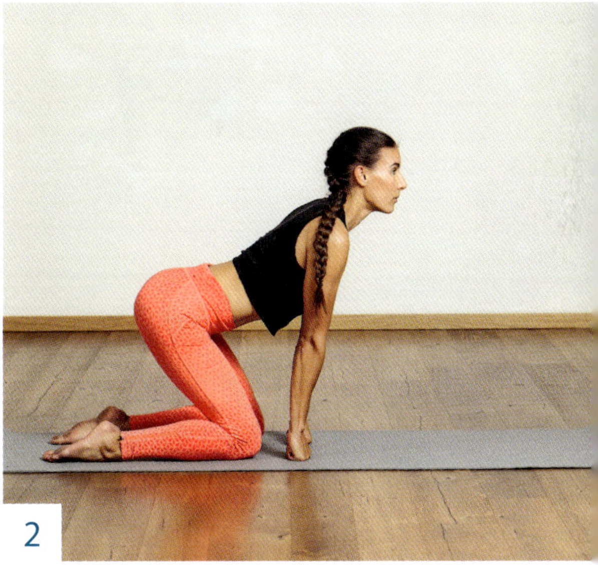
2

Oberkörper seitlich aufdrehen

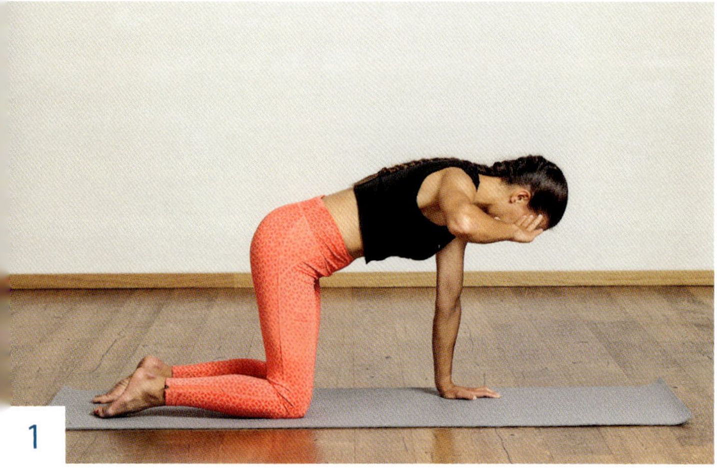

1

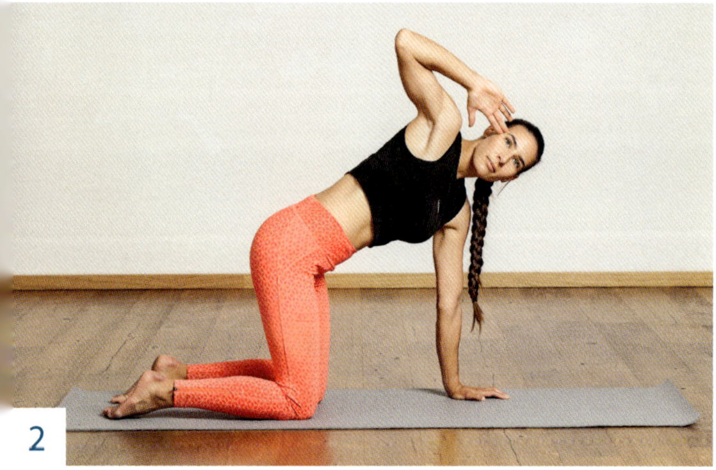

2

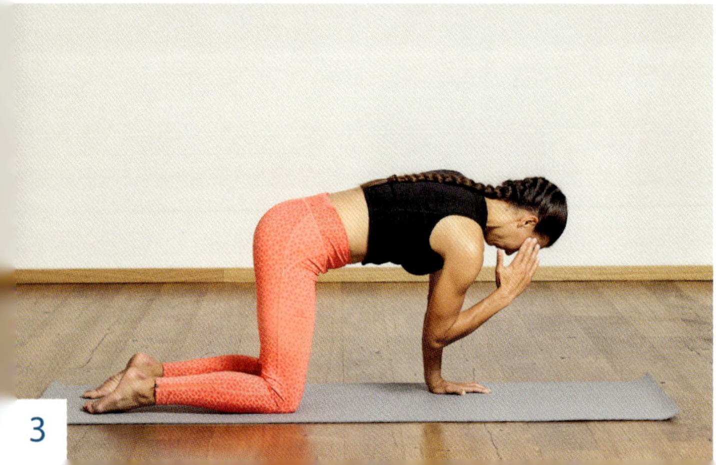

3

1. Gehe in den Vierfüßlerstand auf die Matte. Die Knie befinden sich unter den Hüften, die Arme gestreckt unter den Schultern. Hebe einen Arm an und lege die Hand in den Nacken.
2. Drehe den Ellenbogen zur Decke und öffne die Brust.
3. Drehe den Ellenbogen zum Boden. Wechsle mehrmals zwischen den Positionen hin und her.

Mobilisation der Brustwirbelsäule mit der Faszienrolle

1. Lege dich in Rückenlage auf die Matte. Schiebe die Faszienrolle unter die Schulterblätter. Strecke die Arme über den Kopf nach hinten.
2. Führe dein Gesäß zum Boden und hebe es wieder an. Wechsle mehrmals zwischen den Positionen hin und her.

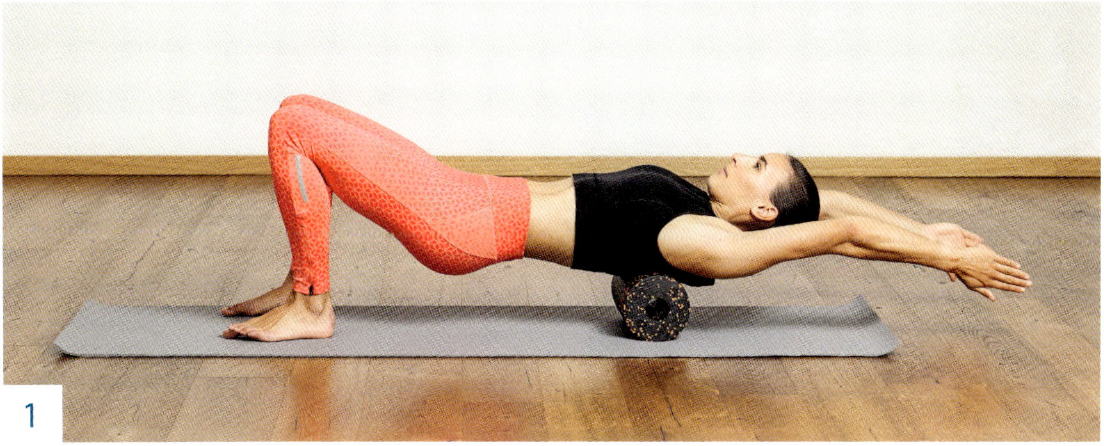

1

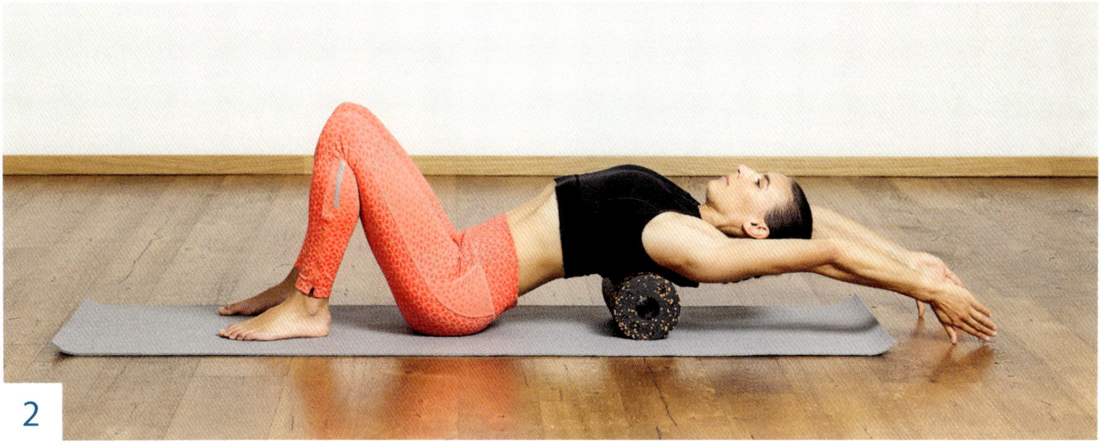

2

Mobilisation der Lendenwirbelsäule (Kind und Kobra)

1. Begib dich in die Kindhaltung auf die Matte: Strecke die Arme nach vorn und setze dich auf deine Fersen. Stelle die Zehen auf.
2. Wechsle in die Kobra: Führe das Becken zum Boden und strecke dich nach vorn durch. Wechsle mehrmals langsam zwischen Kind und Kobra hin und her. Die Arme sind durchgehend gestreckt.

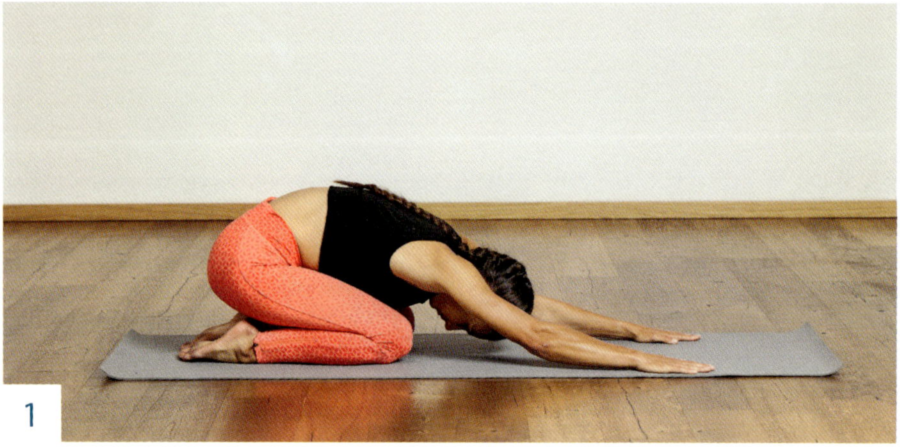

1

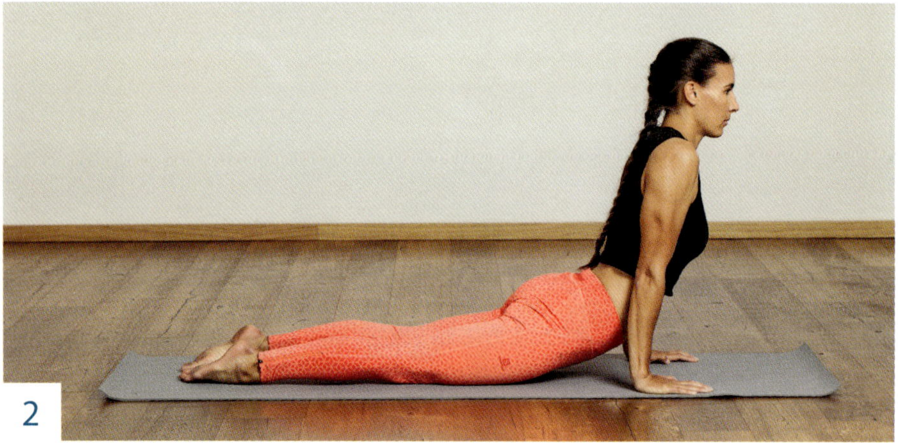

2

BPAs (Band Pull Apart)

1. Stelle dich aufrecht hin, die Beine hüftbreit auseinander, die Knie leicht gebeugt. Nimm ein Theraband schulterbreit und leicht vorgespannt auf Brusthöhe in deine Hände. Die Arme sind gestreckt.
2. Ziehe das Band auseinander und öffne die Brust. Stell dir vor, du zwickst die Schulterblätter zusammen. Die Arme sind durchgehend gestreckt und das Band ist immer auf Spannung. Führe die Hände langsam wieder zusammen. Bremse das Band möglichst lang. Es soll nie durchhängen. Führe 3 Serien aus, bis zur Ermüdung.

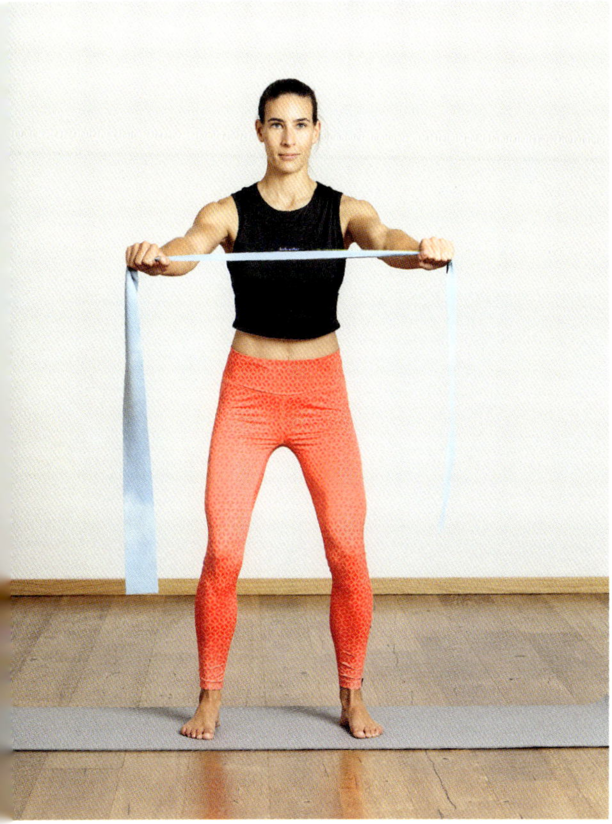

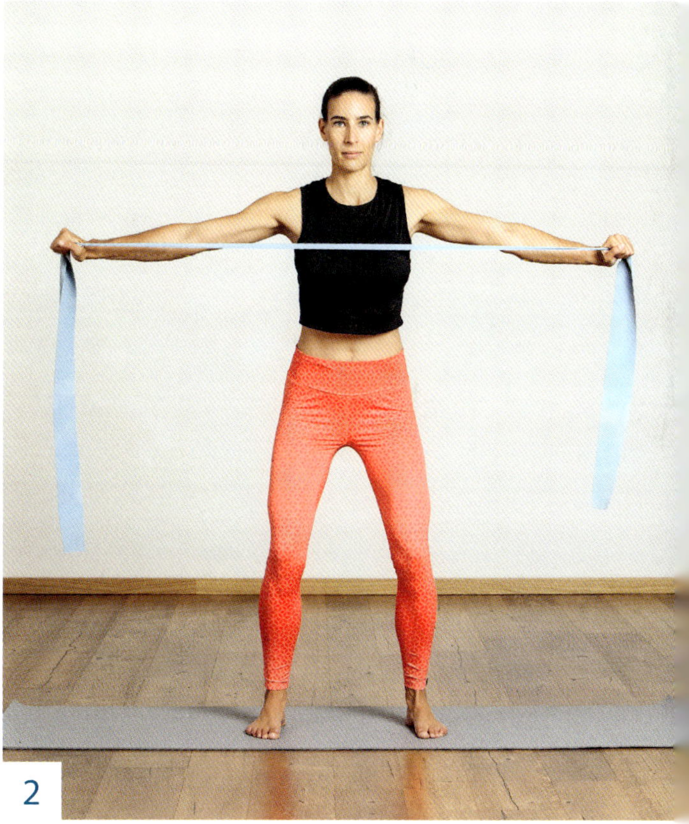

2

Mobilisation der Hüfte und Dehnung des Hüftbeugers

1. Mache einen großen Ausfallschritt und positioniere die Hände neben dem vorderen Fuß am Boden. Strecke die Arme durch und schiebe die Hüfte nach vorn.
2. Drehe den inneren Arm Richtung Decke. Dein Blick folgt den Fingern. Wechsle mehrmals zwischen den Positionen hin und her und wechsle dann die Seite.

Variante: Falls du mit den Händen nicht bis zum Boden kommst, kannst du dich auch auf einer Box oder einem Stuhl abstützen.

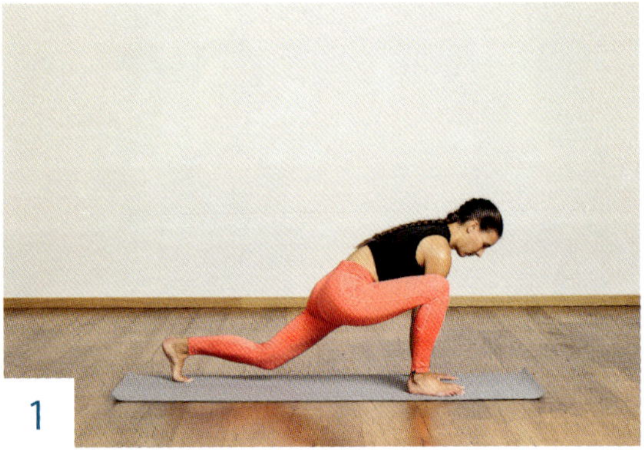
1

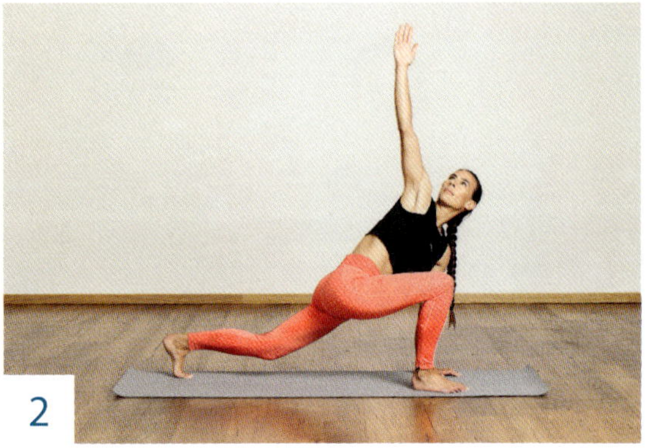
2

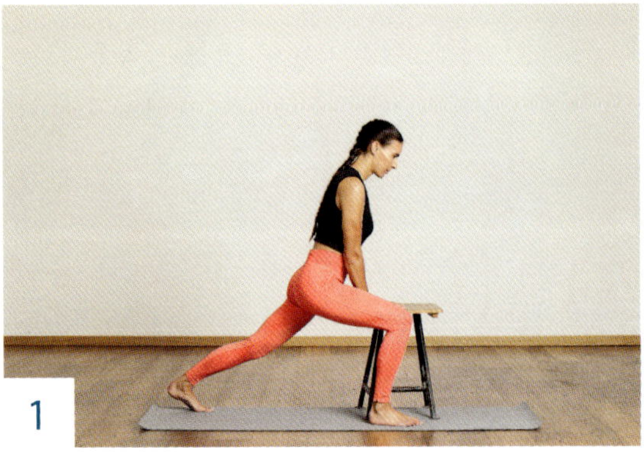
1

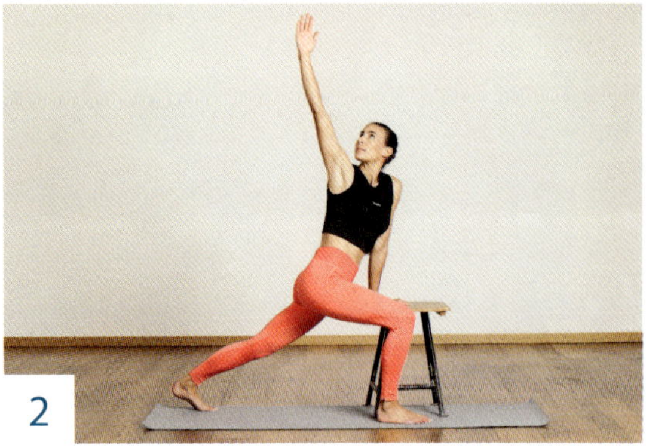
2

Dehnung des Quadrizeps

Gehe auf der Matte in den Kniestand. Lege ein Kissen oder Handtuch unter das hintere Knie. Falls du Probleme mit dem Gleichgewicht hast, kannst du dich an der Wand oder an einem Stuhl festhalten. Greife den Rist des hinteren Fußes und ziehe die Ferse zu deinem Gesäß. Gleichzeitig schiebst du die Hüfte nach vorn und richtest den Oberkörper auf. Halte die Dehnung für 2 Minuten und wechsle dann zum anderen Bein.

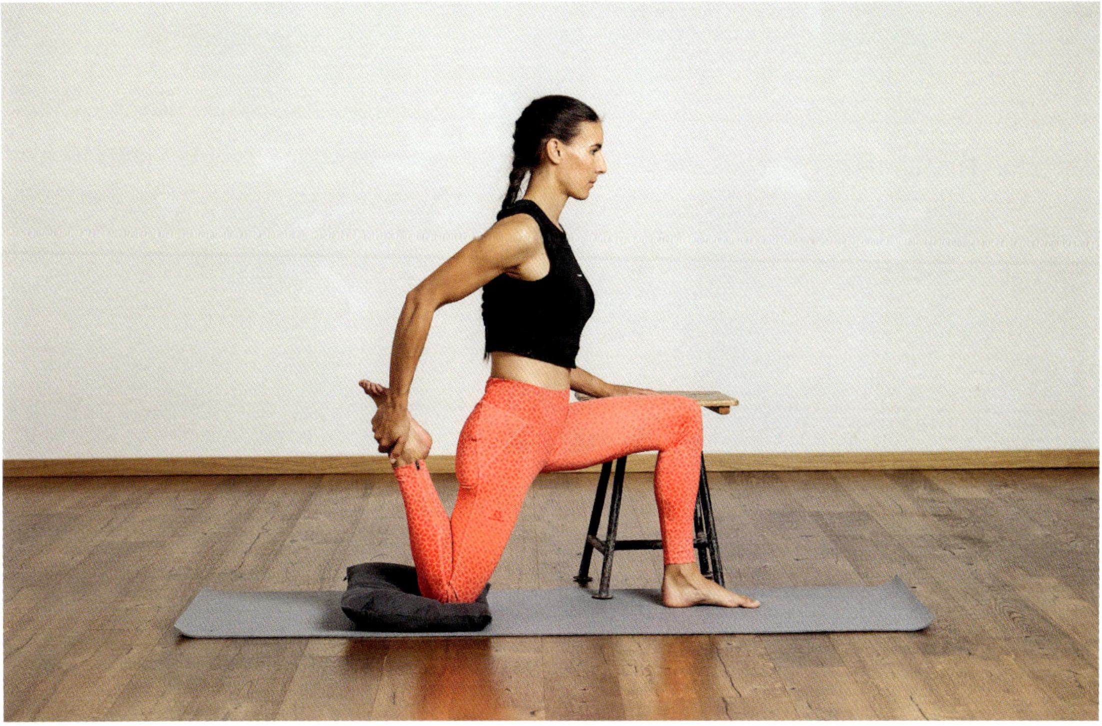

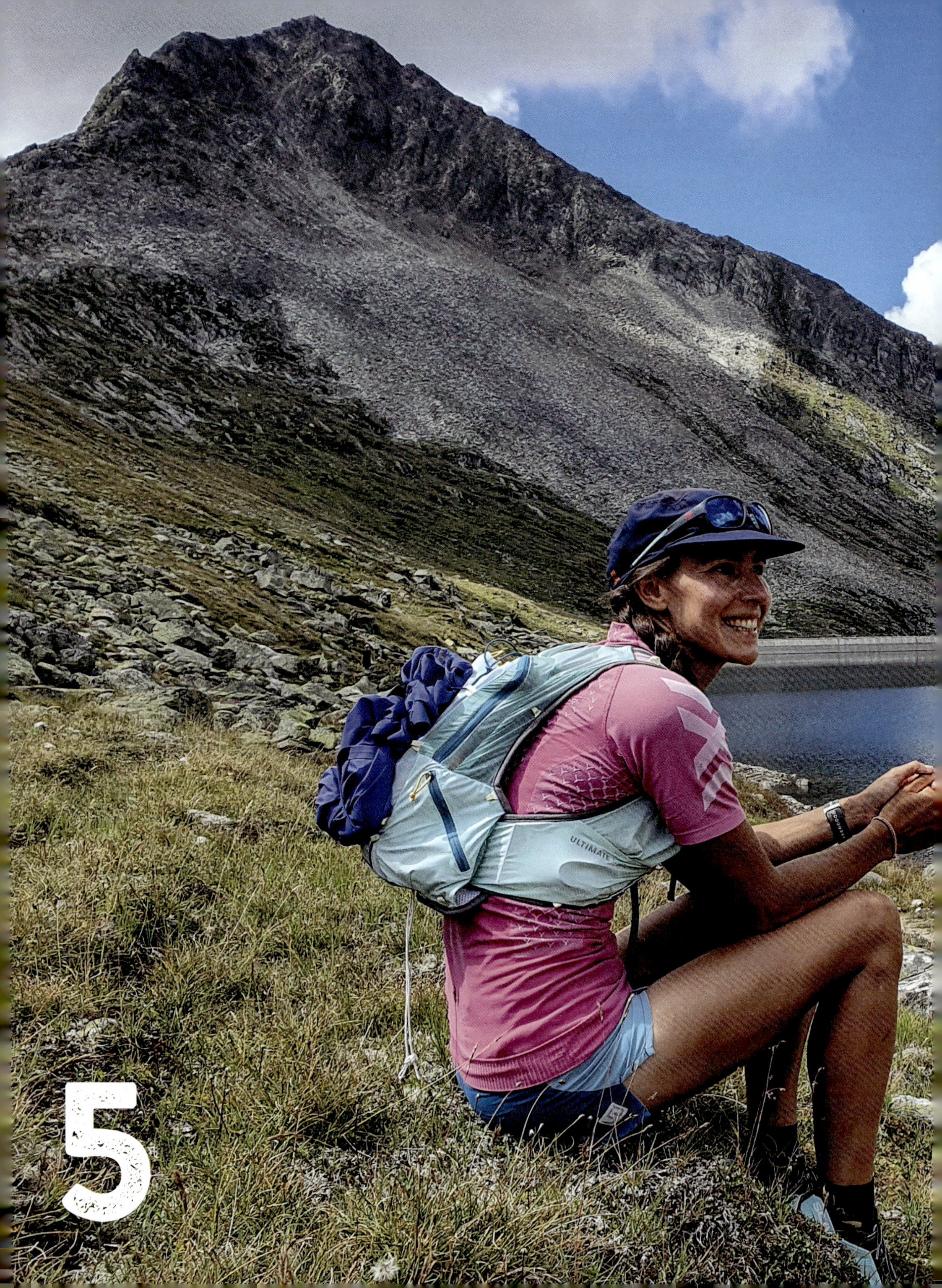

5

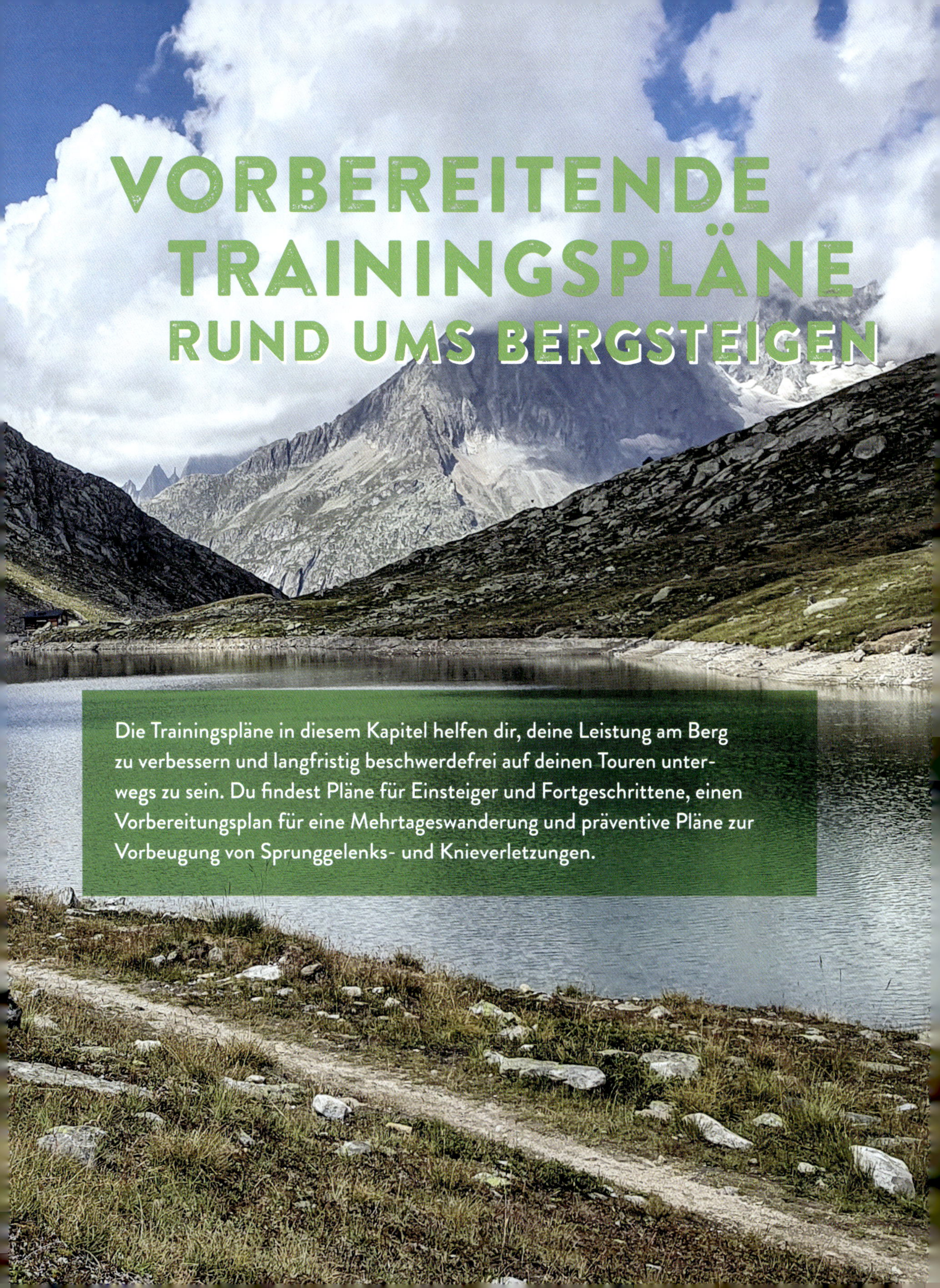

VORBEREITENDE TRAININGSPLÄNE RUND UMS BERGSTEIGEN

Die Trainingspläne in diesem Kapitel helfen dir, deine Leistung am Berg zu verbessern und langfristig beschwerdefrei auf deinen Touren unterwegs zu sein. Du findest Pläne für Einsteiger und Fortgeschrittene, einen Vorbereitungsplan für eine Mehrtageswanderung und präventive Pläne zur Vorbeugung von Sprunggelenks- und Knieverletzungen.

VORTEILE VON TRAININGSPLÄNEN

Warum macht es Sinn, nach Plan zu trainieren? Es gibt einige gute Gründe! Ein strukturierter, zielorientierter Trainingsplan steigert deine Leistungsfähigkeit, reduziert das Verletzungsrisiko und sorgt für mehr Abwechslung und Motivation. Und er hat den großen Vorteil, dass du nicht zu wenig, aber auch nicht zu viel trainierst und Einheiten in Angriff nimmst, die du sonst eher aufschieben würdest. Du arbeitest also ganz gezielt an deinen Schwächen. All diese Faktoren werden dein Training und deine Touren langfristig angenehmer machen.

Vorteile eines Trainingsplans

Leistungssteigerung
Die Trainingseinheiten zielen natürlich darauf ab, deine Leistung zu steigern. Deine Ausdauer und deine Kraft werden sich verbessern, wenn du den Plan einhältst.

Vermeide Verletzungen!
Trainingspläne berücksichtigen ein gutes Verhältnis von Belastung und Erholung. Sie geben Krafteinheiten vor und steigern die Umfänge nur dosiert. Das hilft, Überlastungen und Verletzungen zu vermeiden.

Abwechslung
Ein guter Trainingsplan gibt dir abwechslungsreiche Einheiten vor, die in ihrer Distanz, Intensität und Methodik variieren und so stetig neue Reize setzen.

Spüre dich!
Ein Trainingsplan hilft dir, deinen Körper besser kennenzulernen. Du wirst ein besseres Gespür für Intensitäten bekommen und deine Schwächen erkennen.

Bleibe motiviert!
Es kann schwierig sein, im Training langfristig motiviert zu bleiben. Ein Trainingsplan gibt dir täglich eine Aufgabe und einen Anlass, an dir zu arbeiten. Denke daran: Jede Einheit hat ihren Grund!

WÄHLE DEN PASSENDEN PLAN

Bevor du mit einem Trainingsplan beginnst, gilt es zu eruieren, was du konkret erreichen willst. Je nachdem, ob du neu im Bergsport bist, deine erste Mehrtagestour absolvieren, dich auf die Wandersaison vorbereiten oder einen ambitionierten Gipfel erreichen willst – wähle den für dich passenden Plan aus – und los geht's.

Wichtig ist, dass du dich selbst richtig einordnest. Überschätze dich nicht und beginne im Zweifelsfall mit den Einsteigerplänen. Alle weiteren Pläne bauen darauf auf und du kannst sie perfekt aneinander angliedern.

Hast du bereits Erfahrung mit dem Bergsteigen und Touren mit 1500 Höhenmetern sind kein Problem für dich, du leidest aber regelmäßig unter Knie- und Sprunggelenkbeschwerden? Dann findest du ganz am Ende bei den Präventivplänen die passenden Programme!

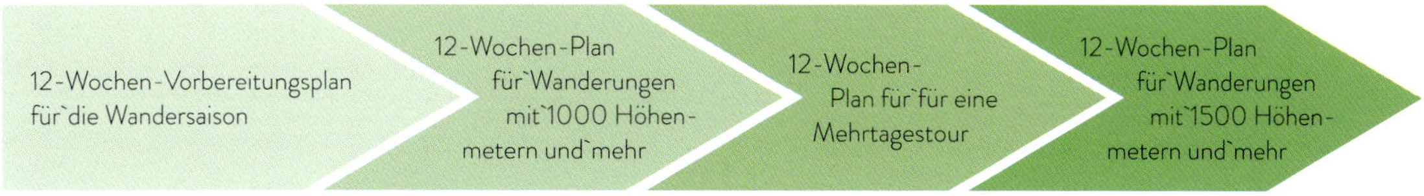

Die Trainingspläne sind nach Wochen gegliedert und enthalten alle Ausdauer-, Kraft-, Stabilisierungs- und Ausgleichseinheiten. Die Pläne sind nach dem 2:1-Prinzip aufgebaut. Das bedeutet, dass du immer zwei Belastungswochen gefolgt von einer Erholungswoche hast. So stellst du sicher, dass dein Körper ausreichend Zeit zum Regenerieren hat.

Um nach den Plänen zu trainieren, musst du nicht zwingend in den Bergen wohnen. Das allgemeine Grundlagenausdauertraining kannst du auch sehr gut mittels Alternativsportarten wie Laufen, Radfahren oder Walking absolvieren.

Bestimme deine Trainingszonen

Auf Seite`58 (Pulsbereiche im Ausdauertraining) habe ich dir einen Überblick über die fünf Trainingszonen im Ausdauertraining gegeben. Spätestens jetzt ist es an der Zeit, deine individuellen Trainingszonen zu errechnen. Hast du einen Laktatstufentest gemacht? Dann hast du mit der Auswertung deines Tests auch deine individuellen Zonen erhalten.

Wie bereits im zweiten Kapitel beschrieben, kannst du deine Trainingszonen ungefähr auch anhand einer Normformel errechnen. Dabei gehst du so vor:

1. **Bestimme deine maximale Herzfrequenz (HFmax):** Ziehe dein Alter von 220 ab. Eine 30-jährige Sportlerin würde ihre maximale Herzfrequenz so bestimmen: 220 – 30 = **190 Schläge pro Minute**
   Meine maximale Herzfrequenz: 220 – (mein Alter) = maximale Herzfrequenz
2. **Errechne deine Herzfrequenz für jede Trainingszone:** Die maximale Herzfrequenz ist die Basis zur Berechnung deiner Herzfrequenz in den fünf Trainingszonen. Jede Trainingszone repräsentiert einen prozentualen Anteil der maximalen Herzfrequenz. Am Beispiel unserer 30-jährigen Sportlerin sieht die Berechnung der Trainingszonen folgendermaßen aus:

Zone	% von HFmax	Berechnung am Beispiel der 30-jährigen Sportlerin	Pulsbereich Schläge/Min.	Mein individueller Pulsbereich
Recovery Zone	< 60 % HFmax	190 × 0,6	< 114	
GA1	60–75 % der HFmax	190 × 0,6 190 × 0,75	114–143	
GA2	75–85 % der HFmax	190 × 0,75 190 × 0,85	143–162	
EB	85–95 % der HFmax	190 × 0,85 190 × 0,95	162–181	
SB	> 95 % der HFmax	190 × 0,95	> 181	

Bestimme auch gleich deine individuellen Pulsbereiche und trage sie in die Tabelle ein! So weißt du beim Training immer, welchen Puls du bei den vorgegebenen Einheiten haben sollst. Anstatt der 190`Schläge pro Minute aus unserem Beispiel setzt du einfach deine individuelle HFmax ein und errechnest über die Prozentwerte die entsprechenden Pulsbereiche!

Messung der Herzfrequenz

Um die Ausdauereinheiten nach Vorgabe zu absolvieren, zeichne während des Trainings deine Herzfrequenz auf. So gehst du sicher, dass du in der entsprechenden Zone trainierst. Die Herzfrequenz erfasst du am besten mit einem Pulsgurt und einer Sportuhr. Moderne Sportuhren bieten oft auch schon die Möglichkeit, den Puls über das Handgelenk zu messen. Sitzt die Uhr nicht richtig oder hast du viel Bewegung in den Armen, sind die Werte aber häufig nicht korrekt! Ich empfehle dir deshalb unbedingt, vor allem in den ersten Wochen einen Pulsgurt zu verwenden. Du wirst sehen: Nach einigen Einheiten bekommst du ein gutes Gespür dafür, in welcher Trainingszone du dich gerade befindest.

Solltest du mal keine Pulsmessung zur Verfügung haben, kannst du auch nach dem **subjektiven Belastungsempfinden** trainieren. Das subjektive Belastungsempfinden wird über die **BORG-Skala** definiert und korreliert mit den Pulsbereichen der jeweiligen Trainingszone.

BORG-SKALA

Stufe	Empfinden	Zone
06	Überhaupt keine Anstrengung	GA1
07		GA1
08	Extrem locker	GA1
09		GA1
10	Sehr locker	GA1
11	Locker	GA2
12		GA2
13	Ein wenig anstrengend	GA2
14		GA2
15	Anstrengend	EB
16		EB
17	Sehr anstrengend	SB
18		SB
19	Extrem anstrengend	SB
20	Maximal anstrengend	SB

Höre während der Trainingseinheit in dich hinein und notiere, wie sich das Training für dich angefühlt hat. Dazu kannst du die Werte von 6 bis 20 oder die wörtlichen Beschreibungen (überhaupt keine Anstrengung bis maximale Anstrengung) verwenden.

12-Wochen-Vorbereitungsplan für die Wandersaison

Dieser Plan eignet sich für alle, die sich schon vor Beginn der Sommersaison auf das Wandern und Bergsteigen vorbereiten wollen. Der Plan ist sowohl für Einsteiger als auch für Fortgeschrittene geeignet und es ist **keine Vorerfahrung beim Wandern nötig**.

Um den Plan durchzuführen, musst du auch nicht zwingend in den Bergen leben, denn die meisten Ausdauereinheiten kannst du laufend oder mit dem Rad absolvieren. Nach zwölf Wochen wirst du fit, stark und mit einem reduzierten Verletzungsrisiko in die Wandersaison starten! Der ideale **Startzeitpunkt** für diesen Trainingsplan ist **drei Monate vor der Wandersaison**. Dann bist du fit, sobald die Gipfel schneefrei sind! Aufbauend auf den 12-Wochen-Vorbereitungsplan kannst du je nach Vorerfahrung mit den anderen Trainingsplänen fortfahren.

Ziele des Trainingsplans

- Aufbau einer guten Grundlagenausdauerleistungsfähigkeit und Vorbereitung auf die kommende Wandersaison
- Erarbeiten einer soliden Rumpfstabilität und Beinachsenstabilität
- Aufbau eines guten Kraftniveaus mit allgemeinen und speziellen Bein- und Rumpfübungen
- Prävention von klassischen Verletzungen und Überlastungen beim Wandern und Bergsteigen wie Knie- und Rückenschmerzen

Inhalte des Trainingsplans

- 2 bis 3 Ausdauereinheiten pro Woche
- 2 Kraft- und Stabilisierungseinheiten pro Woche
- Der Plan ist nach dem 2:1-Prinzip aufgebaut. Du führst abwechselnd 2 Belastungswochen (gelb und rot markiert), gefolgt von einer Erholungswoche (blau markiert) durch. Um den Wechsel aus Belastung und Erholung beizubehalten, solltest du die Wochen untereinander nicht verschieben. Einzelne Einheiten innerhalb einer Woche kannst gern so legen, dass sie zeitlich für dich gut umsetzbar sind.

Anweisungen für das Ausdauer- und Krafttraining

- Versuche, beim Ausdauertraining im vorgegebenen Pulsbereich zu bleiben. Wird der Puls zu hoch, reduziere die Geschwindigkeit beziehungsweise die Intensität.
- Lege nach der längsten Ausdauereinheit einen Pausetag ein.
- Beim **Krafttraining** genügt in den ersten vier Wochen das **eigene Körpergewicht** (Kraftausdauertraining). **Danach** wählst du das **Zusatzgewicht** so, dass du die vorgegebenen Wiederholungen gerade noch schaffst.
- Wärme dich **vor dem Krafttraining** 10 Minuten mit den Übungen **»Allgemeine Erwärmung, Mobilität und Ausgleich«** (ab Seite 137) auf. Suche dir daraus 3 bis 5 Übungen aus.
- Versuche, mindestens 27 Stunden Pause zwischen den Kraft- und Stabilisierungseinheiten einzuhalten. Ausdauertraining ist aber möglich.

Woche	Ausdauer 1	Ausdauer 2	Ausdauer 3
1	• 30 Min. **flach laufen** oder • zügig **spazieren gehen** **Zone:** GA1, BORG 08, extrem locker	• 40 Min. **flach laufen/zügig spazieren** gehen (hügelige Strecke) oder • 80 Min. **Rad fahren** (Ergometer) **Zone:** GA1, BORG 11, locker	• Individuelle Ausdauereinheit im **Grundlagenbereich 1**
2	• 40 Min. **zügig spazieren gehen** (hügelige Strecke) **Zone:** GA1, BORG 08, extrem locker	**Laufen, Walking oder Wandern** • 10–15 Min. Warm-up @GA1 • 5 × (2 Min. @GA1, 3 Min. @GA2 im Wechsel) • 10–15 Min. Cool-down @GA1 **Zone:** GA1–GA2, BORG 11–13, locker bis ein wenig anstrengend	• 30 Min. **flach laufen/zügig spazieren gehen** (hügelige Strecke) oder • 60 Min. **Rad fahren** (Ergometer) **Zone:** GA1, BORG 10, sehr locker
3	• 30 Min. **flach laufen** oder • 30 Min. **zügig spazieren gehen** oder • 45–60 Min. **Rad fahren** (Ergometer) **Zone:** GA1, BORG 08, extrem locker	**Laufen, Walking oder Wandern** • 10–15 Min. Warm-up @GA1 • 5 × (3 Min. @GA1, 2 Min. @GA2 im Wechsel) • 10–15 Min. Cool-down @GA1 **Zone:** GA1–GA2, BORG 10–12, sehr locker bis ein wenig anstrengend	entfällt
4	• 40 Min. **flach laufen/zügig spazieren gehen** (hügelige Strecke) oder • 60 Min. **Rad fahren** (Ergometer) **Zone:** GA1, BORG 10, sehr locker	**Laufen, Walking oder Wandern** • 10–15 Min. Warm-up @GA1 • 3 × (5 Min. @60 % HFmax, 5 Min. @75 % HFmax im Wechsel) • 10–15 Min. Cool-down @GA1 **Zone:** GA1, BORG 11, locker	Individuelle Ausdauereinheit im **Grundlagenbereich 1**

Kraft, Stabilisierung und Ausgleich 1	Kraft, Stabilisierung und Ausgleich 2	Trainingszeit in Stunden
• Transversus ansteuern (Seite 89) • Brücke (Seite 92) • Sternschritte (Seite 103): 3 × 3 Runden/Bein • Kniebeuge (Seite 116) • Liegestütz (Seite 122) • Kniebeuge mit Fersenheben (Seite 107) 3 Sätze à 12–15 Wiederholungen mit dem eigenen Körpergewicht	• Einbeinige Stabilisierung (Seite 100) • Bärenstand (Seite 95) • Schwimmer (Seite 94) • Kniebeuge (Seite 116) • Fersenheben beidbeinig (Seite 117) • Kräftigung Peroneus (Seite 106) 3 Sätze à 12–15 Wiederholungen mit dem eigenen Körpergewicht	3,5
• Transversus ansteuern (Seite 89) • Brücke (Seite 92) • Sternschritte (Seite 103): 3 × 3 Runden/Bein • Kniebeuge (Seite 116) • Liegestütz (Seite 122) • Kniebeuge mit Fersenheben (Seite 107) 3 Sätze à 12–15 Wiederholungen mit dem eigenen Körpergewicht	• Einbeinige Stabilisierung (Seite 100) • Bärenstand (Seite 95) • Schwimmer (Seite 94) • Kniebeuge (Seite 116) • Fersenheben beidbeinig (Seite 117) • Kräftigung Peroneus (Seite 106) 3 Sätze à 12–15 Wiederholungen mit dem eigenen Körpergewicht	4
• Transversus ansteuern (Seite 89) • Brücke (Seite 92) • Sternschritte (Seite 103): 3 × 3 Runden/Bein • Kniebeuge (Seite 116) • Liegestütz (Seite 122) • Kniebeuge mit Fersenheben (Seite 107) 3 Sätze à 12–15 Wiederholungen mit dem eigenen Körpergewicht	• Einbeinige Stabilisierung (Seite 100) • Bärenstand (Seite 95) • Schwimmer (Seite 94) • Kniebeuge (Seite 116) • Fersenheben beidbeinig (Seite 117) • Kräftigung Peroneus (Seite 106) 3 Sätze à 12–15 Wiederholungen mit dem eigenen Körpergewicht	3
• Transversus ansteuern (Seite 89) • Brücke (Seite 92) • Sternschritte (Seite 103): 3 × 3 Runden/Bein • Kniebeuge (Seite 116) • Liegestütz (Seite 122) • Kniebeuge mit Fersenheben (Seite 107) 3 Sätze à 12–15 Wiederholungen mit dem eigenen Körpergewicht	• Einbeinige Stabilisierung (Seite 100) • Bärenstand (Seite 95) • Schwimmer (Seite 94) • Kniebeuge (Seite 116) • Fersenheben beidbeinig (Seite 117) • Kräftigung Peroneus (Seite 106) 3 Sätze à 12–15 Wiederholungen mit dem eigenen Körpergewicht	3,5

<table>
<tr><th>Woche</th><th>Ausdauer 1</th><th>Ausdauer 2</th><th>Ausdauer 3</th></tr>
<tr><td>5</td><td>• 45 Min. flach laufen oder zügig spazieren gehen (hügelige Strecke) oder
• 60 Min. Rad fahren (Ergometer)
Zone: GA1, BORG 08, extrem locker</td><td>Laufen, Walking oder Wandern
• 15 Min. Warm-up @GA1
• 5 × (2 Min. @GA1, 3 Min. @GA2 im Wechsel)
• 15 Min. Cool-down @GA
Zone: GA1–GA2, BORG 11–13, locker bis anstrengend</td><td>• 50 Min. flach laufen/zügig spazieren gehen (hügelige Strecke) oder
• 80 Min. Rad fahren (Ergometer)
Zone: GA1, BORG 10, sehr locker</td></tr>
<tr><td>6</td><td>• 30 Min. flach laufen/zügig spazieren gehen (hügelige Strecke) oder
• 45 Min. Rad fahren (Ergometer)
Zone: GA1, BORG 08, extrem locker</td><td>Laufen, Walking oder Wandern
• 15 Min. Warm-up @GA1
• 3 × (6 Min. @GA1, 4 Min. @GA2 im Wechsel)
• 15 Min. Cool-down @GA1
Zone: GA01–GA2, BORG 10–12, sehr locker bis ein wenig anstrengend</td><td>entfällt</td></tr>
<tr><td>7</td><td>• 45 Min. walken (hügelige Strecke) oder flach laufen
• Nach 15 Min.: 3 × (3 Min. @GA2 mit 2 Min. @GA1 im Wechsel)
Zone: GA1 + GA2, BORG 11, locker</td><td>Laufen, Walking oder Wandern
• 10 Min. Warm-up <60 % HFmax
• 3 × (6 Min. @60 % HFmax, 4 Min. @75 % HFmax im Wechsel)
• 10 Min. Cool-down @GA1
Zone: GA1, BORG 11, locker</td><td>Individuelle Ausdauereinheit im Grundlagenbereich 1</td></tr>
<tr><td>8</td><td>• 50 Min. walken (hügelige Strecke) oder flach joggen
• Nach 15 Min.: 4 × (4 Min. @GA2 mit 3 Min. @GA1 im Wechsel)
Zone: GA1 + GA2, BORG 13, ein wenig anstrengend</td><td>Laufen, Walking oder Wandern
• 10 Min. Warm-up @GA1
• 3 × (4 Min. @GA1, 6 Min. @GA2 im Wechsel)
• 10 Min. Cool-down @GA1
Zone: GA1–GA2, BORG 11–14, locker bis anstrengend</td><td>Wanderung
• @GA1 im Anstieg (Stöcke verwenden)
• ca. 5 km und 250 Höhenmeter
• alternativ: 90 Min. Rad fahren (Ergometer) @GA1
Zone: GA1, BORG 11, locker</td></tr>
</table>

Kraft, Stabilisierung und Ausgleich 1	Kraft, Stabilisierung und Ausgleich 2	Trainingszeit in Stunden
Schräge Sit-ups (Seite 96) Abduktion mit dem Miniband (Seite 102) Kniebeuge mit Zusatzlast (Seite 116) Einbeiniges Hüftheben (Seite 120) Liegestütz (Seite 122) Kräftigung Tibialis (Seite 105) 3 Sätze à 12–15 mögliche Wiederholungen	• Stabilisierung im Kniestand (Seite 90) • Rumpfaufrichten im Stehen (Seite 91) • Ausfallschritt (Seite 115) • Rumpfheben (Seite 125) • Fersenheben einbeinig (Seite 117) • Kettlebell Clean and Press (Seite 126) 3 Sätze à 12–15 mögliche Wiederholungen	4,5
Schräge Sit-ups (Seite 96) Abduktion mit dem Miniband (Seite 102) Kniebeuge mit Zusatzlast (Seite 116) Einbeiniges Hüftheben (Seite 120) Liegestütz (Seite 122) Kräftigung Tibialis (Seite 105) 3 Sätze à 12–15 mögliche Wiederholungen	• Stabilisierung im Kniestand (Seite 90) • Rumpfaufrichten im Stehen (Seite 91) • Ausfallschritt (Seite 115) • Rumpfheben (Seite 125) • Fersenheben einbeinig (Seite 117) • Kettlebell Clean and Press (Seite 126) 3 Sätze à 12–15 mögliche Wiederholungen	3,5
Schräge Sit-ups (Seite 96) Abduktion mit dem Miniband (Seite 102) Kniebeuge mit Zusatzlast (Seite 116) Einbeiniges Hüftheben (Seite 120) Liegestütz (Seite 122) Kräftigung Tibialis (Seite 105) 3 Sätze à 12–15 mögliche Wiederholungen	• Stabilisierung im Kniestand (Seite 90) • Rumpfaufrichten im Stehen (Seite 91) • Ausfallschritt (Seite 115) • Rumpfheben (Seite 125) • Fersenheben einbeinig (Seite 117) • Kettlebell Clean and Press (Seite 126) 3 Sätze à 12–15 mögliche Wiederholungen	4,5
Schräge Sit-ups (Seite 96) Abduktion mit dem Miniband (Seite 102) Kniebeuge mit Zusatzlast (Seite 116) Einbeiniges Hüftheben (Seite 120) Liegestütz (Seite 122) Kräftigung Tibialis (Seite 105) Sätze à 12–15 mögliche Wiederholungen	• Stabilisierung im Kniestand (Seite 90) • Rumpfaufrichten im Stehen (Seite 91) • Ausfallschritt (Seite 115) • Rumpfheben (Seite 125) • Fersenheben einbeinig (Seite 117) • Kettlebell Clean and Press (Seite 126) 3 Sätze à 12–15 mögliche Wiederholungen	5

Woche	Ausdauer 1	Ausdauer 2	Ausdauer 3
9	• 30 Min. **zügig walken** (hügelige Strecke) **Zone:** GA1, BORG 10, sehr locker	**Laufen, Walking oder Wandern** • 10 Min. Warm-up <60 % HFmax • 3 × (4 Min. @60 % HFmax, 6 Min. @75 % HFmax im Wechsel) • 10 Min. Cool-down @GA1 **Zone:** GA1, BORG 11, locker	entfällt
10	• **50 Min. walken** (hügelige Strecke) oder **flach joggen** • Nach 15 Min.: 2 × 8 Min. @GA2 mit 5 Min. @GA1 dazwischen **Zone:** GA1 + GA2, BORG 12, locker bis etwas anstrengend	**Laufen, Walking oder Wandern** • 10 Min. Warm-up <60 % HFmax • 3 × (4 Min. @65 % HFmax, 6 Min. @80 % HFmax im Wechsel) • 15 Min. Cool-down @GA1 **Zone:** GA1–GA2, BORG 11–14, locker bis anstrengend	**Wanderung/kurze Bergtour** • @GA1 im Anstieg (Stöcke) • ca. 6 km und 400 Höhenmeter • alternativ: 60 Min. **Rad fahren** (Ergometer) @GA1 **Zone:** GA1, BORG 11, locker
11	• **60 Min. zügig walken** (hügelige Strecke) oder **flach joggen** • Nach 25 Min.: 4 × (3 Min. @GA2 mit 3 Min. @GA1 im Wechsel) **Zone:** GA1 + GA2, BORG 13, ein wenig anstrengend	**Laufen, Walking oder Wandern** • 10 Min. Warm-up <60 % HFmax • 4 × (4 Min. @GA1, 6 Min. @GA2 im Wechsel) • 15 Min. Cool-down @GA1 **Zone:** GA1–GA2, BORG 11–14, locker bis anstrengend	**Wanderung/Bergtour** • @GA1 im Anstieg (Stöcke) • ca. 8 km und 600 Höhenmeter • alternativ: 80 Min. **Rad fahren** (Ergometer) @GA1 **Zone:** GA1, BORG 12, locker bis etwas anstrengend
12	• 45 Min. **walken** (hügelige Strecke) oder **flach laufen** **Zone:** GA1, BORG 10, sehr locker	**30 Min. zügig walken** (hügelige Strecke) **oder flach laufen** **Zone:** GA1, BORG 11, locker	**Wanderung/Bergtour** • @GA1 im Anstieg (Stöcke) • ca. 10 km und 800 Höhenmeter • alternativ: 90 Min. **Rad fahren** (Ergometer) @GA1 **Zone:** GA1, BORG 12, locker bis etwas anstrengend

raft, Stabilisierung und Ausgleich 1	Kraft, Stabilisierung und Ausgleich 2	Trainingszeit in Stunden
Abduktion mit dem Miniband (Seite 102) Kniebeuge mit Zusatzlast (Seite 116) Klappmesser (Seite 123) Einbeiniges Hüftheben (Seite 120) Liegestütz (Seite 122) Absteiger (Seite 121) Sätze à 12 mögliche Wiederholungen	• Stabilisierungssprünge (Seite 101) • Rumpfrotation (Seite 127) • Ausfallschritt mit Zusatzlast (Seite 115) • Rumpfheben am Ball (Seite 125) • Fersenheben einbeinig mit Zusatzlast (Seite 117) • Kettlebell Clean and Press (Seite 126) 3 Sätze à 12 mögliche Wiederholungen	3
Abduktion mit dem Miniband (Seite 102) Kniebeuge mit Zusatzlast (Seite 116) Klappmesser (Seite 123) Einbeiniges Hüftheben (Seite 120) Liegestütz (Seite 122) Absteiger (Seite 121) Sätze à 12 mögliche Wiederholungen	• Stabilisierungssprünge (Seite 101) • Rumpfrotation (Seite 127) • Ausfallschritt mit Zusatzlast (Seite 115) • Rumpfheben am Ball (Seite 125) • Fersenheben einbeinig mit Zusatzlast (Seite 117) • Kettlebell Clean and Press (Seite 126) 3 Sätze à 12 mögliche Wiederholungen	5
Abduktion mit dem Miniband (Seite 102) Kniebeuge mit Zusatzlast (Seite 116) Klappmesser (Seite 123) Einbeiniges Hüftheben (Seite 120) Liegestütz (Seite 122) Absteiger mit Zusatzlast (Seite 121) Sätze à 12 mögliche Wiederholungen	• Stabilisierungssprünge (Seite 101) • Rumpfrotation (Seite 127) • Ausfallschritt mit Zusatzlast (Seite 115) • Rumpfheben am Ball (Seite 125) • Fersenheben einbeinig mit Zusatzlast (Seite 117) • Kettlebell Clean and Press (Seite 126) 3 Sätze à 12 mögliche Wiederholungen	6
Abduktion mit dem Miniband (Seite 102) Kniebeuge mit Zusatzlast (Seite 116) Klappmesser (Seite 123) Einbeiniges Hüftheben (Seite 120) Liegestütz (Seite 122) Absteiger mit Zusatzlast (Seite 121) Sätze à 12 mögliche Wiederholungen	• Stabilisierungssprünge (Seite 101) • Rumpfrotation (Seite 127) • Ausfallschritt mit Zusatzlast (Seite 115) • Rumpfheben am Ball (Seite 125) • Fersenheben einbeinig mit Zusatzlast (Seite 117) • Kettlebell Clean and Press (Seite 126) 3 Sätze à 12 mögliche Wiederholungen	5,5

12-Wochen-Plan für Wanderungen bis 1000 Höhenmeter

Dieser Plan eignet sich für alle, die sich früh genug auf die Wandersaison vorbereiten und Touren mit bis zu 1000 Höhenmetern schaffen wollen. Der Plan ist ideal für Einsteiger geeignet, du solltest aber vorweg schon regelmäßig sportlich aktiv gewesen sein. Idealerweise hast du davor den 12-Wochen-Vorbereitungsplan für die Wandersaison durchgeführt (ab Seite`152).

Um den Plan durchzuführen, musst du auch nicht zwingend in den Bergen leben, denn die meisten Ausdauereinheiten kannst du laufend, beim Walken oder mit dem Rad absolvieren beziehungsweise auf kleineren Anstiegen bei dir in der Nähe durchführen. Nach zwölf Wochen wirst du fit, stark und mit einem reduzierten Verletzungsrisiko zu deiner ersten 1000 Höhenmeter langen Bergtour aufbrechen! Darauf aufbauend kannst du mit dem Trainingsplan für eine Mehrtagestour (ab Seite`168) oder dem Plan für Touren bis 1500 Höhenmeter weitermachen (ab Seite`178).

Ziele des Trainingsplans

- Aufbau einer guten Grundlagenausdauerleistungsfähigkeit für Bergtouren mit einer Länge von bis zu 1000 Höhenmetern
- 400 Höhenmeter pro Stunde im Grundlagenbereich gehen können
- Erarbeiten einer soliden Rumpf- und Beinachsenstabilität
- Aufbau eines guten Kraftniveaus mit allgemeinen und speziellen Bein- und Rumpfübungen
- Prävention von klassischen Verletzungen und Überlastungen beim Wandern und Bergsteigen wie Knie- und Rückenschmerzen

Inhalte des Trainingsplans

- 2 bis 3 Ausdauereinheiten pro Woche
- 2 Kraft- und Stabilisierungseinheiten pro Woche

Der Plan ist nach dem 2:1-Prinzip aufgebaut. Du führst abwechselnd zwei Belastungswochen (gelb und rot markiert), gefolgt von einer Erholungswoche (blau markiert) durch. Um den Wechsel aus Belastung und Erholung beizubehalten, solltest du die Wochen untereinander nicht verschieben. Einzelne Einheiten innerhalb einer Woche kannst du gern so legen, dass sie zeitlich für dich passen.

Anweisungen für das Ausdauer- und Krafttraining

- Versuche, beim Ausdauertraining im vorgegebenen Pulsbereich zu bleiben. Wird der Puls zu hoch, reduziere die Geschwindigkeit beziehungsweise die Intensität.
- Lege nach der längsten Ausdauereinheit einen Pausetag ein.
- Beim **Krafttraining** genügt in den ersten 6 Wochen das **eigene Körpergewicht** (Kraftausdauertraining). **Danach** wählst du das **Zusatzgewicht** so, dass du die vorgegebenen Wiederholungen gerade noch schaffst.
- Wärme dich **vor dem Krafttraining** 10 Minuten mit den Übungen **»Allgemeine Erwärmung, Mobilität und Ausgleich«** (ab Seite`137) auf. Suche dir daraus drei bis fünf Übungen aus.
- Versuche, mindestens 48 Stunden Pause zwischen den Kraft- und Stabilisierungseinheiten einzuhalten. Ausdauertraining ist aber möglich.

Woche	Ausdauer 1	Ausdauer 2	Ausdauer 3
1	• 40 Min. **zügig spazieren gehen**/ walken (hügelige Strecke) **Zone:** GA1, BORG 08, extrem locker	• 30 Min. **Grundlagenlauf**, zügig walken oder • 60 Min. **Rad fahren** (Ergometer) **Zone:** GA1, BORG 11, locker	Individuelle **Ausdauereinheit im Grundlagenbereich 1**
2	• 45 Min. **flach laufen** oder **zügig spazieren gehen** (hügelige Strecke) **Zone:** GA1, BORG 08, extrem locker	**Laufen, Walking oder Wandern** • 10 Min. Warm-up @GA1 • 5 × (2 Min. @GA1, 3 Min. @GA2 im Wechsel) • 10 Min. Cool-down @GA1 **Zone:** GA1–GA2, BORG 10–13, sehr locker bis ein wenig anstrengend	• 40 Min. **Grundlagenlauf**/ Walking oder • 80 Min. **Rad fahren** (Ergometer) **Zone:** GA1, BORG 10, sehr locker
3	• 40 Min. **zügig spazieren gehen** (hügelige Strecke) oder **flach laufen** **Zone:** GA1, BORG 08, extrem locker	**Laufen, Walking oder Wandern** • 10 Min. Warm-up @GA1 • 5 × (3 Min. @GA1, 2 Min. @GA2 im Wechsel) • 10 Min. Cool-down @GA1 **Zone:** GA1–GA2, BORG 10–12, sehr locker bis locker	entfällt
4	• 45 Min. **zügig spazieren gehen** (hügelige Strecke) oder **flach laufen** **Zone:** GA1, BORG 08, extrem locker	**Laufen, Walking oder Wandern** • 10 Min. Warm-up <60 % HFmax • 3 × (5 Min. @60 % HFmax, 5 Min. @75 % HFmax im Wechsel) • 10 Min. Cool-down @GA1 **Zone:** GA1, BORG 10, locker	Individuelle **Ausdauereinheit im Grundlagenbereich 1**

Kraft, Stabilisierung und Ausgleich 1	Kraft, Stabilisierung und Ausgleich 2	Trainingszeit in Stunden
• Transversus ansteuern (Seite 89) • Brücke (Seite 92) • Sternschritte (Seite 103): 3 × 3 Runden/Bein • Kniebeuge (Seite 116) Liegestütz (Seite 122) Kniebeuge mit Fersenheben (Seite 107) 3 Sätze à 12–15 Wiederholungen mit dem eigenen Körpergewicht	• Einbeinige Stabilisierung (Seite 100) • Bärenstand (Seite 95) • Schwimmer (Seite 94) • Kniebeuge (Seite 116) • Fersenheben beidbeinig (Seite 117) • Kräftigung Peroneus (Seite 106) 3 Sätze à 12–15 Wiederholungen mit dem eigenen Körpergewicht	3,5
Transversus ansteuern (Seite 89) Brücke (Seite 92) Sternschritte (Seite 103): 3 × 3 Runden/Bein Kniebeuge (Seite 116) Liegestütz (Seite 122) Kniebeuge mit Fersenheben (Seite 107) 3 Sätze à 12–15 Wiederholungen mit dem eigenen Körpergewicht	• Einbeinige Stabilisierung (Seite 100) • Bärenstand (Seite 95) • Schwimmer (Seite 94) • Kniebeuge (Seite 116) • Fersenheben beidbeinig (Seite 117) • Kräftigung Peroneus (Seite 106) 3 Sätze à 12–15 Wiederholungen mit dem eigenen Körpergewicht	4
Transversus ansteuern (Seite 89) Brücke (Seite 92) Sternschritte (Seite 103): 3 × 3 Runden/Bein Kniebeuge (Seite 116) Liegestütz (Seite 122) Kniebeuge mit Fersenheben (Seite 107) 3 Sätze à 12–15 Wiederholungen mit dem eigenen Körpergewicht	• Einbeinige Stabilisierung (Seite 100) • Bärenstand (Seite 95) • Schwimmer (Seite 94) • Kniebeuge (Seite 116) • Fersenheben beidbeinig mit Zusatzlast (Seite 117) • Kräftigung Peroneus (Seite 106) 3 Sätze à 12–15 Wiederholungen mit dem eigenen Körpergewicht	3
Transversus ansteuern (Seite 89) Brücke (Seite 92) Sternschritte (Seite 103): 3 × 3 Runden/Bein Kniebeuge (Seite 116) Liegestütz (Seite 122) Kniebeuge mit Fersenheben (Seite 107) 3 Sätze à 12–15 Wiederholungen mit dem eigenen Körpergewicht	• Einbeinige Stabilisierung (Seite 100) • Bärenstand (Seite 95) • Schwimmer (Seite 94) • Kniebeuge (Seite 116) • Fersenheben beidbeinig mit Zusatzlast (Seite 117) • Kräftigung Peroneus (Seite 106) 3 Sätze à 12–15 Wiederholungen mit dem eigenen Körpergewicht	3,5

Woche	Ausdauer 1	Ausdauer 2	Ausdauer 3
5	• 50 Min. **zügig spazieren gehen** (hügelige Strecke) oder **flach laufen** **Zone:** GA1, BORG 08, extrem locker	**Laufen, Walking oder Wandern** • 10 Min. Warm-up @GA1 • 3 × (4 Min. @GA1, 6 Min. @GA2 im Wechsel) • 10 Min. Cool-down @GA1 **Zone:** GA1–GA2, BORG 10–13, sehr locker bis ein wenig anstrengend	• 45 Min. **Grundlagenlauf** oder Walking (hügelige Strecke) oder • 90 Min. **Rad fahren** (Ergometer) **Zone:** GA1, BORG 11, locker
6	• 30 Min. **locker laufen** oder **zügig spazieren gehen/walken** (hügelige Strecke) • 60 Min. **Rad fahren** (Ergometer) **Zone:** GA1, BORG 08, extrem locker	**Laufen, Walking oder Wandern** • 10 Min. Warm-up @GA1 • 3 × (6 Min. @GA1, 4 Min. @GA2 im Wechsel) • 10 Min. Cool-down @GA1 **Zone:** GA1–GA2, BORG 10–12, locker	entfällt
7	• 45 Min. **walken** (hügelige Strecke) oder **flach joggen** • Nach 15 Min.: 3 × (3 Min. @GA2 mit 2 Min. @GA1 im Wechsel) **Zone:** GA1 + GA2, BORG 11, locker	**Laufen, Walking oder Wandern** • 10 Min. Warm-up <60 % HFmax • 3 × (6 Min. @65 % HFmax, 4 Min. @75 % HFmax im Wechsel) • 10 Min. Cool-down @GA1 **Zone:** GA1, BORG 08–11, extrem locker bis locker	**Wanderung** • @GA1 im Anstieg (Stöcke verwenden) • ca. 5 km und 300 Höhenmeter • alternativ: 90 Min. **Rad fahren** (Ergometer) @GA1 **Zone:** GA1, BORG 11, locker
8	• 50 Min**. walken** (hügelige Strecke) oder **flach joggen** • Nach 15 Min.: 4 × (4 Min. @GA2 mit 3 Min. @GA1 im Wechsel) **Zone:** GA1 + GA2, BORG 13, ein wenig anstrengend	**Extensive Bergintervalle** an einem 100-Höhenmeter-Anstieg: • 10 Min. eingehen @GA1 • 4 × (100 Höhenmeter bergauf @GA2, Pause: bergab zum Start zurückgehen) • 10 Min. ausgehen @GA1 **Zone:** GA1–GA2, BORG 11–14, locker bis anstrengend	**Wanderung** • @GA1 im Anstieg (Stöcke verwenden) • ca. 6 km und 400 Höhenmeter • Alternativ: 90 Min. **Rad fahren** (Ergometer) @GA1 **Zone:** GA1, BORG 11, locker

Kraft, Stabilisierung und Ausgleich 1	Kraft, Stabilisierung und Ausgleich 2	Trainingszeit in Stunden
• Schräge Sit-ups (Seite 96) • Abduktion mit dem Miniband (Seite 102) • Kniebeuge mit Zusatzlast (Seite 116) • Einbeiniges Hüftheben (Seite 120) • Liegestütz (Seite 122) • Kräftigung Tibialis (Seite 105) 3 Sätze à 12–15 mögliche Wiederholungen	• Stabilisierung im Kniestand (Seite 90) • Rumpfaufrichten im Stehen (Seite 91) • Ausfallschritt (Seite 115) • Rumpfheben (Seite 125) • Fersenheben einbeinig (Seite 117) • Kettlebell Clean and Press (Seite 126) 3 Sätze à 12–15 mögliche Wiederholungen	4,5
• Schräge Sit-ups (Seite 96) • Abduktion mit dem Miniband (Seite 102) • Kniebeuge mit Zusatzlast (Seite 116) • Einbeiniges Hüftheben (Seite 120) • Liegestütz (Seite 122) • Kräftigung Tibialis (Seite 105) 3 Sätze à 12–15 mögliche Wiederholungen	• Stabilisierung im Kniestand (Seite 90) • Rumpfaufrichten im Stehen (Seite 91) • Ausfallschritt (Seite 115) • Rumpfheben (Seite 125) • Fersenheben einbeinig (Seite 117) • Kettlebell Clean and Press (Seite 126) 3 Sätze à 12–15 mögliche Wiederholungen	3,5
• Schräge Sit-ups (Seite 96) • Abduktion mit dem Miniband (Seite 102) • Kniebeuge mit Zusatzlast (Seite 116) • Einbeiniges Hüftheben (Seite 120) • Liegestütz (Seite 122) • Kräftigung Tibialis (Seite 105) 3 Sätze à 12–15 mögliche Wiederholungen	• Stabilisierung im Kniestand (Seite 90) • Rumpfaufrichten im Stehen (Seite 91) • Ausfallschritt (Seite 115) • Rumpfheben (Seite 125) • Fersenheben einbeinig mit Zusatzlast (Seite 117) • Kettlebell Clean and Press (Seite 126) 3 Sätze à 12–15 mögliche Wiederholungen	4,5
• Schräge Sit-ups (Seite 96) • Abduktion mit dem Miniband (Seite 102) • Kniebeuge mit Zusatzlast (Seite 116) • Einbeiniges Hüftheben (Seite 120) • Liegestütz (Seite 122) • Kräftigung Tibialis (Seite 105) 3 Sätze à 12–15 mögliche Wiederholungen	• Stabilisierung im Kniestand (Seite 90) • Rumpfaufrichten im Stehen (Seite 91) • Ausfallschritt (Seite 115) • Rumpfheben (Seite 125) • Fersenheben einbeinig mit Zusatzlast (Seite 117) • Kettlebell Clean and Press (Seite 126) 3 Sätze à 12–15 mögliche Wiederholungen	5

Woche	Ausdauer 1	Ausdauer 2	Ausdauer 3
9	• 30 Min. **zügig walken** (hügelige Strecke) oder **flach laufen** oder • 60 Min. **Rad fahren** (Ergometer) **Zone:** GA1, BORG 10, sehr locker	**Laufen, Walking oder Wandern** • 10 Min. Warm-up <60 % HFmax • 3 × (6 Min. @70 % HFmax, 4 Min. @80 % HFmax im Wechsel) • 10 Min. Cool-down @GA1 **Zone:** GA1, BORG 10–13, sehr locker bis ein wenig anstrengend	**Wanderung** • @GA1 im Anstieg (Stöcke verwenden) • ca. 6 km und 500 Höhenmeter • alternativ: 90 Min. **Rad fahren** (Ergometer) @GA1 **Zone:** GA1, BORG 11, locker
10	• 45 Min. **walken** (hügelige Strecke) oder **flach joggen** • Nach 15 Min.: 2 × 6 Min. @GA2 mit 4 Min. @GA1 dazwischen **Zone:** GA1 + GA2, BORG 12, locker bis etwas anstrengend	**Extensive Bergintervalle** an einem 100-Höhenmeter-Anstieg: • 10 Min. eingehen @GA1 • 4 × (100 Höhenmeter bergauf @85 % HFmax, Pause: bergab zum Start zurückgehen) • 10 Min. ausgehen **Zone:** GA1–GA2, BORG 11–14, locker bis anstrengend	**Wanderung/kurze Bergtour** • @GA1 im Anstieg (Stöcke) • ca. 6 km und 600 Höhenmeter • Alternativ: 90 Min. **Rad fahren** (Ergometer) @GA1 **Zone:** GA1, BORG 11, locker
11	• 60 Min. **zügig walken** (hügelige Strecke) oder **flach joggen** • Nach 25 Min.: 4 × (3 Min. @GA2 mit 3 Min. @GA1 im Wechsel) **Zone:** GA1 + GA2, BORG 13, ein wenig anstrengend	entfällt	**Wanderung/Bergtour** • @GA1 im Anstieg (Stöcke) • ca. 800 Höhenmeter • alternativ: 90 Min. **Rad fahren** (Ergometer) @GA1 **Zone:** GA1, BORG 12, locker bis etwas anstrengend
12	• 30 Min. **zügig walken** (hügelige Strecke) oder **flach joggen** **Zone:** GA1, BORG 11, locker	• 40 Min. **Grundlagenlauf/ Walking** oder • 80 Min. **Rad fahren** (Ergometer) **Zone:** GA1, BORG 11, locker	**Wanderung/Bergtour** • @GA1 im Anstieg (Stöcke) • ca. 10 km und 1000 Höhenmeter **Zone:** GA1, BORG 12, locker bis etwas anstrengend

Kraft, Stabilisierung und Ausgleich 1	Kraft, Stabilisierung und Ausgleich 2	Trainingszeit in Stunden
• Abduktion mit dem Miniband (Seite 102) • Kniebeuge mit Zusatzlast (Seite 116) • Klappmesser (Seite 123) • Einbeiniges Hüftheben (Seite 120) • Liegestütz (Seite 122) • Aufsteiger (Seite 118) 3 Sätze à 12 mögliche Wiederholungen	• Stabilisierungssprünge (Seite 101) • Rumpfrotation (Seite 127) • Ausfallschritt mit Zusatzlast (Seite 115) • Rumpfheben am Ball (Seite 125) • Absteiger (Seite 121) • Kettlebell Clean and Press (Seite 126) 3 Sätze à 12 mögliche Wiederholungen	3
• Abduktion mit dem Miniband (Seite 102) • Kniebeuge mit Zusatzlast (Seite 116) • Klappmesser (Seite 123) • Einbeiniges Hüftheben (Seite 120) • Liegestütz (Seite 122) • Aufsteiger (Seite 118) 3 Sätze à 12 mögliche Wiederholungen	• Stabilisierungssprünge (Seite 101) • Rumpfrotation (Seite 127) • Ausfallschritt mit Zusatzlast (Seite 115) • Rumpfheben am Ball (Seite 125) • Absteiger (Seite 121) • Kettlebell Clean and Press (Seite 126) 3 Sätze à 12 mögliche Wiederholungen	5
• Abduktion mit dem Miniband (Seite 102) • Kniebeuge mit Zusatzlast (Seite 116) • Klappmesser (Seite 123) • Einbeiniges Hüftheben (Seite 120) • Liegestütz (Seite 122) • Aufsteiger (Seite 118) 3 Sätze à 12 mögliche Wiederholungen	• Stabilisierungssprünge (Seite 101) • Rumpfrotation (Seite 127) • Ausfallschritt mit Zusatzlast (Seite 115) • Rumpfheben am Ball (Seite 125) • Absteiger (Seite 121) • Kettlebell Clean and Press (Seite 126) 3 Sätze à 12 mögliche Wiederholungen	6
• Abduktion mit dem Miniband (Seite 102) • Kniebeuge mit Zusatzlast (Seite 116) • Klappmesser (Seite 123) • Einbeiniges Hüftheben (Seite 120) • Liegestütz (Seite 122) • Aufsteiger (Seite 118) 3 Sätze à 12 mögliche Wiederholungen	• Stabilisierungssprünge (Seite 101) • Rumpfrotation (Seite 127) • Ausfallschritt mit Zusatzlast (Seite 115) • Rumpfheben am Ball (Seite 125) • Absteiger (Seite 121) • Kettlebell Clean and Press (Seite 126) 3 Sätze à 12 mögliche Wiederholungen	5,5

12-Wochen-Plan für eine Mehrtagestour

Dein nächstes Ziel ist eine mehrtägige Wanderung? Eine Alpenüberquerung vielleicht oder der Berliner oder Stubaier Höhenweg? Mehrtagestouren wie diese erfordern Durchhaltevermögen über etwa eine Woche, du musst Tagesetappen um 1000 Höhenmeter bewältigen und einen schweren Rucksack tragen. Dieser Trainingsplan bereitet dich in zwölf Wochen auf die durchgehende Belastung von Etappenwanderungen vor!

Idealweise hast du davor den 12-Wochen-Vorbereitungsplan für die Wandersaison oder den 12-Wochen-Plan für Wanderungen bis 1000 Höhenmeter absolviert. Um den Plan durchzuführen, musst du nicht zwingend in den Bergen leben, denn die meisten Ausdauereinheiten kannst du laufend, beim Walken oder mit dem Rad durchführen oder an kleinen Anstiegen bei dir in der Nähe trainieren. Nach zwölf Wochen wirst du fit, stark und mit einem reduzierten Verletzungsrisiko zu deiner Mehrtagestour aufbrechen!

Ziele des Trainingsplans

- Vorbereitung auf eine mehrtägige Wanderung, Belastungen mehrere Tage hintereinander tolerieren, Tagesetappen mit 1000 Höhenmetern problemlos schaffen
- 400 Höhenmeter pro Stunde im Grundlagenbereich gehen können
- Erarbeiten einer soliden Rumpf- und Beinachsenstabilität
- Aufbau eines guten Kraftniveaus mit allgemeinen und speziellen Bein- und Rumpfübungen
- Prävention von klassischen Verletzungen und Überlastungen beim Wandern und Bergsteigen wie Knie- und Rückenschmerzen

Inhalte des Trainingsplans

- 2 bis 3 Ausdauereinheiten pro Woche
- 2 Kraft- und Stabilisierungseinheiten pro Woche

Der Plan ist nach dem 2:1-Prinzip aufgebaut. Du führst abwechselnd zwei Belastungswochen (gelb und rot markiert), gefolgt von einer Erholungswoche (blau markiert) durch. Um den Wechsel aus Belastung und Erholung beizubehalten, solltest du die Wochen untereinander nicht verschieben. Einzelne Einheiten innerhalb einer Woche kannst du notfalls aber so legen, dass sie zeitlich für dich umsetzbar sind.

Anweisungen für das Ausdauer- und Krafttraining

- Versuche, beim Ausdauertraining im vorgegebenen Pulsbereich zu bleiben. Wird der Puls zu hoch, reduziere die Geschwindigkeit beziehungsweise die Intensität.
- Versuche, die Einheiten an den vorgegebenen Tagen zu absolvieren.
- Wärme dich **vor dem Krafttraining** 10 Minuten mit den Übungen **»Allgemeine Erwärmung, Mobilität und Ausgleich«** (ab Seite 137) auf. Suche dir daraus fünf Übungen aus.
- Beim **Krafttraining** wählst du das **Zusatzgewicht** so, dass du die vorgegebenen Wiederholungen gerade noch schaffst. Versuche, mindestens 27 Stunden Pause zwischen den Kraft- und Stabilisierungseinheiten einzuhalten. Ausdauertraining ist aber möglich.

Woche	Montag	Dienstag	Mittwoch
1	**Beinachsenstabilität** • Einbeinige Stabilisierung (Seite 100) • Stabilisierungssprünge (Seite 101) • Abduktion mit dem Miniband (Seite 102) • Sternschritte (Seite 103) • Kniebeuge mit Fersenheben (Seite 107)	• 30–45 Min. **Grundlagenlauf/zügig walken** oder • 3 × (5 Min. gehen, 5 Min. laufen im Wechsel) **Zone:** GA1, BORG 11–12, locker	Ruhetag
2	**Beinachsenstabilität** • Einbeinige Stabilisierung (Seite 100) • Stabilisierungssprünge (Seite 101) • Abduktion mit dem Miniband (Seite 102) • Sternschritte (Seite 103) • Kniebeuge mit Fersenheben (Seite 107)	• 40 Min. **Grundlagenlauf/zügig walken** oder • 60 Min. **Rad fahren** (Ergometer) **Zone:** GA1, BORG 11, locker	Ruhetag
3	**Beinachsenstabilität** • Einbeinige Stabilisierung (Seite 100) • Stabilisierungssprünge (Seite 101) • Abduktion mit dem Miniband (Seite 102) • Sternschritte (Seite 103) • Kniebeuge mit Fersenheben (Seite 107)	• 30 Min. **Grundlagenlauf/zügig walken** oder • 60 Min. **Rad fahren** (Ergometer) **Zone:** GA1, BORG 11, locker	Ruhetag

Donnerstag	Freitag	Samstag	Sonntag
Rumpfstabilität • Transversus ansteuern (Seite 89) • Stabilisierung im Kniestand (Seite 90) • Brücke (Seite 92) • Beckenheben im Seitstütz (Seite 93) • Schwimmer (Seite 94)	Ruhetag	• **Wanderung** (400 Höhenmeter) oder • 1,5 Std. **zügig walken** (hügelige Strecke) **Zone:** GA1, BORG 11, locker	Ruhetag oder individuelle Sporteinheit
Rumpfstabilität • Transversus ansteuern (Seite 89) • Stabilisierung im Kniestand (Seite 90) • Brücke (Seite 92) • Beckenheben im Seitstütz (Seite 93) • Schwimmer (Seite 94)	**Laufen, Walking oder Wandern** • 10 Min. Warm-up <60 % HFmax • 3 × (5 Min. @60 % HFmax, 5 Min. @75 % HFmax im Wechsel) • 10 Min. Cool-down	• **Wanderung** (500 Höhenmeter) oder • 1,5 Std. **zügig Walken** (hügelige Strecke) **Zone:** GA1, BORG 11, locker	Ruhetag oder individuelle Sporteinheit
Rumpfstabilität • Transversus ansteuern (Seite 89) • Stabilisierung im Kniestand (Seite 90) • Brücke (Seite 92) • Beckenheben im Seitstütz (Seite 93) • Schwimmer (Seite 94)	Ruhetag	**Individuelle Ausdauereinheit**	Ruhetag oder individuelle Sporteinheit

Woche	Montag	Dienstag	Mittwoch
4	**Beinachsenstabilität** • Einbeinige Stabilisierung (Seite 100) • Stabilisierungssprünge (Seite 101) • Abduktion mit dem Miniband (Seite 102) • Sternschritte (Seite 103) • Kniebeuge mit Fersenheben (Seite 107)	• 45 Min. **Grundlagenlauf/zügig walken** oder • 60 Min. **Rad fahren** (Ergometer) **Zone:** GA1, BORG 11, locker	Ruhetag
5	**Kraftprogramm** • Stabilisierungssprünge (Seite 101) • Aufsteiger (Seite 118) • Liegestütz (Seite 122) • Klappmesser (Seite 123) • Kettlebell Clean and Press (Seite 126) • Fersenheben einbeinig (Seite 117) 3 × 15 Wiederholungen	**Laufen, Walking oder Wandern** • 15 Min. Warm-up @GA1 • 4 × (6 Min. @GA1, 4 Min. @GA2 im Wechsel) • 15 Min. Cool-down @GA1	Ruhetag
6	**Kraftprogramm** • Stabilisierungssprünge (Seite 101) • Aufsteiger (Seite 118) • Liegestütz (Seite 122) • Klappmesser (Seite 123) • Kettlebell Clean and Press (Seite 126) • Fersenheben einbeinig (Seite 117) 3 × 15 Wiederholungen	• 30 Min. **Grundlagenlauf/zügig walken** oder • 60 Min. **Rad fahren** (Ergometer) **Zone:** GA1, BORG 11, locker	Ruhetag

Donnerstag	Freitag	Samstag	Sonntag
Rumpfstabilität • Transversus ansteuern (Seite 89) • Stabilisierung im Kniestand (Seite 90) • Brücke (Seite 92) • Beckenheben im Seitstütz (Seite 93) • Schwimmer (Seite 94)	**Laufen, Walking oder Wandern** • 10 Min. Warm-up @GA1 • 3 × (6 Min. @GA1, 4 Min. @GA2 im Wechsel) • 10 Min. Cool-down @GA1	• **Wanderung** (500 Höhenmeter) oder • 1,5 Std. **zügig walken** (hügelige Strecke) • Nach 20 Min.: 4 × 4 Min. @85 % HFmax, 3 Min. locker dazwischen **Zone:** GA1, BORG 11–14, locker/anstrengend	Ruhetag oder individuelle Sporteinheit
Kraftprogramm • Bärenstand (Seite 95) • Rumpfaufrichten im Stehen (Seite 91) • Abduktion mit dem Miniband (Seite 102) • Rumpfheben am Boden (Seite 125) • Kniebeuge (Seite 116) • Einbeiniges Hüftheben (Seite 120) 3 × 15 Wiederholungen	• 45 Min. **Grundlagenlauf** oder • 4 × (5 Min. gehen, 5 Min. laufen im Wechsel) **Zone:** GA1, BORG 11–12, locker	• **Wanderung** (600 Höhenmeter) oder • 2 Std. **zügig walken** (hügelige Strecke) **Zone:** GA1, BORG 11, locker	Ruhetag oder individuelle Sporteinheit
Kraftprogramm • Bärenstand (Seite 95) • Rumpfaufrichten im Stehen (Seite 91) • Abduktion mit dem Miniband (Seite 102) • Rumpfheben am Boden (Seite 125) • Kniebeuge (Seite 116) • Einbeiniges Hüftheben (Seite 120) 3 × 15 Wiederholungen	Ruhetag	**Individuelle Ausdauereinheit**	Ruhetag oder individuelle Sporteinheit

Woche	Montag	Dienstag	Mittwoch
7	**Kraftprogramm** • Stabilisierungssprünge (Seite 101) • Aufsteiger (Seite 118) • Liegestütz (Seite 122) • Klappmesser (Seite 123) • Kettlebell Clean and Press (Seite 126) • Fersenheben einbeinig (Seite 117) 3 × 15 Wiederholungen	**Laufen, Walking oder Wandern** • 10 Min. Warm-up • 4 × (5 Min. @70 % HFmax, 5 Min. @80 % HFmax im Wechsel) • 10 Min. Cool-down	Ruhetag
8	**Kraftprogramm** • Stabilisierungssprünge (Seite 101) • Aufsteiger (Seite 118) • Liegestütz (Seite 122) • Klappmesser (Seite 123) • Kettlebell Clean and Press (Seite 126) • Fersenheben einbeinig (Seite 117) 3 × 15 Wiederholungen	**Laufen, Walking oder Wandern** • 10 Min. Warm-up • 4 × (4 Min. @70 % HFmax, 6 Min. @85 % HFmax im Wechsel) • 10 Min. Cool-down	Ruhetag
9	Ruhetag	**Kraftprogramm** • Bärenstand (Seite 95) • Rumpfaufrichten im Stehen (Seite 91) • Absteiger (Seite 121) • Rumpfheben am Ball (Seite 125) • Kniebeuge mit Zusatzlast (Seite 116) • Einbeiniges Hüftheben (Seite 120) 3 × 12 Wiederholungen	• **Regenerative Einheit** • 30 Min. **Grundlagenlauf/zügig walken** oder • 45 Min. **Rad fahren** (Ergometer) **Zone:** GA1, BORG 08, extrem locker

Donnerstag	Freitag	Samstag	Sonntag
Kraftprogramm • Bärenstand (Seite 95) • Rumpfaufrichten im Stehen (Seite 91) • Abduktion mit dem Miniband (Seite 102) • Rumpfheben am Boden (Seite 125) • Kniebeuge (Seite 116) • Einbeiniges Hüftheben (Seite 120) 3 × 15 Wiederholungen	• 45 Min. **Grundlagenlauf/zügig walken** oder • 60 Min. **Rad fahren** (Ergometer) **Zone:** GA1, BORG 11, locker	• **Wanderung** (800 Höhenmeter) oder • 2 Std. **zügig walken** (hügelige Strecke) • Nach 30 Min.: 3 × (5 Min. @80 % HFmax, 3 Min. locker dazwischen) **Zone:** GA1, BORG 11, locker	Ruhetag oder individuelle Sporteinheit
Beinachsen- und Rumpfstabilität • Rumpfaufrichten im Stehen (Seite 91) • Stabilisierungssprünge (Seite 101) • Abduktion mit dem Miniband (Seite 102) • Schräge Sit-ups (Seite 96) • Bärenstand (Seite 95) • Schwimmer (Seite 94)	• 30 Min. **Grundlagenlauf** oder • 3 × (5 Min. gehen, 5 Min. laufen im Wechsel) **Zone:** GA1, BORG 11–12, locker	**Wanderung** • 500 Höhenmeter oder • 1,5 Std. **Rad fahren/ zügig walken** (hügelige Strecke) • Nach 20 Min.: 5 × (3 Min. @85 % HFmax, 3 Min. locker dazwischen) **Zone:** GA1, BORG 11, locker	**Wanderung** • 1000 Höhenmeter oder • 2 Std. **Rad fahren/ zügig walken** (hügelige Strecke) **Zone:** GA1, BORG 11, locker
Ruhetag	**Kraftprogramm** • Stabilisierungssprünge (Seite 101) • Aufsteiger mit Zusatzlast (Seite 118) • Liegestütz (Seite 122) • Klappmesser (Seite 123) • Kettlebell Clean and Press (Seite 126) • Fersenheben einbeinig (Seite 117) 3 × 12 Wiederholungen	**Individuelle Ausdauereinheit**	Ruhetag oder individuelle Sporteinheit

Woche	Montag	Dienstag	Mittwoch
10	**Kraftprogramm** • Bärenstand (Seite 95) • Rumpfaufrichten im Stehen (Seite 91) • Absteiger (Seite 121) • Rumpfheben am Ball (Seite 125) • Kniebeuge mit Zusatzlast (Seite 116) • Einbeiniges Hüftheben (Seite 120) 3 × 12 Wiederholungen	• **Bergintervalle** • 15 Min. Warm-up • 5 × (3 Min. @70 % HFmax, 4 Min. 90 % HFmax im Wechsel) • 15 Min. Cool-down	Ruhetag
11	Ruhetag	**Kraftprogramm** • Bärenstand (Seite 95) • Rumpfaufrichten im Stehen (Seite 91) • Absteiger (Seite 121) mit Zusatzlast • Rumpfheben am Ball (Seite 125) • Kniebeuge mit Zusatzlast (Seite 116) • Einbeiniges Hüftheben (Seite 120) 3 × 12 Wiederholungen	• 45 Min. **Grundlagenlauf/zügig Walken** oder • 60 Min. **Rad fahren** (Ergometer) **Zone:** GA1, BORG 11, locker
12	Ruhetag	**Kraftprogramm** • Bärenstand (Seite 95) • Rumpfaufrichten im Stehen (Seite 91) • Absteiger mit Zusatzlast (Seite 121) • Rumpfheben am Ball (Seite 125) • Kniebeuge mit Zusatzlast (Seite 116) • Einbeiniges Hüftheben (Seite 120) 3 × 12 Wiederholungen	• 45 Min. **Grundlagenlauf** oder • 6 × (2 Min. gehen, 3 Min. laufen im Wechsel) **Zone:** GA1, BORG 11–12, locker

Donnerstag	Freitag	Samstag	Sonntag
Kraftprogramm • Stabilisierungssprünge (Seite 101) • Aufsteiger mit Zusatzlast (Seite 118) • Liegestütz (Seite 122) • Klappmesser (Seite 123) • Kettlebell Clean and Press (Seite 126) • Fersenheben einbeinig (Seite 117) 3 × 12 Wiederholungen	• 45 Min. **Grundlagenlauf** oder • 6 × (2 Min. gehen, 3 Min. laufen im Wechsel) **Zone:** GA1, BORG 11–12, locker	**Wanderung** • 500 Höhenmeter oder • 1,5 Std. **Rad fahren/ zügig walken** (hügelige Strecke) • Nach 20 Min.: 5 × (3 Min. @85 % HFmax, 3 Min. locker dazwischen) **Zone:** GA1, BORG 11, locker	**Wanderung** • 1000–1200 Höhenmeter oder • 2 Std. **Rad fahren/ zügig walken** (hügelige Strecke) **Zone:** GA1, BORG 11, locker
Ruhetag	**Beinachsen- und Rumpfstabilität** • Rumpfheben (Seite 125) • Stabilisierungssprünge (Seite 101) • Abduktion mit dem Miniband (Seite 102) • Schräge Sit-ups (Seite 96) • Bärenstand (Seite 95) • Schwimmer (Seite 94)	**Laufen, Walking oder Wandern** • 10 Min. Warm-up • 4 × (4 Min. @70 % HFmax, 6 Min. @85 % HFmax im Wechsel) 10 Min. Cool-down	**Wanderung** • 800 Höhenmeter oder • 2 Std. **zügig walken** (hügelige Strecke) **Zone:** GA1, BORG 11, locker
Ruhetag	Ruhetag	**Start Mehrtagestour**	

12-Wochen-Plan für Bergtouren mit 1500 Höhenmetern und mehr

Du möchtest Touren mit 1500 Höhenmetern locker bewältigen und deine Leistung beim Wandern und Bergsteigen steigern? Dann ist das der ideale Trainingsplan für dich! Er richtet sich an alle, die schon einige Jahre Bergerfahrung haben und ihre Leistung weiter steigern wollen.

Vielleicht hast du das Gefühl, in deiner Leistungsfähigkeit zu stagnieren? Oder es plagen dich auf langen Touren Rücken- und Kniebeschwerden? Die Einheiten in diesem Trainingsplan werden dir helfen!

Starte den Plan idealerweise zwei Monate vor der Wandersaison, damit du im Juli und August in Höchstform bist und über den Sommer hinweg von deinem guten Niveau zehren kannst. Führe das Krafttraining danach erhaltend mindestens einmal pro Woche weiter. Hast du mit diesem Buch erst mit dem gezielten Bergsport begonnen, solltest du vor diesem Trainingsplan zumindest zwei der drei vorherigen Pläne absolviert haben.

Ziele des Trainingsplans

- Vorbereitung auf lange Bergtouren mit 1500 und mehr Höhenmetern
- 600 Höhenmeter pro Stunde im Grundlagenbereich gehen können
- Erarbeiten einer soliden Rumpf- und Beinachsenstabilität
- Aufbau eines guten Kraftniveaus mit allgemeinen und speziellen Bein- und Rumpfübungen
- Prävention von klassischen Verletzungen und Überlastungen beim Wandern und Bergsteigen wie Knie- und Rückenschmerzen

Inhalte des Trainingsplans

- 2 bis 4 Ausdauereinheiten pro Woche
- 1 bis 2 Kraft- und Stabilisierungseinheiten pro Woche

Der Plan ist nach dem 2:1-Prinzip aufgebaut. Du führst abwechselnd zwei Belastungswochen (gelb und rot markiert), gefolgt von einer Erholungswoche (blau markiert) durch. Um den Wechsel aus Belastung und Erholung beizubehalten, solltest du die Wochen untereinander nicht verschieben. Einzelne Einheiten innerhalb einer Woche kannst du notfalls aber so legen, dass sie zeitlich für dich umsetzbar sind.

Anweisungen für das Ausdauer- und Krafttraining

- Versuche, beim **Ausdauertraining im vorgegebenen Pulsbereich** zu bleiben. Wird der Puls zu hoch, reduziere die Geschwindigkeit beziehungsweise die Intensität.
- Versuche, die Einheiten an den vorgegebenen Tagen zu absolvieren.
- Wärme dich **vor dem Krafttraining** 10 Minuten mit den Übungen **»Allgemeine Erwärmung, Mobilität und Ausgleich«** (ab Seite`137) auf. Suche dir daraus fünf Übungen aus.
- Beim **Krafttraining** wähle das **Zusatzgewicht** so, dass du die vorgegebenen Wiederholungen gerade noch schaffst. Versuche, mindestens 27 Stunden Pause zwischen den Kraft- und Stabilisierungseinheiten einzuhalten. Ausdauertraining ist aber möglich.

Woche	Montag	Dienstag	Mittwoch
1	**Kraftprogramm** • Stabilisierungssprünge (Seite 101) • Standwaage (Seite 104) • Absteiger mit Zusatzlast (Seite 121) • Kniebeuge mit Zusatzlast (Seite 116) • Liegestütz (Seite 122) • Rumpfheben am Ball (Seite 125) • Bulgarian Split Squat (Seite 132) 3 × 12 Wiederholungen	**Grundlagenlauf/zügig walken** • 40 Min. @75 % HFmax, davon 10 Min. ein- und auslaufen @65 % HFmax • alternativ: 1 Std. **Rad fahren** @70 % HFmax	Ruhetag
2	**Kraftprogramm** • Stabilisierungssprünge (Seite 101) • Standwaage (Seite 104) • Absteiger mit Zusatzlast (Seite 121) • Kniebeuge mit Zusatzlast (Seite 116) • Liegestütz (Seite 122) • Rumpfheben am Ball (Seite 125) • Bulgarian Split Squat (Seite 132) 3 × 12 Wiederholungen	**Tempotraining Berg** • 15 Min. Warm-up @GA1 • 4 × (6 Min. bergauf @GA2, 4 Min. Pause @GA1) • locker bergab und 15 Min. flach auslaufen @GA1	Ruhetag
3	**Kraftprogramm** • Stabilisierungssprünge (Seite 101) • Standwaage (Seite 104) • Absteiger mit Zusatzlast (Seite 121) • Kniebeuge mit Zusatzlast (Seite 116) • Liegestütz (Seite 122) • Rumpfheben am Ball (Seite 125) • Bulgarian Split Squat (Seite 132) 3 × 12 Wiederholungen	• 30 Min. **Grundlagenlauf/zügig walken** oder • 60 Min. **Rad fahren** (Ergometer) @65 % HFmax **Zone:** GA1, BORG 11, locker	Ruhetag

Donnerstag	Freitag	Samstag	Sonntag
Kraftprogramm • Rumpfaufrichten im Stehen (Seite 91) • Beckenheben im Seitstütz (Seite 93) • Deadlift (Seite 133) • Klappmesser (Seite 123) • Rudern (Seite 135) • Aufsteiger mit Zusatzlast (Seite 118) 3 × 12 Wiederholungen	Ruhetag	**Wanderung** • 600 Höhenmeter oder • 1,5 Std. **Rad fahren/ zügig walken** (hügelige Strecke) **Zone:** GA1, BORG 11, locker	Ruhetag oder individuelle Sporteinheit
Kraftprogramm • Rumpfaufrichten im Stehen (Seite 91) • Beckenheben im Seitstütz (Seite 93) • Deadlift (Seite 133) • Klappmesser (Seite 123) • Rudern (Seite 135) • Aufsteiger mit Zusatzlast (Seite 118) 3 × 12 Wiederholungen	**Grundlagenlauf hügelig** • 45 Min. @75 % HFmax, davon 5 Min. ein- und auslaufen @65 % HFmax • Nach 20 Min.: 3 × (3 Min. @85 % HFmax, 2 Min. @75 % HFmax) • alternativ: 1,5 Std. **Rad fahren** @70 % HFmax	**Wanderung** • 800 Höhenmeter oder • 1,5 Std. **zügig walken** (hügelige Strecke) **Zone:** GA1, BORG 11, locker	Ruhetag oder individuelle Sporteinheit
Kraftprogramm • Rumpfaufrichten im Stehen (Seite 91) • Beckenheben im Seitstütz (Seite 93) • Deadlift (Seite 133) • Klappmesser (Seite 123) • Rudern (Seite 135) • Aufsteiger mit Zusatzlast (Seite 118) 3 × 12 Wiederholungen	Ruhetag	**Individuelle Ausdauereinheit**	Ruhetag oder individuelle Sporteinheit

Woche	Montag	Dienstag	Mittwoch
4	**Kraftprogramm** • Stabilisierungssprünge (Seite 101) • Standwaage (Seite 104) • Absteiger mit Zusatzlast (Seite 121) • Kniebeuge mit Zusatzlast (Seite 116) • Liegestütz (Seite 122) • Rumpfheben am Ball (Seite 125) • Bulgarian Split Squat (Seite 132) 3 × 12 Wiederholungen	**Laufen, Walking oder Wandern** • 10 Min. Warm-up @GA1 • 3 × (6 Min. @GA1, 4 Min. @GA2 im Wechsel) • 10 Min. Cool-down @GA1	Ruhetag
5	**Kraftprogramm** • Stabilisierungssprünge (Seite 101) • Bulgarian Split Squat (Seite 132) • Romanian Deadlift (Seite 134) • Back Squat (Seite 136) • Liegestütz (Seite 122) • Absteiger mit Zusatzlast (Seite 121) 3 × 10 Wiederholungen	**Grundlagenlauf flach** • 60 Min. @GA1, davon 10 Min. ein- und auslaufen @65 % HFmax • In den Hauptteil einstreuen: 3 × 3 Min. @85 % HFmax	Ruhetag
6	**Kraftprogramm** • Stabilisierungssprünge (Seite 101) • Bulgarian Split Squat (Seite 132) • Romanian Deadlift (Seite 134) • Back Squat (Seite 136) • Liegestütz (Seite 122) • Absteiger mit Zusatzlast (Seite 121) 3 × 10 Wiederholungen	• 30 Min. **Grundlagenlauf/zügig walken** oder • 60 Min. **Rad fahren** (Ergometer) @65 % HFmax **Zone:** GA1, BORG 11, locker	Ruhetag

Donnerstag	Freitag	Samstag	Sonntag
Kraftprogramm • Rumpfaufrichten im Stehen (Seite 91) • Beckenheben im Seitstütz (Seite 93) • Deadlift (Seite 133) • Klappmesser (Seite 123) • Rudern (Seite 135) • Aufsteiger mit Zusatzlast (Seite 118) 3 × 12 Wiederholungen	• 45 Min. **Grundlagenlauf** oder • 4 × (5 Min. gehen, 5 Min. laufen im Wechsel) **Zone:** GA1, BORG 11–12, locker	**800 Höhenmeter Tempowechsel (Stöcke)** • 10 Min. Warm-up <60 % HFmax • 4 × (100 Höhenmeter @GA1, 100 Höhenmeter @GA2 im Wechsel) • bergab ausgehen/ auslaufen	Ruhetag oder individuelle Sporteinheit
Kraftprogramm • Einbeiniges Hüftheben (Seite 120) • Lateralflexion (Seite 124) • Deadlift (Seite 133) • Klappmesser (Seite 123) • Rudern (Seite 135) • Aufsteiger mit Zusatzlast (Seite 118) 3 × 10 Wiederholungen	**1000 Höhenmeter Tempowechsel (Stöcke)** • 15 Min. Warm-up <60 % HFmax • 5 × (100 Höhenmeter @GA1, 100 Höhenmeter @GA2 im Wechsel) • bergab ausgehen/ auslaufen	**Wanderung/Bergtour** • 1000 Höhenmeter oder • 2 Std. **Rad fahren/ zügig walken** (hügelige Strecke) **Zone:** GA1, BORG 11–14, locker/anstrengend	Ruhetag oder individuelle Sporteinheit
Kraftprogramm • Einbeiniges Hüftheben (Seite 120) • Lateralflexion (Seite 124) • Deadlift (Seite 133) • Klappmesser (Seite 123) • Rudern (Seite 135) • Aufsteiger mit Zusatzlast (Seite 118) 3 × 10 Wiederholungen	• Ruhetag	• **Individuelle Ausdauereinheit**	• Ruhetag oder individuelle Sporteinheit

Woche	Montag	Dienstag	Mittwoch
7	**Kraftprogramm** • Stabilisierungssprünge (Seite 101) • Bulgarian Split Squat (Seite 132) • Romanian Deadlift (Seite 134) • Back Squat (Seite 136) • Liegestütz (Seite 122) • Absteiger mit Zusatzlast (Seite 121) 3 × 10 Wiederholungen	**Laufen, Walking oder Wandern** • 10 Min. Warm-up • 4 × (5 Min. @70 % HFmax, 5 Min. @85 % HFmax im Wechsel) • 10 Min. Cool-down	Pause
8	**Kraftprogramm** • Stabilisierungssprünge (Seite 101) • Bulgarian Split Squat (Seite 132) • Romanian Deadlift (Seite 134) • Back Squat (Seite 136) • Liegestütz (Seite 122) • Absteiger mit Zusatzlast (Seite 121) 3 × 10 Wiederholungen	**Tempotraining Berg** • 5 Min. Warm-up @60 % HFmax • 3 × (5 Min. @70 % HFmax bergauf, 8 Min. @80 % HFmax) • 10 Min. locker bergauf ausgehen, dann bergab	Ruhetag
9	Ruhetag	**Kraftprogramm** • Box Jump (Seite 131) • Bulgarian Split Squat (Seite 132) • Romanian Deadlift (Seite 134) • Back Squat (Seite 136) • Liegestütz (Seite 122) • Absteiger mit Zusatzlast (Seite 121) 3 × 10 Wiederholungen	**Regenerative Einheit** • 30 Min. **Grundlagenlauf/zügig walken** oder • 45 Min. **Rad fahren** (Ergometer) @65 % HFmax **Zone:** GA1, BORG 08, extrem locker

Donnerstag	Freitag	Samstag	Sonntag
Kraftprogramm • Einbeiniges Hüftheben (Seite 120) • Lateralflexion (Seite 124) • Deadlift (Seite 133) • Klappmesser (Seite 123) • Rudern (Seite 135) • Aufsteiger mit Zusatzlast (Seite 118) 3 × 10 Wiederholungen	• 45 Min. **Grundlagenlauf/ zügig walken** oder • 60 Min. **Rad fahren** (Ergometer) @65 % HFmax **Zone:** GA1, BORG 11, locker	**Wanderung** • 1200 Höhenmeter) oder • 2 Std. **Rad fahren/ zügig walken** (hügelige Strecke) • Nach 40 Min.: 3 × (5 Min. @80 % HFmax, 3 Min. locker dazwischen) **Zone:** GA1, BORG 11, locker	Ruhetag oder individuelle Sporteinheit
Kraftprogramm • Einbeiniges Hüftheben (Seite 120) • Lateralflexion (Seite 124) • Deadlift (Seite 133) • Klappmesser (Seite 123) • Rudern (Seite 135) • Aufsteiger mit Zusatzlast (Seite 118) 3 × 10 Wiederholungen	• 30 Min. **Grundlagenlauf** oder • 3 × (5 Min. gehen, 5 Min. laufen im Wechsel) **Zone:** GA1, BORG 11–12, locker	**Wanderung** • 1200 Höhenmeter oder • 1,5 Std. **Rad fahren/ zügig walken** (hügelige Strecke) **Zone:** GA1, BORG 11, locker	Ruhetag oder individuelle Sporteinheit
Ruhetag	**Kraftprogramm** • Einbeiniges Hüftheben (Seite 120) • Lateralflexion (Seite 124) • Deadlift (Seite 133) • Klappmesser (Seite 123) • Rudern (Seite 135) • Aufsteiger mit Zusatzlast (Seite 118) 3 × 10 Wiederholungen	**Individuelle Ausdauereinheit**	Ruhetag oder individuelle Sporteinheit

Woche	Montag	Dienstag	Mittwoch
10	**Kraftprogramm** • Box Jump (Seite 131) • Bulgarian Split Squat (Seite 132) • Romanian Deadlift (Seite 134) • Back Squat (Seite 136) • Liegestütz (Seite 122) • Absteiger mit Zusatzlast (Seite 121) 3 × 10 Wiederholungen	**Tempotraining Berg** • 15 Min. Warm-up @60 % HFmax • 4 × (5 Min. bergauf @70 % HFmax, 8 Min. @80 % HFmax) • locker bergab ausgehen	Ruhetag
11	Ruhetag	**Kraftprogramm** • Box Jump (Seite 131) • Bulgarian Split Squat (Seite 132) • Romanian Deadlift (Seite 134) • Back Squat (Seite 136) • Liegestütz (Seite 122) • Absteiger mit Zusatzlast (Seite 121) 3 × 10 Wiederholungen	**Bergintervalle** • 15 Min. Warm-up @60 % HFmax • 8 × (2 Min. @70 % HFmax, 3 Min. @95 % HFmax) • 15 Min. Cool-down
12	Ruhetag	**Kraftprogramm** • Box Jump (Seite 131) • Bulgarian Split Squat (Seite 132) • Romanian Deadlift (Seite 134) • Back Squat (Seite 136) • Liegestütz (Seite 122) • Absteiger mit Zusatzlast (Seite 121) 3 × 10 Wiederholungen	• 45 Min. **Grundlagenlauf** oder • 6 × (2 Min. gehen, 3 Min. laufen im Wechsel) • **Zone**: GA1, BORG 11–12, locker

Donnerstag	Freitag	Samstag	Sonntag
Kraftprogramm • Einbeiniges Hüftheben (Seite 120) • Lateralflexion (Seite 124) • Deadlift (Seite 133) • Klappmesser (Seite 123) • Rudern (Seite 135) • Aufsteiger mit Zusatzlast (Seite 118) 3 × 10 Wiederholungen	• 45 Min. **Grundlagenlauf** oder • 6 × (2 Min. gehen, 3 Min. laufen im Wechsel) • **Zone**: GA1, BORG 11–12, locker	**Bergtour** • 1300 Höhenmeter oder • 2 Std. **Rad fahren**/ **zügig walken** (hügelige Strecke) **Zone:** GA1, BORG 11, locker	**Ausdauer individuell** • Nach 20 Min.: 5 × (3 Min. @85 % HFmax, 3 Min. locker dazwischen) **Zone:** GA1, BORG 11, locker
Ruhetag	Ruhetag oder lockere Grundlageneinheit	**Laufen, Walking oder Wandern** • 10 Min. Warm-up • 4 × (6 Min. @GA1, 4 Min. @GA2 im Wechsel) • 10 Min. Cool-down	**Bergtour** (1500 Höhenmeter) **Zone:** GA1, BORG 11, locker
Ruhetag	**Kraftprogramm** • Einbeiniges Hüftheben (Seite 120) • Lateralflexion (Seite 124) • Deadlift (Seite 133) • Klappmesser (Seite 123) • Rudern (Seite 135) • Aufsteiger mit Zusatzlast (Seite 118) 3 × 10 Wiederholungen	**Ausdauer individuell**	Pause

6-Wochen-Plan zur Verbesserung der Sprunggelenksstabilität

Du knickst beim Wandern, beim Laufen oder im Alltag immer wieder um? Damit bist du nicht allein. Sprunggelenkverletzungen gehören zu den häufigsten Sportverletzungen überhaupt.

Bitte beachte, dass sich dieses Trainingsprogramm nicht zur Behandlung einer akuten Sprunggelenkverletzung eignet. Sprich mit deinem Arzt oder Therapeuten vorweg ab, ob du bereit bist, dein Gelenk wieder voll zu belasten.

Die Übungen eignen sich aber nicht nur für die Rehabilitation von Sprunggelenkverletzungen, sondern sind auch perfekt, um solchen überhaupt vorzubeugen. Vor der Wander- oder Trailrunning-Saison regelmäßig durchgeführt, wirst du von einer besseren aktiven Stabilisierung deines Sprunggelenks und deiner Beinachse profitieren und dein Verletzungsrisiko minimieren! Nach den sechs Wochen machst du am besten direkt mit einem der anderen Pläne weiter!

Ziele des Trainingsplans

- Kräftigung der sprunggelenksumgebenden Muskulatur
- Verbesserung der Beinachsenstabilisierung
- Verbesserung der neuromuskulären Kontrolle
- Steigerung der Beinkraft
- Verbesserung der Rumpfstabilität
- Verbesserung der Grundlagenausdauer

Inhalte des Trainingsplans

- 2 bis 3 Kraft- und Stabilisierungseinheiten pro Woche
- 2 bis 3 Ausdauereinheiten pro Woche

Der Plan ist nach dem 2:1-Prinzip aufgebaut. Du führst abwechselnd zwei Belastungswochen (gelb und rot markiert), gefolgt von einer Erholungswoche (blau markiert) durch. Um den Wechsel aus Belastung und Erholung beizubehalten, solltest du die Wochen untereinander nicht verschieben. Einzelne Einheiten innerhalb einer Woche kannst du notfalls aber so legen, dass sie zeitlich für dich umsetzbar sind.

Anweisungen für das Ausdauer- und Krafttraining

- Versuche, beim **Ausdauertraining im vorgegebenen Pulsbereich** zu bleiben. Wird der Puls zu hoch, reduziere die Geschwindigkeit beziehungsweise die Intensität.
- Versuche, die Einheiten an den vorgegebenen Tagen zu absolvieren.
- Wärme dich **vor dem Krafttraining** 10 Minuten mit den Übungen **»Allgemeine Erwärmung, Mobilität und Ausgleich«** (ab Seite 137) auf. Suche dir daraus drei Übungen aus.

Woche	Montag	Dienstag	Mittwoch
1	**Stabilisierung und Kraft** • Einbeinige Stabilisierung am Boden (Seite 100) • Fersenheben beidbeinig (Seite 117) • Sternschritte (Seite 103) • Kräftigung Tibialis anterior (Seite 105) • Kräftigung Peroneus (Seite 106) 3 × 15 Wiederholungen	**Grundlagenlauf, zügig walken oder Rad fahren** • 40 Min. @75 % HFmax, davon 10 Min. Warm-up @65 % HFmax	**Stabilisierung und Kraft** • Kniebeuge (Seite 116) • Liegestütz (Seite 122) • Rumpfheben (Seite 125) • Klappmesser (Seite 123) • Einbeiniges Hüftheben (Seite 120) 3 × 15 Wiederholungen
2	**Stabilisierung und Kraft** • Einbeinige Stabilisierung am Boden (Seite 100) • Fersenheben beidbeinig (Seite 117) • Sternschritte (Seite 103) • Kräftigung Tibialis anterior (Seite 105) • Kräftigung Peroneus (Seite 106) 3 × 15 Wiederholungen	**Grundlagenlauf, zügig walken oder Rad fahren** • 50 Min. @75 % HFmax, davon 10 Min. Warm-up @65 % HFmax	Ruhetag
3	**Stabilisierung und Kraft** • Einbeinige Stabilisierung auf dem Handtuch (Seite 100) • Fersenheben einbeinig (Seite 117) • Sternschritte (Seite 103) • Kräftigung Tibialis anterior (Seite 105) • Kräftigung Peroneus (Seite 106) 3 × 15 Wiederholungen	• 30 Min. **Grundlagenlauf/zügig walken** oder • 60 Min. **Rad fahren** (Ergometer) @65 % HFmax **Zone:** GA1, BORG 11, locker	**Stabilisierung und Kraft** • Beckenheben im Seitstütz (Seite 93) • Ausfallschritt (Seite 115) • Liegestütz (Seite 122) • Rumpfheben (Seite 125) • Klappmesser (Seite 123) • Einbeiniges Hüftheben (Seite 120) 3 × 15 Wiederholungen

Donnerstag	Freitag	Samstag	Sonntag
Ruhetag	**Stabilisierung und Kraft** • Einbeinige Stabilisierung am Boden (Seite 100) • Kniebeuge mit Fersenheben (Seite 107) • Abduktion mit dem Miniband (Seite 102) • Kräftigung Tibialis anterior (Seite 105) • Kräftigung Peroneus (Seite 106) 3 × 15 Wiederholungen	• 2 Std. **wandern** oder • 1,5 Std. **Rad fahren/ zügig walken** (hügelige Strecke) **Zone:** GA1, BORG 11, locker	Ruhetag
Laufen/Walking/ Rad fahren • 10 Min. Warm-up @GA1 • 4 × (6 Min. @GA1, 4 Min. @GA2 im Wechsel) • 10 Min. Cool-down @GA1	**Stabilisierung und Kraft** • Einbeinige Stabilisierung auf dem Handtuch (Seite 100) • Kniebeuge mit Fersenheben (Seite 107) • Abduktion mit dem Miniband (Seite 102) • Kräftigung Tibialis anterior (Seite 105) • Kräftigung Peroneus (Seite 106) 3 × 15 Wiederholungen	• 2–3 Std. **wandern** oder • 1,5 Std. **Rad fahren/ zügig walken** (hügelige Strecke) **Zone:** GA1, BORG 11, locker	Ruhetag
Ruhetag	**Stabilisierung und Kraft** • Einbeinige Stabilisierung auf dem Handtuch (Seite 100) • Kniebeuge mit Fersenheben (Seite 107) • Abduktion mit dem Miniband (Seite 102) • Kräftigung Tibialis anterior (Seite 105) • Kräftigung Peroneus (Seite 106) 3 × 15 Wiederholungen	**Individuelle Ausdauereinheit**	Ruhetag oder individuelle Sporteinheit

Woche	Montag	Dienstag	Mittwoch
4	**Stabilisierung und Kraft** • Sternschritte (Seite 103) • Ausfallschritt (Seite 115) • Kräftigung Tibialis anterior (Seite 105) • Kräftigung Peroneus (Seite 106) • Fersenheben einbeinig (Seite 117) 3 × 15 Wiederholungen	**Grundlagenlauf, zügig walken oder Rad fahren** • 45 Min. @75 % HFmax, davon 10 Min. Warum-up @65 % HFmax	**Stabilisierung und Kraft** • Schwimmer (Seite 94) • Bulgarian Split Squat (Seite 132) • Liegestütz (Seite 122) • Kniebeuge (Seite 116) • Klappmesser (Seite 123) • Einbeiniges Hüftheben (Seite 120) • Rumpfrotation (Seite 127) 3 × 15 Wiederholungen
5	**Stabilisierung und Kraft** • Stabilisierungssprünge (Seite 101) • Standwaage (Seite 104) • Kräftigung Tibialis anterior (Seite 105) • Kräftigung Peroneus (Seite 106) • Fersenheben einbeinig (Seite 117) 3 × 15 Wiederholungen	**Grundlagenlauf, zügig walken oder Rad fahren** • 45 Min. @75 % HFmax, davon 10 Min. Warm-up @65 % HFmax	Ruhetag
6	**Stabilisierung und Kraft** • Stabilisierungssprünge (Seite 101) • Standwaage (Seite 104) • Kräftigung Tibialis anterior (Seite 105) • Kräftigung Peroneus (Seite 106) • Fersenheben einbeinig (Seite 117) 3 × 15 Wiederholungen	**Grundlagenlauf, zügig walken oder Rad fahren** • 30 Min. @75 % HFmax, davon 5 Min. Warm-up und Cool-down @65 % HFmax	**Stabilisierung und Kraft** • Bärenstand (Seite 95) • Box Jump (Seite 131) • Bulgarian Split Squat (Seite 132) • Beckenheben im Seitstütz (Seite 93) • Kniebeuge (Seite 116) • Einbeiniges Hüftheben (Seite 120) 3 × 15 Wiederholungen

Donnerstag	Freitag	Samstag	Sonntag
Ruhetag	**Stabilisierung und Kraft** • Einbeinige Stabilisierung (Seite 100) • Kniebeuge mit Fersenheben (Seite 107) • Abduktion mit dem Miniband (Seite 102) • Kräftigung Tibialis anterior (Seite 105) • Kräftigung Peroneus (Seite 106) • Absteiger (Seite 121) 3 × 15 Wiederholungen	• 2 Std. **wandern** oder • 1,5 Std. **Rad fahren/ zügig walken** (hügelige Strecke) **Zone:** GA1, BORG 11, locker	Ruhetag
Laufen/Walking/ Rad fahren • 10 Min. Warm-up @GA1 • 3 × (4 Min. @GA1, 6 Min. @GA2 im Wechsel) • 10 Min. Cool-down @GA1	**Stabilisierung und Kraft** • Stabilisierungssprünge (Seite 101) • Abduktion mit dem Miniband (Seite 102) • Aufsteiger (Seite 118) • Kräftigung Tibialis anterior (Seite 105) • Kräftigung Peroneus (Seite 106) • Absteiger (Seite 121) 3 × 15 Wiederholungen	• 2–3 Std. **wandern** oder • 1,5 Std. **Rad fahren/ zügig walken** (hügelige Strecke) **Zone:** GA1, BORG 11, locker	Ruhetag
• Ruhetag	**Stabilisierung und Kraft** • Stabilisierungssprünge (Seite 101) • Abduktion mit dem Miniband (Seite 102) • Aufsteiger (Seite 118) • Kräftigung Tibialis anterior (Seite 105) • Kräftigung Peroneus (Seite 106) • Absteiger (Seite 121) 3 × 15 Wiederholungen	• 2 Std. **wandern** oder • 1,5 Std. **Rad fahren/ zügig walken** (hügelige Strecke) **Zone:** GA1, BORG 11, locker	Ruhetag

6-Wochen-Präventionsplan gegen Kniebeschwerden

Dich plagen beim Bergabgehen häufig Kniebeschwerden? Dann bist du bei diesem Präventionsprogramm richtig! Führe die Übungen regelmäßig vor der Wandersaison durch und du wirst du von einer besseren Beinkraft und einer stabileren Beinachse profitieren.

Ziele des Trainingsplans

- Kräftigung der knie- und hüftumgebenden Muskulatur
- Verbesserung der Beinachsenstabilität
- Verbesserung der neuromuskulären Kontrolle
- Verbesserung der Rumpfstabilität
- Verbesserung der Grundlagenausdauer

Inhalte des Trainingsplans

- 2 bis 3 Kraft- und Stabilisierungseinheiten pro Woche
- 2 bis 3 Ausdauereinheiten pro Woche

Der Plan ist nach dem 2:1-Prinzip aufgebaut. Du führst abwechselnd zwei Belastungswochen (gelb und rot markiert), gefolgt von einer Erholungswoche (blau markiert) durch. Um den Wechsel aus Belastung und Erholung beizubehalten, solltest du die Wochen untereinander nicht verschieben. Einzelne Einheiten innerhalb einer Woche kannst du notfalls aber so legen, dass sie zeitlich für dich umsetzbar sind.

Anweisungen für das Ausdauer- und Krafttraining

- Versuche, beim **Ausdauertraining im vorgegebenen Pulsbereich** zu bleiben. Wird der Puls zu hoch, reduziere die Geschwindigkeit beziehungsweise die Intensität.
- Versuche, die Einheiten an den vorgegebenen Tagen zu absolvieren.
- Wärme dich **vor dem Krafttraining** 10 Minuten mit den Übungen **»Allgemeine Erwärmung, Mobilität und Ausgleich«** (ab Seite`137) auf. Suche dir daraus drei Übungen aus.

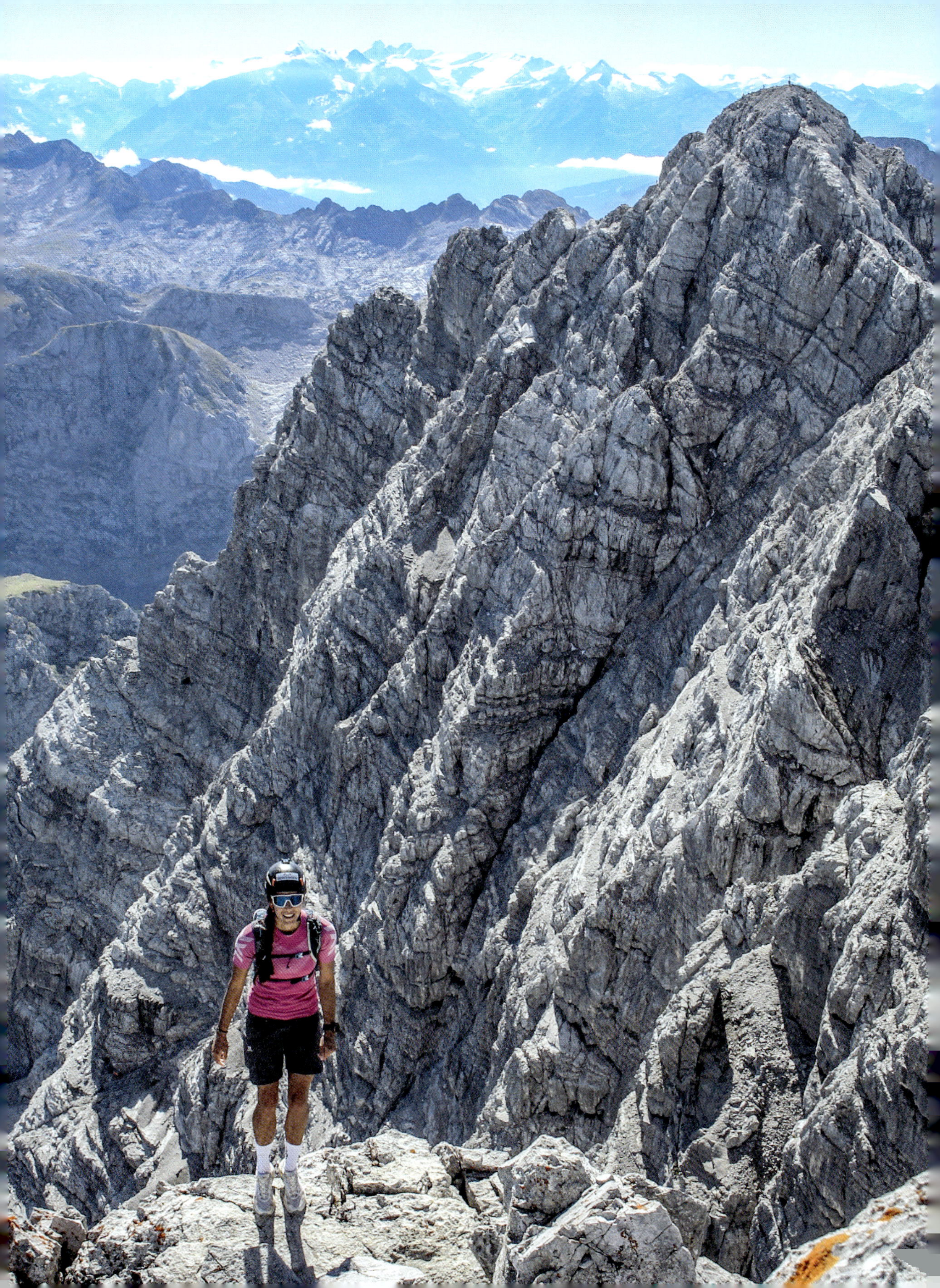

Woche	Montag	Dienstag	Mittwoch
1	**Stabilisierung und Kraft** • Einbeinige Stabilisierung (Seite 100) • Sternschritte (Seite 103) • Schräge Sit-ups (Seite 96) • Ausfallschritt (Seite 115) • Einbeiniges Hüftheben (Seite 120) 3 × 12–15 Wiederholungen	**Grundlagenlauf, zügig walken oder Rad fahren** • 40 Min. @75 % HFmax, davon 10 Min. Warm-up @65 % HFmax	**Stabilisierung und Kraft** • Abduktion mit dem Miniband (Seite 102) • Brücke (Seite 92) • Fersenheben einbeinig (Seite 117) • Kniebeuge (Seite 116) • Rumpfheben (Seite 125) 3 × 12–15 Wiederholungen
2	**Stabilisierung und Kraft** • Abduktion mit dem Miniband (Seite 102) • Brücke (Seite 92) • Fersenheben einbeinig (Seite 117) • Kniebeuge (Seite 116) • Rumpfheben (Seite 125) 3 × 12–15 Wiederholungen	**Grundlagenlauf, zügig walken oder Rad fahren** • 50 Min. @75 % HFmax, davon 10 Min. Warm-up @65 % HFmax	Ruhetag
3	**Stabilisierung und Kraft** • Einbeinige Stabilisierung (Seite 100) • Sternschritte (Seite 103) • Schräge Sit-ups (Seite 96) • Ausfallschritt (Seite 115) • Einbeiniges Hüftheben (Seite 120) 3 × 12–15 Wiederholungen	• 30 Min. **Grundlagenlauf/zügig walken** oder • 60 Min. **Rad fahren** (Ergometer) **Zone:** GA1, BORG 11, locker	**Stabilisierung und Kraft** • Abduktion mit dem Miniband (Seite 102) • Brücke (Seite 92) • Fersenheben einbeinig (Seite 117) • Kniebeuge (Seite 116) • Rumpfheben (Seite 125) 3 × 12–15 Wiederholungen

Donnerstag	Freitag	Samstag	Sonntag
Ruhetag	**Stabilisierung und Kraft** • Sternschritte (Seite 103) • Bärenstand (Seite 95) • Aufsteiger (Seite 118) • Einbeiniges Hüftheben (Seite 120) • Kettlebell Clean and Press (Seite 126) • Dehnung Quadrizeps (Seite 145) 3 × 12–15 Wiederholungen	• 2 Std. **wandern** oder • 1,5 Std. **zügig walken** (hügelige Strecke) oder • 1 Std. **Rad fahren** (Ergometer) **Zone:** GA1, BORG 11, locker	Ruhetag
Laufen/Walking/ Rad fahren • 10 Min. Warm-up @GA1 • 4 × (6 Min. @GA1, 4 Min. @GA2 im Wechsel) • 10 Min. Cool-down @GA1	**Stabilisierung und Kraft** • Sternschritte (Seite 103) • Bärenstand (Seite 95) • Aufsteiger (Seite 118) • Einbeiniges Hüftheben (Seite 120) • Kettlebell Clean and Press (Seite 126) • Dehnung Quadrizeps (Seite 145) 3 × 12–15 Wiederholungen	• 2 Std. **wandern** oder • 1,5 Std. **zügig walken** (hügelige Strecke) oder • 1 Std. **Rad fahren** (Ergometer) **Zone:** GA1, BORG 11, locker	Ruhetag
Ruhetag	**Stabilisierung und Kraft** • Sternschritte (Seite 103) • Bärenstand (Seite 95) • Aufsteiger (Seite 118) • Einbeiniges Hüftheben (Seite 120) • Kettlebell Clean and Press (Seite 126) • Dehnung Quadrizeps (Seite 145) 3 × 12–15 Wiederholungen	**Individuelle Ausdauereinheit**	Ruhetag

Woche	Montag	Dienstag	Mittwoch
4	**Stabilisierung und Kraft** • Einbeinige Stabilisierung (Seite 100) • Sternschritte (Seite 103) • Schräge Sit-ups (Seite 96) • Ausfallschritt (Seite 115) • Einbeiniges Hüftheben (Seite 120) 3 × 12–15 Wiederholungen	**Grundlagenlauf, zügig walken oder Rad fahren** • 45 Min. @75 % HFmax, davon 10 Min. Warm-up @65 % HFmax	**Stabilisierung und Kraft** • Abduktion mit dem Miniband (Seite 102) • Brücke (Seite 92) • Fersenheben einbeinig (Seite 117) • Kniebeuge (Seite 116) • Rumpfheben (Seite 125) • Absteiger (Seite 121) 3 × 12–15 Wiederholungen
5	**Stabilisierung und Kraft** • Abduktion mit dem Miniband (Seite 102) • Einbeiniges Hüftheben (Seite 120) • Fersenheben einbeinig (Seite 117) • Kniebeuge mit Zusatzlast (Seite 116) • Absteiger (Seite 121) 3 × 12 Wiederholungen	**Grundlagenlauf, zügig walken oder Rad fahren** • 45 Min. @75 % HFmax, davon 10 Min. Warm-up @65 % HFmax	Ruhetag
6	**Stabilisierung und Kraft** • Stabilisierungssprünge (Seite 101) • Bulgarian Split Squat (Seite 132) • Klappmesser (Seite 123) • Romanian Deadlift (Seite 134) • Absteiger (Seite 121) 3 × 12 Wiederholungen	**Grundlagenlauf, zügig walken oder Rad fahren** • 30 Min. @75 % HFmax, davon 5 Min. Warm-up und Cool-down @65 % HFmax	**Stabilisierung und Kraft** • Abduktion mit dem Miniband (Seite 102) • Einbeiniges Hüftheben (Seite 120) • Fersenheben einbeinig (Seite 117) • Kniebeuge mit Zusatzlast (Seite 116) 3 × 12 Wiederholungen

<table>
<tr><th>Donnerstag</th><th>Freitag</th><th>Samstag</th><th>Sonntag</th></tr>
<tr><td>Ruhetag</td><td>Stabilisierung und Kraft
• Sternschritte (Seite 103)
• Bärenstand (Seite 95)
• Aufsteiger (Seite 118)
• Einbeiniges Hüftheben (Seite 120)
• Kettlebell Clean and Press (Seite 126)
• Dehnung Quadrizeps (Seite 145)
3 × 12–15 Wiederholungen</td><td>• 2 Std. wandern oder
• 1,5 Std. zügig walken (hügelige Strecke) oder
• 1 Std. Rad fahren (Ergometer)
Zone: GA1, BORG 11, locker</td><td>Ruhetag</td></tr>
<tr><td>Laufen/Walking/ Rad fahren
• 10 Min. Warm-up @GA1
• 3 × (6 Min. @GA1, 4 Min. @GA2 im Wechsel)
• 10 Min. Cool-down @GA1</td><td>Stabilisierung und Kraft
• Sternschritte (Seite 103)
• Aufsteiger mit Zusatzlast (Seite 118)
• Beckenheben im Seitstütz (Seite 93)
• Kettlebell Clean and Press (Seite 126)
• Dehnung Quadrizeps (Seite 145)
3 × 12 Wiederholungen</td><td>• 2–3 Std. wandern oder
• 1,5 Std. zügig walken (hügelige Strecke) oder
• 1 Std. Rad fahren (Ergometer)
Zone: GA1, BORG 11, locker</td><td>Ruhetag</td></tr>
<tr><td>Ruhetag</td><td>Stabilisierung und Kraft
• Sternschritte (Seite 103)
• Aufsteiger mit Zusatzlast (Seite 118)
• Beckenheben im Seitstütz (Seite 93)
• Kettlebell Clean and Press (Seite 126)
• Dehnung Quadrizeps (Seite 145)
3 × 12 Wiederholungen</td><td>Individuelle Ausdauereinheit</td><td>Ruhetag</td></tr>
</table>

LITERATUR

1 P. Zellmann und S. Mayrhofer: »Entwicklung des Bergsports im Winter und im Sommer«, Kuratorium für Verkehrssicherheit, Wien, 2018.

2 S. Ortner und M. Peters: »Die Lust am Wandern«, *bergundsteigen,* S. 30–35, #112 2020.

3 I. Nordbø und N. K. Prebensen: »Hiking as Mental and Physical Experience«, *Advances in Hospitality and Leisure,* S.`169–186, 11 2015.

4 S. Ortner und M. Peters: »Die Lust am Wandern«, *bergundsteigen*, S. 30–35, #112 2020.

5 ÖKAS: »www.alpinesicherheit.at«, 28. Oktober 2020 [Online]. Abgerufen: https://alpinesicherheit.at/wp-content/uploads/2021/08/20201028-PA-Bericht-SO20.pdf

6 SAC: »Bergnotfälle Schweiz 2021. So viele Bergrettungen wie nie zuvor«, 30.03.2022 [Online]. Abgerufen: www.sac-cas.ch/de/ausbildung-und-sicherheit/bergnotfallstatistik-2021-35859 [Zugriff am 10. 09. 2022].

7 J. Janotte und L. Berker: »alpenverein.de«, 07.09.2022 [Online]. Abgerufen: https://www.alpenverein.de/der-dav/presse/pressemeldungen/dav-bergunfallstatistik-2021_aid_38722.html?preview=true

8 B. Laursen, D. Ekner, E. Simonsen, M. Voigt und G. Sjogaard: »Kinetics and energetics during uphill and downhill carrying of different weights«, *Applied Ergonomics*, S. 159–166, 31 2000.

9 M. Burtscher: »Endurance performance of the elderly mountaineer: requirements, limitations, testing, and training«, *Wiener klinische Wochenschrift,* S. 21–22, 116 2004.

10 Deutscher Alpenverein, Österreichischer Alpenverein: »Wegehandbuch des Alpenvereins«, München & Innsbruck, 2011.

11 M. V. Narici, C. N. Maganaris und N. D. Reeves: »Effect of strength training on human patella tendon mechanical properties of older individuals«, *The Journal of Physiology,* S. 971–981, 05 2003.

12 A. Kösters und H.-P. Wiesinger: »Die Sehne im Sport«, *Sportphysio,* S. 11–19, 11 2017.

13 W. Platzer: *Taschenatlas Anatomie, Bewegungsapparat*, Stuttgart: Georg Thieme Verlag, 2013.

14 H. Schwameder und N. Alexander: »Bergab- und Bergaufgehen. Einfluss auf Gelenk- und Muskelkräfte der unteren Extremität«, *Sportphysio,* S. 39–45, 01 2017.

15 »Der Knorpel toleriert es«, *physiopraxis. Das Fachmagazin für Physiotherapie,* S. 16, 01 2022.

16 S. Sohr und A. Abbattista: »Studie, Stressreduktion durch Bergwandern«, DAV, 2020.

17 H. Schwameder und N. Alexander: »Bergab- und Bergaufgehen. Einfluss auf Gelenk- und Muskelkräfte der unteren Extremität«, *Sportphysio*, S. 39–45, 01 2017.

18 L. Reimann: »Stürze beim Bergwandern und deren Risikofaktoren: eine Fall-Kontroll-Studie«, Masterarbeit. Leopold-Franzens-Universität Innsbruck, Innsbruck, 2020.

19 Ebd.

20 Ebd.

21 Ebd.

22 D. Gehring, H. Lohrer und A. Gollhofer: »Die Folgen des Umknickens«, *Sportphysio,* S. 11–17, 08 2016.

23 I. Rapp, www.tt.com: »Nur nicht zum Fallen kommen: Tiroler Studie untersucht Stürze von Wanderern«, 19.01.2021 [Online]. Abgerufen: https://www.tt.com/artikel/17725425/nur-nicht-zum-fallen-kommen-tiroler-studie-untersucht-stuerze-von-wanderern [Zugriff am 02.10.2022].

24 D. Gehring, H. Lohrer und A. Gollhofer: »Die Folgen des Umknickens«, *Sportphysio*, S. 11–17, 08 2016.

25 Ebd.

26 R. Giger: »Physiotherapie nach Inversionstrauma«, *Sportphysio,* S. 119–125, 03 2016.

27 H. Schwameder: «Biomechanische Belastungsanalysen beim Berggehen«, in: *Spektrum Bewegungswissenshaft Band 1*, Meyer & Meyer, 2004.

28 Ebd.

29 Ebd.

30 H. Schwameder und N. Alexander: »Bergab- und Bergaufgehen. Einfluss auf Gelenk- und Muskelkräfte der unteren Extremität«, *Sportphysio*, S. 39–45, 01 2017.

31 H. Schwameder: «Biomechanische Belastungsanalysen beim Berggehen«, in: *Spektrum Bewegungswissenshaft Band 1*, Meyer & Meyer, 2004.

32 Ebd.

33 S. Müller, M. Cassel, J. Stoll, J. Müller und F. Mayer: »Rückenschmerzen bei Athleten – wirkt Sport protektiv?«, *Sportphysio,* S. 57–65, 12.05.2017.

34 Ebd.

35 W. Platzer: *Taschenatlas Anatomie, Bewegungsapparat*, Stuttgart: Georg Thieme Verlag, 2013.

36 S. Müller, M. Cassel, J. Stoll, J. Müller und F. Mayer: »Rückenschmerzen bei Athleten – wirkt Sport protektiv?«, *Sportphysio*, S. 57–65, 12.05.2017.

37 A. van Duijn und J.-A. Overberg: *Rehabilitation von Sportverletzungen. Sportreha-Fälle aus der evidenzbasierten Praxis*, Stuttgart: Georg Thieme Verlag KG, 2021.

38 M. Bahr: »Das Kreuz mit der Last. Wandern ohne Schmerzen«, *DAV Panorama,* S. 74–76, 5 2019.

39 Ebd.

40 Ebd.

41 Ebd.

42 Ebd.

43 V. L. Billat , B. Flechet, B. Petit, G. Muriaux und J. P. Koralsztein: »Interval Training at VO2max: effects on aerobic performance and overtraining markers«, *Medicine & Science in Sports & Exercise,* S. 165–163, 31.01.1999.

44 T. L. Stöggl: »What is the Best Way to Train to Become a Star Endurance Athlete?«, *Frontiers for Young Minds,* 14.05.2018.

45 J. Helgerud, K. Hoydal, E. Wang, T. Karlsen, P. Berg, M. Bjerkaas, T. Simonsen, C. Helgesen, N. Hjorth, R. Bach und J. Hoff: »Aerobic High-Intensity Intervals Improve VO2max More Than Moderate Training«, *Medicine & Science in Sports & Exercise:*, S. 665–671, 04 2007.

46 T. Stöggl und B. Sperlich: »Polarized training has greater impact on key endurance variables than threshold, high intensity, or high volume training«, *Frontiers in Physiology,* 04.02.2014.

47 S. Seiler und G. Ø. Kjerland: »Quantifying training intensity distribution in elite endurance athletes: is there evidence for an optimal distribution?«, *Scandinavian Journal of Medicine & Science in Sports,* S. 49–56, 02 2006.

48 R. Jahoda und G. Mitterbauer: *ComplexCore. Rumpfstabilisation in Training und Therapie*, Austria: Jahoda Sports, 2013.

49 N. Berryman, I. Mujika, D. Arvisais, M. Roubeix, C. Binet und L. Bosquet: »Strength Training for Middle- and Long-Distance Performance: A Meta-Analysis«, *Human Kinetics,* S. 57–64, 19.02.2018.

ÜBUNGSVERZEICHNIS

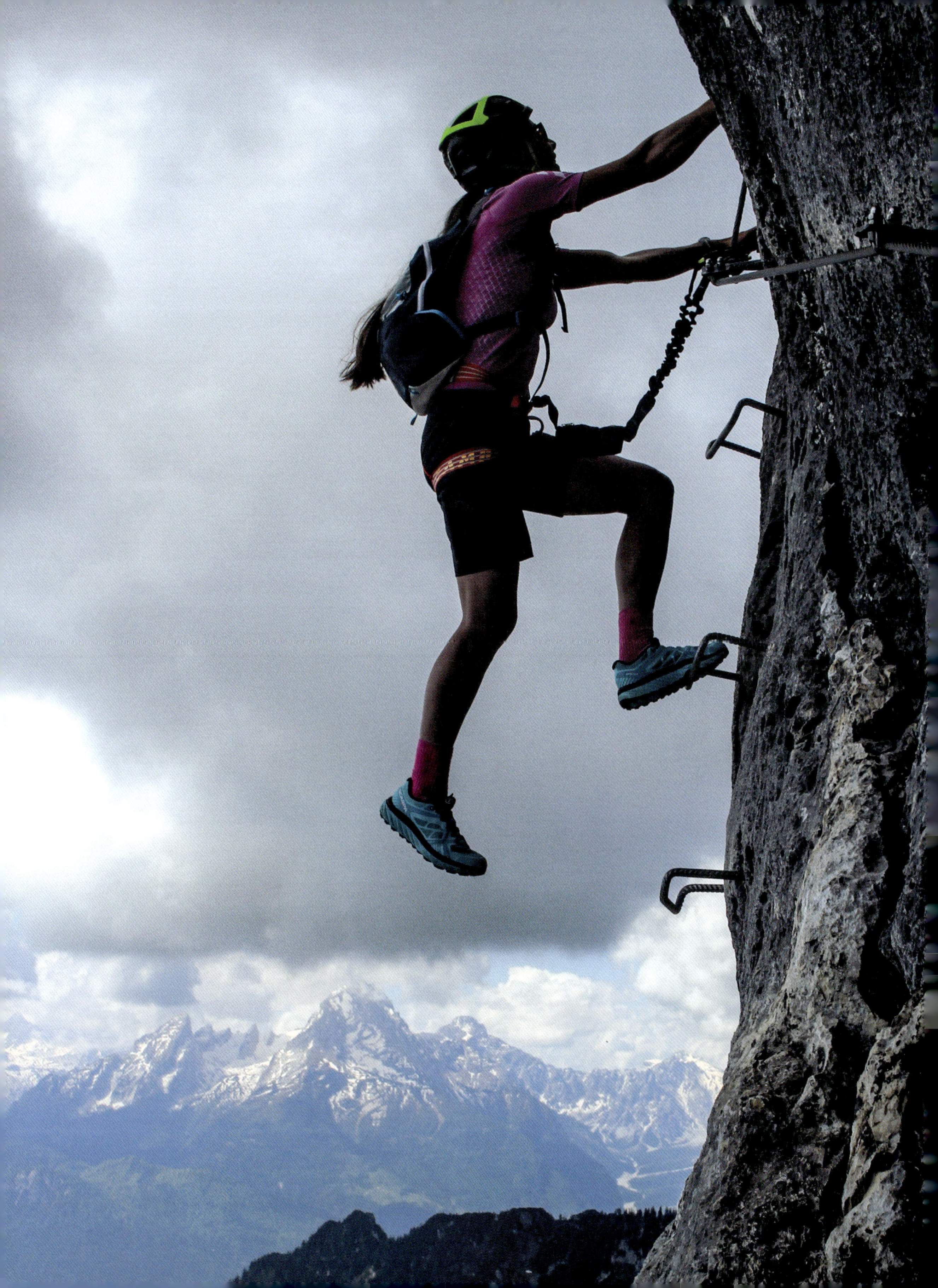

STICHWORTVERZEICHNIS

ÜBER DIE AUTORIN

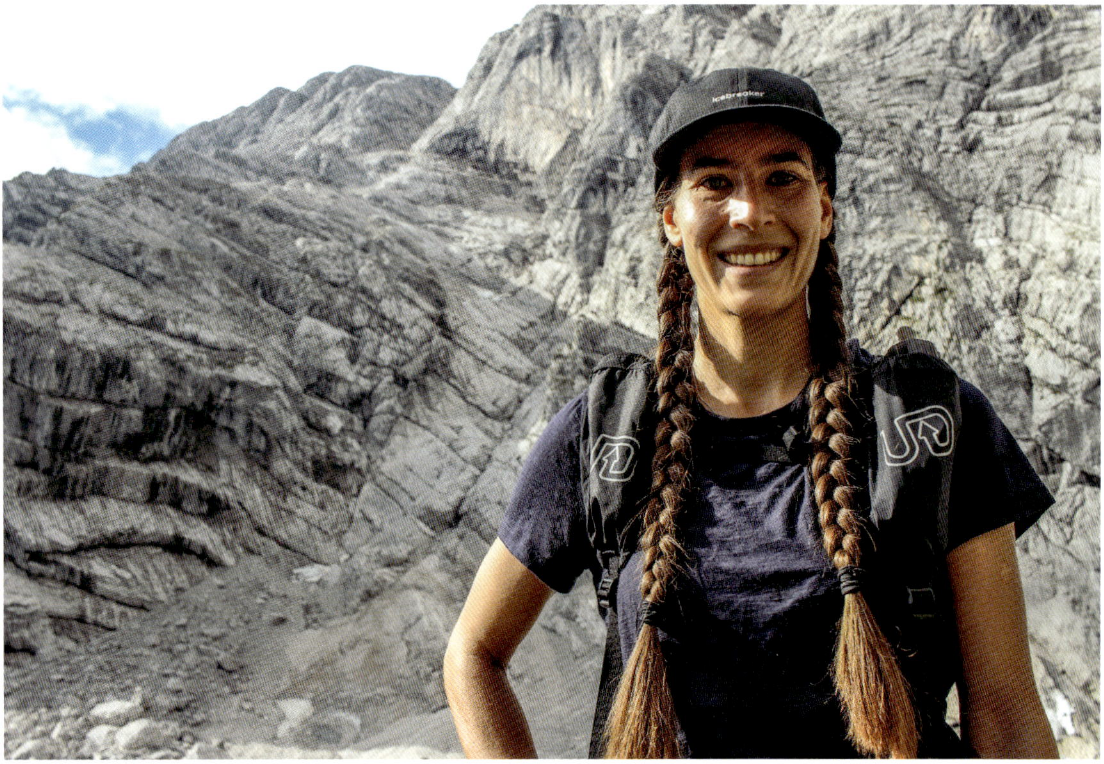

Susanne Kraft ist Sportwissenschaftlerin, Trainingstherapeutin und begeisterte Bergsportlerin. In ihrem Studium an der Universität Salzburg hat sie sich auf Prävention und Training im Berg- und Ausdauersport spezialisiert. Seitdem hilft sie Sportlern, sich in den Bergen gesund zu bewegen und leistungsfähiger zu werden. Auf ihrem Blog Berghasen.com und in den sozialen Medien begeistert sie ihre Leser mit Tourentipps und sportwissenschaftlichen Beiträgen.

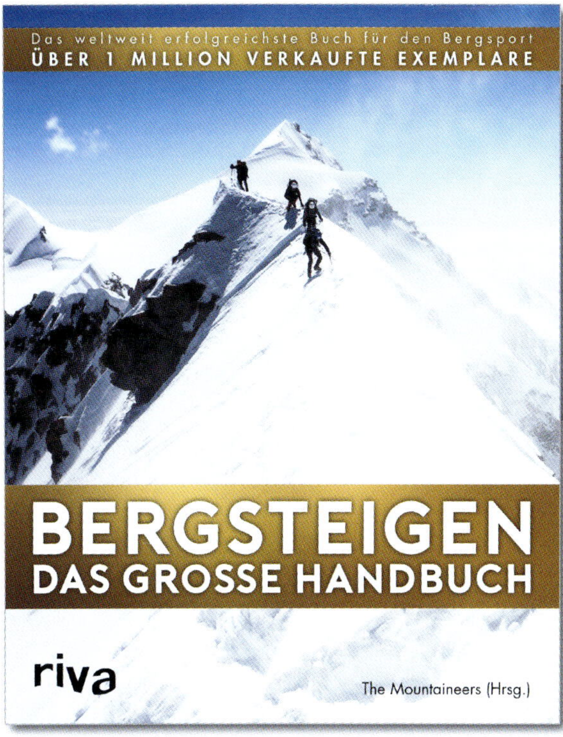

Auch als **E-Book** erhältlich

624 Seiten
39,99 € (D) | 41,20 € (A)
ISBN 978-3-7423-0265-6

Die Mountaineers

Bergsteigen – Das große Handbuch

Das weltweit erfolgreichste Buch für den Bergsport

Von Bergsteigern für Bergsteiger. Von Kletterern für Kletterer. Bergsteigen ist das internationale Standardwerk für Bergsportler. Das umfassende Handbuch informiert und begeistert Einsteiger genauso wie erfahrene Kletterer. Von der Auswahl der richtigen Ausrüstung bis zur Planung einer Expedition, von Abseiltechniken bis zu Knotenkunde – Bergsteiger erfahren alles, was sie zur sicheren und erfolgreichen Besteigung ihres Traumgipfels in Fels, Eis und Schnee wissen müssen. Mit über 400 detaillierten Illustrationen zur Darstellung von Ausrüstung, Kletter- und Seiltechnik. Herausgegeben und verfasst vom Expertenteam von The Mountaineers, einer traditionsreichen Organisation für Bergsport und Naturschutz

riva

Bibliografische Information der Deutschen Nationalbibliothek
Die Deutsche Nationalbibliothek verzeichnet diese Publikation in der Deutschen Nationalbibliografie.
Detaillierte bibliografische Daten sind im Internet über https://dnb.de abrufbar.

Für Fragen und Anregungen
info@m-vg.de

Wichtige Hinweise
Dieses Buch ist für Lernzwecke gedacht. Es stellt keinen Ersatz für eine individuelle medizinische Beratung dar und sollte auch nicht als solcher benutzt werden. Wenn Sie medizinischen Rat einholen wollen, konsultieren Sie bitte einen qualifizierten Arzt. Der Verlag und die Autorin haften für keine nachteiligen Auswirkungen, die in einem direkten oder indirekten Zusammenhang mit den Informationen stehen, die in diesem Buch enthalten sind.

Ausschließlich zum Zweck der besseren Lesbarkeit wurde auf eine genderspezifische Schreibweise sowie eine Mehrfachbezeichnung verzichtet. Alle personenbezogenen Bezeichnungen sind somit geschlechtsneutral zu verstehen.

Originalausgabe
4. Auflage 2026

Türkenstraße 89
80799 München
Tel.: 089 651285-0

Redaktion: Ulrike Reinen
Umschlaggestaltung: Maria Verdorfer
Umschlagabbildung: Thomas Weran-Rieger, Nils Schwarz
Fotos: sämtliche Fotos © Nils Schwarz außer: © Thomas Weran-Rieger: 4, 5, 8, 9, 21, 22, 23, 39, 45, 46, 50, 51, 80, 81, 146, 147, 195, 203, 206; © Susanne Kraft: 79, 83
Illustrationen: Alila Medical Media: 19, GraphicsRF.com: 11, Medicalstocks: 26, Pepermpron: 32, rob9000: 16, Vac1: 17, VectorMine: 27
Layout: Katja Muggli
Satz: Daniel Förster
Druck: Balto Print UAB, Litauen
Printed in the EU

ISBN Print 978-3-7423-2301-9
ISBN E-Book (PDF) 978-3-7453-2099-2
ISBN E-Book (EPUB, Mobi) 978-3-7453-2098-5

Weitere Informationen zum Verlag finden Sie unter
www.riva-verlag.de
Beachten Sie auch unsere weiteren Verlage unter www.m-vg.de